図解 即 戦力

オールカラーの豊富な図解と
丁寧な解説でわかりやすい!

金融業界の

しくみとビジネスが

しっかりわかる

これ
1冊で

教科書 改訂2版

伊藤亮太
Ryota Ito

JN008765

技術評論社

ご注意：ご購入・ご利用の前に必ずお読みください

はじめに

　2020年からのおよそ3年間、コロナショックによる市場への打撃が、経済、金融に大きく影響を与えていました。人々が外出を控えることで資金の流れがストップし、その結果、必要なところに資金が回らなくなる現象が生じ、企業の倒産、廃業といった事態にまで発展したケースもありましたが、2023年に入り、ようやくコロナ禍から自由が戻ってきました。経済も活性化し、平常化しつつあります。

　過去にも、投資銀行であるリーマン・ブラザーズの倒産をきっかけにした世界的な金融危機が2008年に起きています。この2つだけをみても、たかだか10〜15年程度のなかで起きており、世界を震撼させる出来事は今後も生じる可能性があります。

　この本は、こういった金融業界で起きた出来事や業界のしくみについて解説した入門書です。金融業界の現状を取り入れながら、今この世のなかで何が起きているのか、どういったことに関心をもっておくとよいのかといったことを盛り込みました。銀行や証券会社の役割など、各金融機関の違いなどにも触れています。また、大学のテキストのような堅苦しいものではなく、できる限り平易に執筆しています。

　こうした内容を学んでいただくことで、金融の大切さを知ることはもちろんのこと、金融機関に興味がある学生さんの就職活動にも役立つものと確信しています。最新の動向までできる限り図表等を用い執筆していますので、是非お役立てください。

　最後に、この本の執筆は、技術評論社の和田氏とヴュー企画の岡田氏の誘いを受けて実現しました。17年ほど前に金融入門の著書を出版して以来、久しぶりにすべて書き下ろすことになりました。このような貴重な機会を与えてくださった両氏に感謝いたします。

2023年5月

伊藤　亮太

CONTENTS

はじめに ……………………………………………………………………… 3

Chapter 1

金融業界で今起こっていること

01 時代に即した変化が求められている
   金融業界が構造不況業種と呼ばれる理由 …………………… 12

02 持続可能な銀行を目指す
   再編と統合で変わる金融業界地図 …………………………… 14

03 業務の効率化と生産性の向上を図る
   AI導入による業務変化と求められる人材 ………………… 16

04 事業拡大で生き残りをかける
   キャッシング依存からの脱却を図るノンバンク ………… 18

05 金融育成を中心に役割を変更
   金融庁が行った初めての組織再編 …………………………… 20

06 再編を行えば、健全な金融機関を地域に残すことができる
   加速する地方銀行の再編 ……………………………………… 22

07 運転の危険度により保険料が変わる
   AI活用でテレマティクス保険に注力する損害保険業界 … 24

08 フィービジネスによる収益拡大を狙う
   シェア伸ばすネット証券とメガバンク系証券会社 ……… 26

09 ATMの維持費は銀行にとって重荷？
   メガバンクがATMの共同利用を開始 ……………………… 28

10 キャッシュレス決済は待ったなし
   消費増税やコロナ禍で進むクレジットカード決済 ……… 30

11 顧客から得られる手数料で収益をカバーする
   今最も注力されている「フィービジネス」 ……………… 32

12 一般NISAとつみたてNISAの一本化で活用幅が増加
   新NISA制度への移行で活気づく証券業界 ……………… 34

13 口座番号が不要、送金手数料も安価または無料に
   新しい個人送金のしくみ「ことら」 ……………………… 36

14 優良企業ほどESGを重視している
   拡大する世界のESG投資 …………………………………… 38

COLUMN 1

お金はいつ生まれたの？ ……………………………………………… 40

Chapter 2

金融業界の基本

01 私たちの生活と切り離せないもの
そもそも「金融」とは何か ………………………………………… 42

02 銀行が金融商品仲介業として商品の売買、取次も行う
規制緩和で自由競争化した金融業界 ………………………… 44

03 地方銀行はいずれ1県1行になる？
持株会社の増加で進む企業再編 ………………………………… 46

04 資金調達法は間接金融から直接金融へ
間接金融と直接金融 ……………………………………………… 48

05 さまざまな形でお金の貸し借りが行われる
金融市場とは金融が取引される場 …………………………… 50

06 企業は株式売買で得た資金をもとに事業展開する
株式市場の役割 …………………………………………………… 52

07 必要なところに必要な資金を供給する
資金市場の役割 …………………………………………………… 54

08 国債は1億円単位で取引される
債券市場の役割 …………………………………………………… 56

09 通貨の交換も外国為替市場の1つ
外国為替取引の役割 ……………………………………………… 58

10 少ない資金でも多額の取引ができる
金融派生商品市場の役割 ………………………………………… 60

11 金融は景気を安定させる役割がある
景気と金融の関係 ………………………………………………… 62

12 経済状況に合わせて金融政策を行っている
金融政策を担う中央銀行 ………………………………………… 64

13 安心して取引ができるのは金融庁のおかげ
金融庁によって管理される金融業界 ………………………… 66

COLUMN 2
お金はどこでつくられている？ ………………………………… 68

Chapter 3

金融機関の種類と役割

01 銀行は社会的責任を背負っている
銀行の役割 ………………………………………………………… 70

02 銀行によってそれぞれ役割がある
都市銀行、地方銀行など普通銀行の役割 …………………… 72

03 金融サービスを展開する企業は銀行以外にもある
 信用金庫、信用組合、JA などの役割 ……………………………………… 74

04 資金需要と資金運用ニーズをつなげる橋渡し役
 証券会社の役割 ……………………………………………………………… 76

05 企業経営に関わる重要な提案を行う
 投資銀行の役割 ……………………………………………………………… 78

06 保険会社は金融の活性化に欠かせない
 保険会社の役割 ……………………………………………………………… 80

07 預金業務や為替業務は行えない
 ノンバンクの役割 …………………………………………………………… 82

08 証券会社や銀行の代わりに同様の業務を行う
 金融商品仲介業と銀行代理店 ……………………………………………… 84

09 1つの登録で多種多様な金融サービスを仲介できる
 金融サービス仲介業 ………………………………………………………… 86

10 貯金業務や投資信託の販売、保険販売も行う
 民営化した郵便局 …………………………………………………………… 88

11 銀行は3大業務、証券、保険、ノンバンクは専門領域に特化している
 業界ごとで大きく変わる業務と働き方 …………………………………… 90

12 トップは金融持株会社、地銀は福利厚生充実も年収は低め
 銀行・証券・保険…気になる収入・待遇の差は？ ……………………… 92

13 同じ業種でも日系か外資系かで働き方や評価制度は異なる
 日本の金融企業と外資系金融企業の違い ………………………………… 94

14 破たんに備えた各種制度がある
 金融機関が破たんしたら？ ………………………………………………… 96

COLUMN 3

リーマンショックはなぜ起きたのか？ …………………………………… 98

Chapter 4

銀行業のしくみ

01 大規模な金融緩和で融資による利益が出しづらくなっている
 銀行業界の構造 ……………………………………………………………… 100

02 日本で最初の銀行は第一国立銀行
 銀行業界の歴史 ……………………………………………………………… 102

03 銀行に信用力がなければ、経済も成長しない
 銀行は「融資」と「信用」で稼ぐ ………………………………………… 104

04 銀行業務の根幹ともいえる存在
 銀行の業務① 預金 ………………………………………………………… 106

05 銀行の本業ともいえる業務
銀行の業務② 融資（貸出）・・ 108

06 お金の送金を行うことを指す
銀行の業務③ 為替 ・・ 110

07 付随業務は銀行法により定められている
銀行の業務④ 付随・周辺業務 ・・・・・・・・・・・・・・・・・・・・・・・・・・・・・・・・・・・・ 112

08 個人に対する融資や投資信託の販売などを行う
リテールの業務 ・・・ 114

09 企業の課題解決への提案を行う
ホールセールの業務 ・・・ 116

10 今後国際業務が強化される可能性も
国際・市場の業務 ・・ 118

11 地銀が営業時間の自由化を要望
当座預金の需要低下と営業時間の自由化 ・・・・・・・・・・・・・・・・・・・・ 120

12 利用者の利便性が上がり、銀行側も業務効率化やコスト削減ができる
ITの活用による利便性の向上 ・・・・・・・・・・・・・・・・・・・・・・・・・・・・・・・・・・・ 122

13 信用維持のために法律がある
銀行業にまつわる法律 ・・ 124

COLUMN 4
定年延長で優秀な人材の確保が進んでいる ・・・・・・・・・・・・・・・・・・・・・・ 126

Chapter 5
証券会社のしくみ

01 対面証券会社とネット証券がある
2業態に分けられる証券会社 ・・・・・・・・・・・・・・・・・・・・・・・・・・・・・・・・・・・・ 128

02 ネット証券の台頭で株式取引が身近に
証券会社の歴史 ・・ 130

03 買い手と売り手を仲介する
証券会社の業務① ブローカー業務 ・・・・・・・・・・・・・・・・・・・・・・・・・・・・ 132

04 責任がある分、報酬は青天井
証券会社の業務② ディーラー業務 ・・・・・・・・・・・・・・・・・・・・・・・・・・・・ 134

05 資本金基準を満たした会社だけが投資家への売り出しができる
証券会社の業務③ アンダーライティング業務 ・・・・・・・・・・・・・・ 136

06 売れ残った株式や債券を返品できる
証券会社の業務④ セリング業務 ・・・・・・・・・・・・・・・・・・・・・・・・・・・・・・・ 138

07 4大業務以外にもさまざまな仕事がある
証券会社の業務⑤ ストラクチャリング、調査／分析 ・・・・・ 140

08 証券取引所の役割は主に6つ
   証券取引所の業務とは？ ………………………………………… 142

09 ネット取引口座数は10年で2,000万口座以上増加している
   個人株式投資の主流はオンライントレード ……………………… 144

10 「時間優先の原則」と「価格優先の原則」のもと取引が行われる
   株式の売買と流通のしくみ ……………………………………… 146

11 分配金が支払われることもある
   証券投資の入門に最適な投資信託 ……………………………… 148

12 証券業は誰にでもできるわけではない
   証券業にまつわる法律 …………………………………………… 150

COLUMN 5

ペーパーレス化が進む株券や債券 ………………………………… 152

Chapter 6

保険業のしくみ

01 社会保険と民間保険の2つに分けられる
   保険とは何か ……………………………………………………… 154

02 保険は海難事故リスクから生まれた
   保険の歴史 ………………………………………………………… 156

03 相互会社は保険会社だけに認められている
   生命保険会社の組織と業務 ……………………………………… 158

04 保険料で資産運用も行う
   生命保険の収益のしくみ ………………………………………… 160

05 死亡に備えるタイプと老後に備えるタイプがある
   さまざまな生命保険 ……………………………………………… 162

06 株主にも配当を受け取る権利がある
   損害保険会社の組織と業務 ……………………………………… 164

07 資産運用収益が会社の収益を左右する
   損害保険会社の収益のしくみ …………………………………… 166

08 物に対する保険が損害保険の柱
   さまざまな損害保険 ……………………………………………… 168

09 生保、損保、どちらも取扱い可能な保険
   新たな収益源である第三分野の保険 …………………………… 170

10 保険の銀行窓販は保険販売にとってなくてはならない存在
   生保と銀行の親密な関係 ………………………………………… 172

11 海外も含めた再編が加速する可能性も
   生保再編は今後どうなる？ ……………………………………… 174

12 規制によって守られる会社と利用者
保険業にまつわる法律 ……………………………………… 176

COLUMN 6
1990年代末に始まった金融ビッグバン …………………… 178

Chapter 7

投資銀行のしくみ

01 日本ではブティック型の企業として存在することが多い
投資銀行とは ……………………………………………… 180

02 成長戦略のためのサポートを行う
投資銀行は資金調達やコンサルティングで稼ぐ ………… 182

03 新事業の提案などで巨額の資金を動かす
投資銀行の４大部門① 投資銀行部門 …………………… 184

04 コミュニケーション能力が試される部門
投資銀行の４大部門② マーケット部門 ………………… 186

05 投資銀行を支える頭脳班
投資銀行の４大部門③ リサーチ部門 …………………… 188

06 法人や個人の資産運用を行う
投資銀行の４大部門④ アセットマネジメント部門 …… 190

07 合併や買収、さまざまな形で企業の利益を上げる
M&Aとは …………………………………………………… 192

08 3つのフェーズを経て行われる
M&Aの一般的な流れ ……………………………………… 194

09 事業承継のマッチングなども行う
地域金融機関では投資銀行業務が通常業務の一環 ……… 196

10 銀行や証券会社と同様のコンプライアンスが求められる
投資銀行業の歴史と日本での規制 ……………………… 198

COLUMN 7
貯蓄から投資へってどういうこと？ ……………………… 200

Chapter 8

ノンバンクのしくみ

01 融資・立替・保証を主な業務とする
ノンバンクとは何か ……………………………………… 202

02 ベンチャー企業に投資して収益を得る場合もある
ノンバンクの業務形態と収益構造 ……………………… 204

03　カード会社の主な収益源は加盟店利用手数料
　　クレジットカードのしくみ ……………………………………………… 206

04　クレジットカード業務がメイン事業となりつつある
　　信用販売をする信販会社 ……………………………………………… 208

05　リースできるものはコピー機から航空機まで多岐にわたる
　　リース会社もノンバンクの1つ ……………………………………… 210

06　借金で苦しむ人を減らすために規制が強化された
　　ノンバンクにまつわる法律 …………………………………………… 212

07　収益構造崩壊による模索は今も続く
　　ノンバンクが抱える課題 ……………………………………………… 214

08　人口増加と消費拡大が鍵
　　東南アジア市場に活路を見いだすノンバンク ……………………… 216

COLUMN 8

経済は私たちの生活とどう関係しているのか？ …………………………… 218

Chapter 9

高度化する金融商品

01　リスク回避手段としてつくられた
　　デリバティブの意味とその役割 ……………………………………… 220

02　株式などの売買に関する「権利」を売買する
　　オプションとは何か …………………………………………………… 222

03　金利変動のリスク管理を目的に取引を行う
　　金利スワップと通貨スワップ ………………………………………… 224

04　国や企業などの信用リスクに備える取引
　　クレジット・デリバティブとは何か ………………………………… 226

05　市場が不利に動いたときに発生する損失を予想する
　　リスク管理の重要性とVaR …………………………………………… 228

06　金融機関にも、その利用者にも革新をもたらした
　　「フィンテック」が起こした金融革命 ……………………………… 230

07　今や9,000種以上ともいわれている
　　次々と登場する仮想通貨（暗号資産） ……………………………… 232

08　海外送金の低コスト化、セキュリティの強化などメリットが多数
　　金融業界の今後を左右するブロックチェーン技術 ………………… 234

09　銀行からの融資がなくても資金調達ができる時代へ
　　直接金融の究極の形「クラウドファンディング」 ………………… 236

COLUMN 9

海外で登場している便利な金融サービス …………………………………… 238

おわりに ………………………………………………………………………… 239

索引 ……………………………………………………………………………… 240

第1章

金融業界で今起こって いること

金融業界は今、構造不況業種といわれています。かつては13行あった都市銀行も、今では4大銀行へと集約されているなか、生き残りをかけた新たなビジネスモデルへの取り組みがなされています。IT技術の進化に伴ったキャッシュレス化やATMの共通化など、金融業界で起きていることについて詳しく解説します。

Chapter1 01

金融業界が 構造不況業種と呼ばれる理由

金融業界は景気循環に左右される一時的なものよりも、むしろ産業構造や需要構造など、経済環境の変化に適応できていない側面が厳しい収益状況を生み出していると指摘されています。なぜそうなったのでしょうか。

金融業界の収益は悪化している

金融業界の収益は悪化傾向にあります。景気に左右される側面もあるため、短期的にはよくみえるケースもありますが、中長期的に視野を広げてみていくと、以前と異なり昔ながらの金融業界のビジネスモデルは崩壊し、「稼げない状況」へと変わってきているのです。

産業構造、需要構造など経済環境の変化に適応できていないことによる不況のことを構造不況といいますが、金融業界はまさに構造不況業種といえます。

金利低下で収益が上がらない銀行

例えば、銀行のビジネスモデルを確認してみましょう。銀行は預金で資金を調達し、そのお金を融資で貸すことで利益を稼いできました。しかしながら、日本全体の金利が低下し、大きな収益とはならない状況が続いています。

また、そもそもお金を借りたいという需要も停滞気味です。以前に比べて企業でも有利子負債を拡大させることに慎重となるケースが少なくありません。むしろ無借金経営を行う企業が増えています。また、企業は長期にわたり生産拠点を海外に移転させ、国内資金需要が低下しています。個人も若年世代ほど消費を控える傾向にあり、お金を貸して稼ぐモデルがうまくいかなくなっています。

さらに、若い世代ほど銀行や証券会社などの店舗に行かず、スマートフォンなどで手続きをすませる傾向にあります。そのため店舗を基点に大々的に営業するスタイルも通用しなくなってきています。

産業構造
国民経済はさまざまな産業によってできあがっており、その産業の組み合わせを産業構造と呼ぶ。有名な区分けとしては、クラークによる第1次産業、第2次産業、第3次産業の3区分がある。

有利子負債
企業が返済する必要のある資金のうち、利子をつけて返さなければいけないもの。銀行などの金融機関から調達した短期借入金、長期借入金のほか、社債などの債券での調達も有利子負債に該当する。

無借金経営
銀行などの金融機関からの借入や社債などによる資金調達に一切頼らず、自己資金とそれまで稼いできた利益（内部留保）で経営を行う手法。

▶ 3大メガバンクも店舗の構造改革が進む

三菱UFJ フィナンシャル・グループ	三井住友 フィナンシャルグループ	みずほ フィナンシャルグループ
令和5年度末までに **国内515店（平成29年度末）を 4割削減**	令和4年度までに **国内店舗の約7割（約300店）を** 個人コンサルティング特化の **軽量店舗に転換**	令和6年度までに **国内約500店（平成29年度末）を 約130店削減**
店舗によっては 令和5年度末までに **対面窓口を廃止**		首都圏店舗を中心に、 **個人向けと法人向けに 機能別再編**

出典：各社の説明資料をもとに作成

証券会社では大口顧客が減り、人員が削減され始めている

　証券会社では、資金に余裕のある中小企業が減っており、積極的に資産運用を行いたいといった大口顧客が減っていることも収益悪化の理由の1つです。こうした時代の流れに追いついていないのが金融業界の旧来のビジネスモデルなのです。

　メガバンクをみても、こうした環境変化に伴い、人員及び店舗の削減を始めています。これは銀行や証券会社に限らず、金融業界全体にいえることであり、時代に合ったビジネスモデルの転換を余儀なくされてきています。

👍 ONE POINT

新たなビジネスモデルが求められている

事業で収益を上げるしくみをビジネスモデルといいます。どのような事業戦略を描き、利益を上げるのかという具体的なシステムのことです。コンビニ大手のローソンが95％、三菱UFJ銀行が5％出資し、2018年10月にローソン銀行が業務を開始。ATMの利用で対象商品が割引となるクーポンが受け取れるなど、差別化を図っています。このように、非金融事業者との業務提携を図る動きもみられています。

第1章　金融業界で今起こっていること

Chapter1 02

再編と統合で変わる金融業界地図

かつて13行あった都市銀は4大銀行へと集約されています。現在は地方銀行をはじめ、各金融機関の再編や統合が進んでいますが、その背後には政府の後押しもあります。

成長戦略の一環として持続可能性を探りたい政府

1970年代から80年代に13行あった都市銀行は、今や4大銀行（みずほ銀行、三井住友銀行、三菱UFJ銀行、りそな銀行）へと集約されています。このうち、3大メガバンクといえば三菱UFJ、みずほ、三井住友を指します。メガバンクの再編は2006年までに行われ、現在は落ち着いています。一方で、地方銀行をはじめほかの金融機関では再編や統合は現在進行形であり、今後もさらに進む可能性があります。

この背景には、政府の後押しもあります。2019年6月5日に開催された政府の「未来投資会議（第28回）」では、地方銀行の状況と銀行の持続可能性について指摘しています。

未来投資会議では、地域経済を支える大きな役割を担っていることを指摘しつつ、現在の貸出利ザヤが低下し、経営が悪化している側面も示しています。そして、貸出規模に対して経費の削減が伴っていないことを示し（右ページ参照）、経営統合による経費削減余地は大きく、経営統合は銀行の持続可能性にプラスの可能性があると指摘しています。

政府としても、成長戦略の一環として、経営統合により持続可能性を探りたい思惑があったようです。特に規模が小さい銀行などでは、収益環境の変化により将来的に苦戦を強いられるケースも出てくると想定されており、経営の立て直しを含め再編措置がとられる可能性は高いと予想されます。

再編や統合はこれからも進む

2019年4月には、金融庁から地域金融機関に財務健全性の確保を求める「早期警戒制度」の改正案が公表され、6月に見直し

メガバンク
巨大な資産や収益規模、あるいは1兆ドル以上の総資産をもつ銀行もしくは銀行グループのこと。

未来投資会議
将来の経済成長のため、官民が連携して投資を推進するための会議。未来への投資の拡大に向けた成長戦略と構造改革の加速を図るための司令塔として開催されていた。内閣総理大臣を議長とする。

成長戦略
将来にわたって成長が見込め、利益をもたらすと想定される分野へ対応する戦略。安倍政権が打ち出したアベノミクスの3本の矢のうち、大胆な金融緩和、機動的な財政戦略に続く政策である。

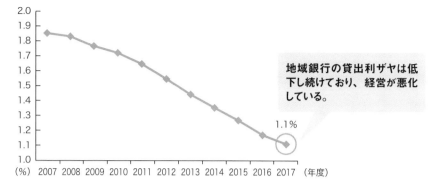

▶ 地域銀行の貸出利ザヤの減少

地域銀行の貸出利ザヤは低下し続けており、経営が悪化している。

1.1%

▶ 地域銀行の営業経費と貸出残高

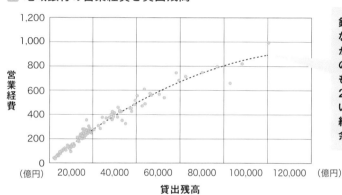

銀行はシステム費用などの多額の固定費が発生するが、貸出の規模が2倍になっても、システム費用が2倍かかるわけではない。このため、経営統合による経費削減余地が大きい。

（注）図は、地方銀行・第二地方銀行・埼玉りそな銀行についてのもの
出典：http://www.kantei.go.jp/jp/singi/keizaisaisei/miraitoshikaigi/dai28/siryou1.pdf

が行われました。

　収益悪化が続くとみられる地方銀行には、経営陣の交代や業務改善命令も視野に入れることになり、今後の地方銀行の動向次第では、大きな再編が待ち受けているといっても過言ではないでしょう。本業の儲けで赤字が続いたり、自己資本比率が4％を下回ると見込まれたりする場合には、立ち入り検査や行政処分などの厳しい措置も予想されます。

早期警戒制度
自己資本比率に表されない収益性や流動性など、銀行経営の劣化をモニタリングするための監督体制。自己資本比率による是正のほかに、収益性改善、安定性改善などの観点からも改善を促すことになる。

AI導入による業務変化と求められる人材

日本銀行の金融政策などの影響により、金融業界は利益を出しにくくなってきています。そこで、AIによる効率化や生産性向上が求められています。こうした状況下では、プロフェッショナルな人材が求められる傾向にあります。

金融業界でもAI導入が進んでいる

金融業界でも利益が出にくい状況に対応して、いかにコストを削り業務を効率的に行うか、生産性向上を図っていくかが課題となります。そこで、人口知能（AI）やITによる効率化を金融業界でも行うことが一般的となってきました。

例えば、銀行では要件に応じて窓口応対が異なります。そうした対応への仕分けをロボットが行ったり、電話で問い合わせを行う際に自動音声による振り分けが行われたりするなど、今や簡単な作業であればRPAによる自動処理を行い、人件費の圧縮が可能となってきています。

また、チャットボットを相談や問い合わせといったカスタマーサービスに活用する、融資を行う際などに利用される信用調査をAIが行うなど、まだまだこれから活用されていくであろうものもたくさんあります。これらを活用することで、労働力不足にも対応でき、効率化も図ることができるでしょう。

こうして、金融業界でもAIでできるものはAIが行い、労働力確保の手段とするという状況がますます進みそうです。

それでは、時代環境が変わった今、求められるのはどのような人材なのでしょうか。

AIではできないことを強みとする人が求められる

はっきりいえることは、AIでは難しいような仕事ができる人は重宝されるということ。

例えば、リテール営業は会って話をして、お互いに理解し合い初めて課題解決ができます。こうした知恵を絞り、お客様とコミュニケーションがとれる人材は今後も必要です。このほか、ITの

自動音声
お客様からの電話による問い合わせに、音声案内によって自動的に応答を行うシステム。

RPA
Robotic Process Automation。これまで人間の手で行われてきた事務作業や入力作業を、ソフトウェア型のロボットが代行、自動化する概念を指す。

チャットボット
人工知能を活用した自動会話プログラムのこと。コンピュータと会話をすることで、コールセンターなどの業務効率が大幅に改善できる可能性がある。

カスタマーサービス
製品やサービスを購入した顧客や、これから購入しようとしている顧客に対して、疑問の解消や相談にのり解決するための企業活動のこと。コールセンターやお客様相談室などが該当する。

▶ AI導入による業務変化

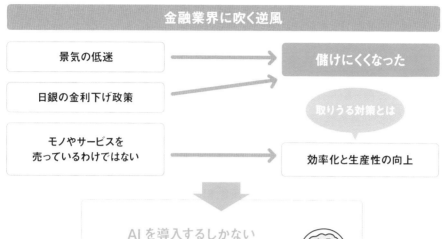

金融業界に吹く逆風

| 景気の低迷 | ➡ | **儲けにくくなった** |

日銀の金利下げ政策 ➡

取りうる対策とは

モノやサービスを
売っているわけではない ➡ 効率化と生産性の向上

AI を導入するしかない

【今後想定されるケース】
・チャットボットをカスタマーサービスに活用
・信用調査を AI が行う　など

▶ 今後求められる人材

仮想通貨など
IT に理解のある
プロフェッショナル

女性管理職などを
目指して活躍する女性

**AIでは
できない仕事が
できる人材**

顧客との
コミュニケーションで
解決策を発見できる営業

語学力に長け、
海外進出などの支援を
目指したい人

プロフェッショナルも求められています。効率化の側面だけでは
なく、暗号資産など金融の先端をいく専門家も必要となることで
しょう。語学力に長け、海外支援などを行いたい人も他者と差別
化を図ることが可能です。そして、管理職を目指す女性は今後もさ
らに増加し、女性頭取が出る時代がきてもおかしくはありません。

暗号資産
P.232 参照。

Chapter1 04

キャッシング依存からの脱却を図るノンバンク

取り巻く環境が変化し、キャッシング依存からの脱却をさぐるノンバンク。現在は、アジアなど海外市場の開拓を図ったり、銀行のカードローンの保証事業を行ったりするなど、収益の多様化が進んでいます。

貸金業法改正によりビジネスモデル転換が起こった

　ノンバンクといえば、消費者金融に代表されるようにお金を貸すことで収入を得るといったビジネスモデルが主軸です。銀行などの金融機関からの借入れが難しい人などを対象に、過去には高金利による貸出が可能であったことから、儲かっていた時代もありました。

　しかし時代は変わり、貸金業法の改正などでノンバンクを取り巻く環境が大きく変化しました。

　貸金業法の改正による貸付上限金利の引き下げ、年収の3分の1を超える貸付けを禁止する総量規制、過払い金返還に備えた引当金の積み増し。こうした状況の変化に伴い、ノンバンクの高収益を支えてきたキャッシングやカードローンのみに依存するのではなく、生き残りをかけてほかの収益源の確保、ビジネス展開を図るようになってきています。

生き残りをかけたさまざまな事業戦略

　例えば、クレジットカード事業では、ゴールド会員など年会費を支払う会員を増やすことで安定収入を得るケースがあります。ポイント還元などでクレジットカードの付加価値を高め、利用者の中長期的な利用が見込めるようにすれば、毎月の年会費のほか、日々の利用における手数料確保にもつながります。

　現在では、銀行でも顧客向けにカードローンの紹介、勧誘を行うケースが増えてきています。この際のカードローンの保証をノンバンクが請け負うことも行っています。銀行にはカードローンの審査ノウハウがなく、審査基準も明確なものがあるわけではないので、ノンバンクが持つ実績をもとに顧客を保証することで、

過払い金返還
貸金業者から高い金利で借りたことで支払っていた利息を、再度利息制限法で定められた金利で計算し直し、差額を返還請求できるようになった。

キャッシング
お金を借りるしくみ。クレジットカードのキャッシング枠を利用すれば、急な出費への対応が可能。

▶ 保証事業の拡大

> ### ノンバンクが銀行のカードローンの保証を行う

銀行自身にカードローン審査のノウハウがなく、審査基準も明確なものがないため保証が必要

銀行

保証会社

▶ 海外進出

> ### ノンバンクのアジアへの進出例

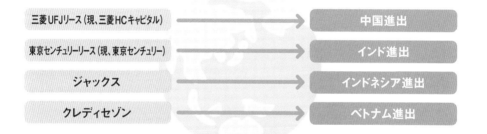

三菱UFJリース（現、三菱HCキャピタル）	→	中国進出
東京センチュリーリース（現、東京センチュリー）	→	インド進出
ジャックス	→	インドネシア進出
クレディセゾン	→	ベトナム進出

多くのノンバンクがアジアを中心に、欧米などへも進出。海外のノンバンクを買収するケースもあります。

その保証料で収入を得られるというしくみです。ノンバンクはこうした事業拡大で生き残りをかけています。

　このほか、多くのノンバンクが海外進出をするようになってきています。海外のノンバンクを買収するケースもあれば、現地法人をつくり、現地でリースや貸出などを行うケースもあります。

Chapter1

05

金融庁が行った初めての組織再編

2018年に金融庁が組織再編を行いました。1998年に金融監督庁が発足し、2000年に金融庁に改組されて初めての大規模な組織再編です。フィンテックなど時代の流れに沿って的確に対応していくための措置といえます。

検査局の業務は監督局が行うことに

　金融庁は、2018年7月に組織再編を行い、それまであった監督局、検査局、総務企画局の3体制を、監督局、総合政策局、企画市場局へ切り替えました。

　これにより、それまで検査局が行っていた金融機関の業態別の検査を監督局が担うことになります。検査・監督というオンサイト（立ち入り検査）、オフサイト（聞き取り調査）一体のモニタリングを強化する目的があります。

総務企画局は総合政策局と企画市場局へ

　総務企画局は、司令塔機能強化の観点から総合政策局と企画市場局に分割されました。総合政策局では、金融システム全体のリスク管理を徹底させるとともに、金融機関の業務横断的な課題に対応していきます。金融行政の戦略立案や総合調整機能を強化するための措置です。なお、それまで検査局で行われてきた、専門分野別チームによるテーマごとの金融機関の検査（IT、ガバナンスなど）は総合政策局が担います。

　企画市場局では、金融とITが融合したフィンテックに対応するほか、市場機能の強化など国内証券市場の活性化策の立案などを担います。

処分重視から育成重視へ

　こうした3局体制になった理由は、金融庁のやり方を変えるためといってよいでしょう。これまで金融庁は、バブル崩壊後の不良債権問題に対応し、今後同じような問題が生じないようにするために、金融機関の健全性に力点を置いた体制を整備してきまし

オンサイト
金融機関の業務及び財産の状況を確認、問題がないかを検証するために、実際に立ち入り、経営実態の把握やリスク管理体制の点検を行うこと。

オフサイト
金融機関の役職員との面談や電話でのヒアリング、金融機関から提出を受けた経営資料の分析を行うこと。立ち入り調査は行わない。

ガバナンス
管理体制、内部体制のこと。コーポレートガバナンスとも呼ばれる。企業が健全な組織運営を行うために、社内手続きや各種ルールを守って業務が行われているかどうかを管理するもの。

▶ 初の組織再編は2018年7月に実施された

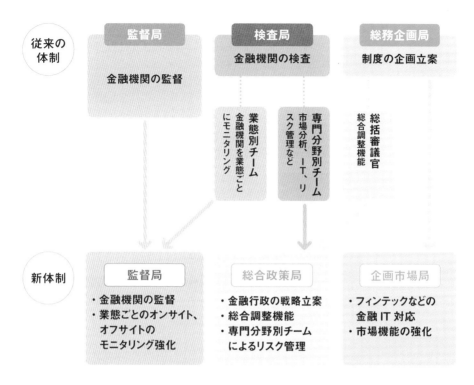

従来の体制

監督局	検査局	総務企画局
金融機関の監督	金融機関の検査	制度の企画立案

業態別チーム
金融機関を業態ごとにモニタリング

専門分野別チーム
市場分析、IT、リスク管理など

総括審議官
総合調整機能

新体制

監督局	総合政策局	企画市場局
・金融機関の監督 ・業態ごとのオンサイト、オフサイトのモニタリング強化	・金融行政の戦略立案 ・総合調整機能 ・専門分野別チームによるリスク管理	・フィンテックなどの金融IT対応 ・市場機能の強化

た。つまり、財務の健全性などの検査に力を入れてきたのですが、どちらかといえば、守りに入る後ろ向きの体制だったといえます。それを新しいものを取り入れながら課題の変化に的確に対応していく姿勢へと変えたのです。金融庁は、金融機関との対話を通じて、リスクをとりながら収益力を強化するためにはどうすればよいかを検証する役割を今回の組織再編で明確にしました。

　日本経済の成長につなげるために検査から処分という流れを重視するのではなく、金融育成を中心に役割を変貌させた、それが今の金融庁なのです。

フィンテック
金融（Finance）と技術（Technology）を組み合わせた造語。金融サービスと情報技術を結びつけた従来にはない新しいサービスやシステムを指す（P.230参照）。

Chapter1 06

加速する地方銀行の再編

第四北越銀行、三十三銀行と聞いて、ピンとくる人はどのくらいいるでしょうか。これらは、2021年に合併によりできた銀行です。今後も地方銀行の再編は続き、周りにある銀行名も変わっていくかもしれません。

毎年のように地方銀行の再編が行われている

第四北越銀行は、2021年1月に第四銀行と北越銀行が合併することで誕生した新しい銀行です。2021年5月には、三重銀行と第三銀行が合併により三十三銀行となりました。どちらも県内合併によるものであり、今後も同じ県内の銀行が合併などにより再編されていく可能性は十分あると考えられます。

この背景には、地域を超えた再編を行わないと生き残りが難しくなってきていることがあるのです。地方銀行の経営統合については2章で解説しています（P.46参照）。

本店が1行もない都道府県が出現する可能性も

金融仲介の改善に向けた検討会議（金融庁）「地域金融の課題と競争のあり方（平成30年4月11日）」によれば、企業の数、生産年齢人口ともに減少してきており、構造的な要因による資金需要の減少が見込まれています。

また、驚くべきは、「各都道府県における地域銀行の本業での競争可能性」というモデルによる試算です。これによれば、2行での銀行の競争が可能な地域は大都市がある地域にほぼ限られ、1県1行であれば存続できる地域が13道府県となっています（右ページ参照）。都道府県のおよそ半数に相当する23県では1行単独になっても不採算になるという結果まで出ており、状況次第では本店が1行もない県が今後続々登場してきてもおかしくないともいえるのです。

町村によっては、金融機関の店舗が1つも存続しない状況も考えられます。前述の23県では、今後地方銀行の再編が進む可能性は高いといえますが、その場合、同じ県内はもちろんのこと、越

第四銀行
新潟市中央区に本店を置いていた地方銀行。1872年に制定された国立銀行条例に基づいて設立された金融機関のうち、ナンバー銀行（4番目）として存続する最古の銀行であった。

北越銀行
新潟県長岡市に本店を置いていた地方銀行。前身は国立銀行の第六十九銀行であり、設立には渋沢栄一が携わっている。

三重銀行
三重県四日市市に本店を置いた地方銀行。主に三重県と愛知県名古屋市を中心に店舗を構えていた。

第三銀行
三重県松阪市に本店を置いた第二地方銀行。第三は、三重の三と、無尽会社3社が源流であったことに由来する。

▶ 地域によってはさらなる再編が必要

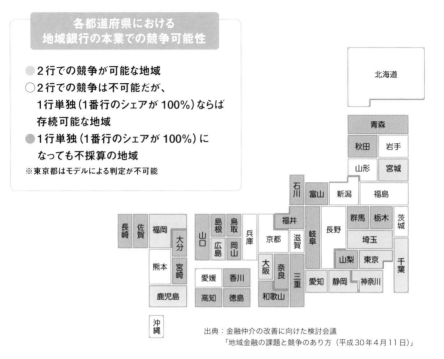

各都道府県における
地域銀行の本業での競争可能性

● 2行での競争が可能な地域
○ 2行での競争は不可能だが、
　1行単独（1番行のシェアが100％）ならば
　存続可能な地域
● 1行単独（1番行のシェアが100％）に
　なっても不採算の地域
※東京都はモデルによる判定が不可能

出典：金融仲介の改善に向けた検討会議
「地域金融の課題と競争のあり方（平成30年4月11日）」

県合併も十分あり得ます。これは、もともと同じ系列であったなど、関係性がある銀行同士の合併が最も考えられるパターンです。

　こうした状況から、金融庁では、いかに地域に健全な金融機関が残り、地域の企業や経済の成長、発展を支援できる状況を維持することができるかを金融行政の重要な課題としています。

 ONE POINT

特例法案により地銀の再編が進む可能性も

2020年3月に、地方銀行の統合・合併について、独占禁止法を適用しない特例法案が閣議決定されました。国会で法案成立が行われることで、さらに再編が進むことが予想されます。それにより異業種との連携も進む可能性があるといえるでしょう。

AI活用でテレマティクス保険に注力する損害保険業界

テレマティクス保険と聞いて、知っている人は少ないかもしれません。しかし今後の自動車保険などでは、当たり前となる時代が来そうです。一体どのような保険なのでしょうか。

リスクに応じた保険料設定を行い事故減少へ

テレマティクス
ネット接続が可能な端末を自動車に搭載し、交通情報や天気、ニュースなどのさまざまな情報（コンテンツ）を利用できるようにする情報サービス。またシステム全般の総称。

テレマティクス保険とは、自動車などに通信システムを組み込み、リアルタイムに情報サービスを提供することで、その人に合った保険料を設定することができるものです。例えば、走行距離やブレーキのかけ方など運転の特性を情報取得、分析することにより保険料を算出していきます。

テレマティクス保険のメリット

テレマティクス保険のメリットは、安全運転を行う人ほど保険料を抑えることができる点です。誰しも保険料は低いほうがよいでしょう。すると、多くの人は安全運転に徹するようになりますし、よりその人にマッチした保険料が適用されます。これにより、交通事故の減少や、事故渋滞の解消といったメリットも期待できます。

保険会社にとっても、事故が減ればその分、保険金支払いが減ります。つまり、保険会社と運転者のいずれにもメリットがあるのがこのテレマティクス保険なのです。

中古車市場
中古車情報メディア「カーセンサー」によれば、2022年における中古車市場規模は、前年から約6,121億円縮小し、年間3兆5,578億円と推計されている。

また、中古車市場にもプラスの影響が出そうです。例えば、前のオーナーの運転状況をもとに中古車の状態を的確に判断できるようになるため、購入者にとっては品質評価の透明性が高まります。

テレマティクス保険のデメリット

個人情報
本項でいう個人情報とは主に位置情報サービスが挙げられる。リアルタイムで位置情報を発信するため、現在地がわかってしまう。居場所を特定されたくない顧客には大きなデメリットとなる。

デメリットもあります。テレマティクス保険は、通信システムを組み込むことで把握できる情報をもとに適用できます。つまり、運転者の走行データが保険会社にまるわかりになるということ。運転者の個人情報ともいえるデータの提供が生じるため、情報の

運転者の個別リスクを評価して保険料算定を行う

これまでは……

事故を起こさないように安全運転をしていても、自動車保険の保険料は変わらなかった

安全運転をしていても

保険料は同じ

テレマティクス保険なら……

スマホと連動するデバイスやドライブレコーダーが、急ブレーキ回数などのドライブ特性を計測。より安全な運転をするようになり、保険料が安くなった

安全運転をしたら

\DOWN!/

保険料が下がった!

テレマティクス保険のメリット・デメリット

メリット
- 安全運転な人ほど保険料が抑えられる
- 事故の減少、事故渋滞の解消

デメリット
- 個人情報が保険会社に丸わかり
- 等級の高いドライバーの保険料が下がらない可能性がある

取扱いをどうするのか、保険会社には管理能力が求められます。

　このほか、これまで無事故ですでに等級が高い優良ドライバーはさらに保険料が下がるのかどうか不明確な部分もあるため、誰がみても算定基準が明確な保険料設定へと一層の情報開示が必要になるでしょう。

　今後こういった課題を解決しながら、テレマティクス保険は世界的に見ても普及していくと予想されます。

等級

自動車保険では、契約者の事故実態に応じてリスクが1～20等級に区分されている。初めて自動車保険を契約する場合には6等級が適用され、その後事故がなければ翌年度の契約の等級は1等級上がる。

フィービジネスによる収益拡大を狙う

シェア伸ばすネット証券とメガバンク系証券会社

大手証券といえば、野村ホールディングスと大和証券グループが思い浮かぶ人も多いでしょう。この2つに挑んできているのがネット証券やメガバンク系の証券会社です。営業収益ではSBIホールディングスの躍進が目立ちます。

メガバンクも証券強化へ

国内の2大証券会社といえば、野村ホールディングスと大和証券グループです。そこに食い込もうとしているのが、実はメガバンク系の証券会社です。

2009年5月に、みずほフィナンシャルグループ傘下のみずほ証券と新光証券が統合し、みずほ証券が誕生しました。同年、三井住友フィナンシャルグループは、シティグループから日興コーディアル証券、日興シティグループ証券の事業を買収することに合意し、その後SMBC日興証券として事業を展開しています。

三菱UFJフィナンシャル・グループは、2010年4月に傘下の三菱UFJ証券とモルガン・スタンレー日本法人を統合し、三菱UFJモルガン・スタンレー証券としました。また、2015年4月には三菱UFJ証券ホールディングスがカブドットコム証券を子会社化しました。こうして、3大メガバンクのグループでも証券会社の再編があり、現在に至っています。

メガバンクが証券を強化する理由は、銀行のもつ顧客を融資だけではなく資産運用面でもマッチングし、収益拡大につなげたい側面があります。手数料業務（フィービジネス）に力を入れたいとの思惑があるのです（P.32参照）。

ネット証券とメガバンク系証券会社の今後に注目

右ページに2022年3月期決算をもとにした、証券会社の営業収益（売上高）ランキング上位5社を記載しました。営業収益でみると、圧倒的な力があるのが野村ホールディングスです。一方、ネット証券やメガバンク系の証券も上位を占めています。SBIホールディングスは今や2位に浮上、三菱UFJ証券ホールディングス

野村ホールディングス
アジア最大の投資銀行、証券持株会社。元をたどれば、大阪野村銀行（のちの大和銀行、現りそな銀行）の証券部から分離して設立された経緯がある。野村アセットマネジメントなどを有する。

大和証券グループ
大和証券や大和総研などを傘下にもつ金融持株会社。日本では業界3位の証券グループ。藤本証券と日本信託銀行が1943年に合併し旧大和證券となった。

三菱UFJ証券ホールディングス
三菱UFJフィナンシャル・グループの完全子会社であり、証券金融持株会社である。中核事業会社は、三菱UFJモルガン・スタンレー証券が担う。前身の1つに野村證券系の国際証券がある。

▶ 証券会社の営業収益ランキング上位5位（2022年3月期決算）

（単位：億円）

	証券会社名	営業収益
1	野村ホールディングス	15,939
2	SBIホールディングス ネット証券	7,636
3	大和証券グループ本社	6,194
4	三菱UFJ証券ホールディングス メガバンク系	3,512
5	楽天証券 ネット証券	895

SBIホールディングスは「第四のメガバンク構想」を掲げて勢力を伸ばしています。

営業収益
企業の主な営業活動から生じる収益。一般的には売上高に相当する。その違いは、商慣習的なものであり、商品や製品などの有形物を販売している場合が売上高、サービスなどの手数料収入が営業収益となる。

も4位となっています。年によってランキングが入れ替わるなど、証券会社間の争いも激しさを増しています。

　いずれ、ネット証券やメガバンク系がシェアを伸ばし、2大証券のさらなる脅威となる状況も予想されます。今後これらネット証券やメガバンク系の証券会社がどこまでシェアを伸ばしていくのかが見ものといえます。

 ONE POINT

顧客開拓をどう行うかがカギとなる

大手証券会社に限らず、どこの証券会社も今後顧客開拓をどう進めていくかが課題となっています。その理由は、人口減少が進み、これまで依存していた顧客層だけでは収益を維持できないためです。富裕層に集中するのか、それとも誰でも手軽に利用できる証券会社を目指すのか、あるいは海外展開を加速するのか、その戦略が将来のカギとなるでしょう。

Chapter1
09

メガバンクがATMの共同利用を開始

ATMの利用者、利用回数の減少から、三菱UFJ銀行と三井住友銀行が一部ATMの共通化を開始しました。ATM設置や維持管理の経費削減が狙いです。今後は各地域においてもATMの一本化が進むことが予想されます。

ATMの共通化

2019年9月22日から、三菱UFJ銀行と三井住友銀行では、一部のATMを共通化し、両行の預金者がどちらのATMを利用しても預金を無料で引き出せるようになりました。これにより、例えば三菱UFJ銀行のATMから三井住友銀行の預金者が預金を引き出せるようになりました。メガバンクがATMを相互に開放するのはこれが初めてです。

なお、店舗内のATMは該当しません。対象となるATMは、駅前や商業施設などに設置されている約2,800カ所。これにより、これまで両行のATMのうちどちらかしか商業施設になかった場合などにおいては、利便性が高まり、わざわざ店舗に行き預金をおろす必要がなくなることになります。

ATMの利用者が減っている

それでは、なぜこのようなATMの相互開放に至ったのでしょうか？　これはATMの利用者、利用回数が減っていることに要因があります。インターネットバンキングの普及により、送金はネットで完結する人が増えているほか、預金残高の確認もすべてインターネットでできるようになっているため、わざわざそのために店舗やATMに行く必要がなくなってきています。

一方で、ATMの設置、管理維持コストは銀行にとって重荷になっています。利用が減っているのであれば相互に開放し、経費削減につなげたいのがメガバンクの真意でしょう。なお、双方で重複する店舗外ATMに関しては500〜600カ所削減されます。店舗外ATMで残る2,300カ所を相互引き出し無料で行えるようになっています。

ATM

automatic teller machine（現金自動預け払い機）。顧客自身により、普通預金の預け払いや残高照会、振込が行えるほか、銀行によっては税金の支払い、宝くじの購入、電子マネーのチャージなどができる場合も。

インターネットバンキング

パソコンやスマートフォンなどを用いて、インターネット経由で金融機関のサービスを利用すること。預金の残高照会、入出金照会、口座振込、投資信託の購入など、自宅や外出先で行うことが可能となっている。

▶ メガバンクがATMの共同利用を開始

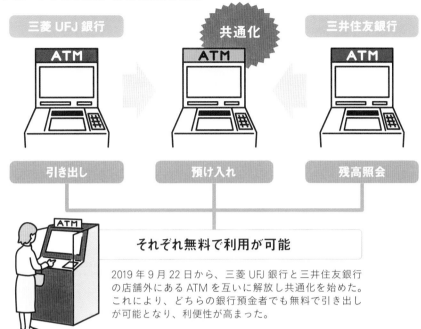

三菱UFJ銀行 ← 共通化 → 三井住友銀行

引き出し　　預け入れ　　残高照会

それぞれ無料で利用が可能

2019年9月22日から、三菱UFJ銀行と三井住友銀行の店舗外にあるATMを互いに解放し共通化を始めた。これにより、どちらの銀行預金者でも無料で引き出しが可能となり、利便性が高まった。

今後はATMの一本化もありうる

　今後は、メガバンクだけでなく、各地域において利用できるATMが一本化される流れは進むでしょう。銀行はコスト削減を図る一方、共通化でネットワークは維持し、顧客の利便性は確保する配慮がなされるものと想定されます。消費者、銀行双方にメリットがある内容ととらえてよいでしょう。

👆 ONE POINT

ATMの維持管理費用はいくら？

ATMの購入費は1台300万円といわれています。また、警備費なども含めた維持管理費用はなんと1台につき月30万円。業界全体でみるとATMに関する経費は年間2兆円にも上るといわれています。台数を減らすだけでは、利便性も落ちてしまうため、各銀行はATMの共通化に取り組んでいるのです。

Chapter1
10

消費増税やコロナ禍で進む
クレジットカード決済

消費増税により景気の腰折れを防ぐため、政府はポイント還元を実施しました。これは、キャッシュレスの普及を促す役割もあります。今後、クレジットカードなどの決済がさらに進んでいくことになりそうです。

日本はまだまだ現金派の人も多い

軽減税率
消費税10%となった今でも、8%に据え置いて課税されるものがある。その税率を軽減税率という。対象は、飲食料品や新聞などが該当する。

キャッシュレス
クレジットカードや電子マネーなどを利用して、現金を使わずに支払いや受け取りを行う決済方法のこと。

　2019年10月1日より、消費税率は原則10%となりました。軽減税率により食品などは8%のままとされ、消費増税がすべて10%になった場合に比べれば、そこまでマイナスの影響は出ていないと想像されます。

　消費増税の際に、キャッシュレスによるポイント還元を行ったこと、その後のコロナ禍に伴い、できる限り人との接触を避けるといった行動から、日本でもキャッシュレス決済が進んでいます。クレジットカード決済やPayPayなどで、ポイントの付与・還元の認知度が高まったこともあり、徐々にですが現金支払いの比率が下がり、キャッシュレス決済の比率が上昇してきているようです。また、都市部では、電車に乗る際はSuicaなどのキャッシュレス決済を使う人が大半となってきています。

　ただし、海外と比べると日本はまだ現金による買い物を行う人が多いのが現状です。治安のよさ、現金に対する信頼の高さ、ATMからいつでも現金が引き出せる利便性、こうした点から日本では現金を持ち歩く人が、まだまだ多いのです。

　しかし、前述のようにATMの数は減る見込みですし、人口も減少していきます。キャッシュレス化が進めば、無人店舗でもクレジットカードや電子マネーで買い物ができるようになります。労働力不足を補っていく側面からも、キャッシュレス化は推進されています。

キャッシュレス時代へと変わりつつある

　このほか、キャッシュレスのメリットとしては、小銭などを持ち歩く必要がなくなれば、移動が楽になります。犯罪防止にも一

▶ 日本におけるキャッシュレス支払額および決済比率の推移

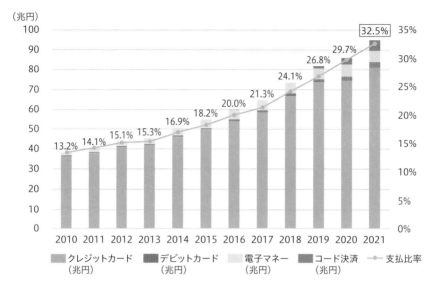

出典：経済産業省「2021年のキャッシュレス決済比率を算出しました」

▶ キャッシュレス決済比率の内訳の推移

年	2015	2016	2017	2018	2019	2020	2021
クレジットカード	16.5%	18.0%	19.2%	21.9%	24.0%	25.8%	27.7%
デビットカード	0.14%	0.3%	0.37%	0.44%	0.56%	0.75%	0.92%
電子マネー	1.5%	1.7%	1.7%	1.8%	1.9%	2.1%	2.0%
コード決済	—	—	—	0.05%	0.31%	1.1%	1.8%
合計	18.2%	20.0%	21.3%	24.1%	26.8%	29.7%	**32.5%**

出典：経済産業省「2021年のキャッシュレス決済比率を算出しました」

役買います。インバウンド対策にもなることでしょう。日本でもキャッシュレス時代が待ったなしで来ています。

　なお、キャッシュレス推進協議会の調査によると、キャッシュレスの利用比率は年々増加傾向にありますが、政府は今後2025年度までに、利用比率を40％、将来的には80％まで高めることを目標にしています。

インバウンド
inboundは「入ってくる方向」という意味。日本では、外国から日本に訪れる訪日外国人のことを指して使われる。

Chapter1
11

今最も注力されている
「フィービジネス」

金融業界では、フィービジネスに注目が集まっています。これは、顧客にサービスを提供する対価として手数料を受け取るビジネスのこと。銀行も貸出が大きく見込めないなか、フィービジネスを強化する傾向にあります。

📍 手数料をどう得るかが存続のカギに

地方銀行をはじめ、将来的に人口が減少する日本では融資額の縮小が見込まれ、昔からのビジネスモデルではなかなかうまくいかない世の中になってきています。そんななかで、メガバンク、地方銀行、信用金庫といった金融機関が強化するビジネスが「フィービジネス」です。

フィービジネスとは、顧客にサービスや商品を提供する対価として手数料を受け取るものです。証券会社では、そもそも株式や債券、投資信託の販売により手数料を得るビジネスを行っており、特に新しいものというわけではありません。現在は、銀行などの金融機関でも投資信託の販売などにより手数料を得るのが一般的となってきており、各社ともに収益源として強化する傾向にあります。そのため、どの金融機関でも顧客の獲得に注力しています。いかに他の金融機関と差別化を図るかが課題といえるでしょう。

📍 手数料をどう得るかが存続のカギに

銀行では今、投資信託だけでなく外貨預金や保険の販売も取扱っています。そうした金融商品の販売はいずれもフィービジネスです。単純に販売するというよりは、その顧客にとってどのような資産運用が向いているのか、中長期的なアドバイスが求められます。キャッシュフロー表の作成により、どういったときに資金的な問題が生じる可能性があるのかを確認し、それに対する対策として金融商品を活用する場合もあります。

このほか、中小企業のオーナーなどにはM&Aの仲介を行うこともあります。金融機関はM&Aが成約すれば手数料を得ることができます。また、大規模な融資を行う際に利用されるシンジ

キャッシュフロー表
10年や20年単位で、将来の資金計画を立てる際に作成するお金の流れを示した表。資金の入りと出を確認し、いつ問題が生じそうかを確認することができる。

シンジケートローン
複数の金融機関がシンジケート団を組み、1つの融資契約書に基づいて同じ条件で融資を行うこと（P.116参照）。

▶ フィービジネスの一例

投資信託

外貨預金

保険

M&A 仲介

シンジケート
ローン

貸出による収益が見込めないなか、金融関連サービスに対する対価として手数料を得るフィービジネスが今後のカギを握っています。

ケートローンでは、アレンジメントフィーとして手数料を得る場合もあります。フィービジネスにより収益をいかにカバーしていくかが金融業界では必須の手段となってきています。

👆 ONE POINT

アレンジメントフィーはどう入る？

シンジケートローンが組まれる際、参加金融機関の募集や条件設定、契約書作成などのとりまとめを行う銀行が主幹事となります。その主幹事がとりまとめの対価として得る手数料のことをアレンジメントフィーと呼びます。アレンジメントフィーは融資の契約の際に、借入人から銀行に対して支払われます。主幹事に対してのみ支払われる手数料なので、借入人と主幹事の間で交渉・合意することも多いです。

Chapter1
12

新NISA制度への移行で
活気づく証券業界

2024年から新NISA制度が始まります。これまでよりも非課税枠が増加するほか、投資可能期間が恒久化されます。投資を行いたい層を広げることにつながり、証券業界でも新たなビジネスチャンス獲得の機会となっています。

新制度への変更点　①年間360万円まで非課税投資できる

金融庁から、NISAとつみたてNISAを合わせて内容を強化した「新NISA制度」が発表されました。新制度の開始により、金融機関側もシステム整備を進めるなどの対応に迫られています。

新NISA制度により大きく変わるポイントは4つあります。

1つめのポイントは、一般NISAとつみたてNISAの2つのNISA制度が一本化されること。これにより、投資信託による積み立て部分と株式など売買部分の2つに年間投資枠が設けられます。うち、長期の積み立てを目的として資産形成を図る枠が120万円、株式などについては240万円が年間上限となります。年間で360万円まで非課税投資が可能になることで、その時々の状況に応じて臨機応変にまとまった資金をもとに投資ができるようになります。

新制度への変更点　②投資期限の撤廃

2つめのポイントは、投資可能期間が恒久化されること。一般NISAが2028年まで、つみたてNISAが2042年までと期限が設けられており、若年世代などでは投資可能期間として短い期間しか活用できない恐れがありました。恒久化により、今後資産形成を行いたい若い世代は、期間を気にせずに資産形成を図ることができるようになります。

新制度への変更点　③非課税保有期間が20年から無期限へ

3つめのポイントは、非課税保有期間が無期限化すること。一般NISAでは非課税保有期間が5年、つみたてNISAでは20年でしたが、こうした非課税の期間も気にする必要がなくなります。これにより、個々人のライフプランに合わせてNISAによる投資分

一般NISA
株式や投資信託などに投資ができる非課税口座。年間120万円の非課税枠が設けられており、最長で5年以内に売却し利益が出た場合、税金はかからない。毎年、つみたてNISAとの選択を行う必要があった。

つみたてNISA
投資信託を中心に投資する非課税口座。年間40万円まで、最長20年間非課税となるため、つみたてによりコツコツ資産形成を図ることが可能。若年層などの資産形成として使い勝手がよい非課税口座といえる。

投資枠
投資できる金額の上限を示したもの。一般NISAでは年間120万円、つみたてNISAでは年間40万円。新NISA制度では、長期の積み立て部分が120万円、株式などの部分が240万円と拡充される。

▶ NISA制度の変更点

	現行のNISA制度		新NISA制度
	一般NISA	つみたてNISA	
投資可能期間	2028年まで	2042年まで	恒久化へ
非課税保有期間	5年間	20年間	無期限化へ
年間投資枠	120万円	40万円	・長期の積み立て部分（投資信託）120万円 ・株式などの部分 240万円
非課税限度額	600万円	800万円	合計1,800万円（うち株式などは1,200万円以内）

投資枠・投資可能期間・非課税保有期間が拡充されるので、資産運用へのニーズが高まると考えられています。

をいつ売却するか、より設計しやすくなるといえます。

新制度への変更点　④投資枠の大幅な拡充

　4つめのポイントは、非課税限度枠です。年間で360万円まで投資が可能であるものの、毎年継続して360万円が投資できるというわけではありません。非課税で保有できる限度額は、2つの枠を合わせて1,800万円までとなります。

　ただし、株式などに投資できる部分は合計で1,200万円までとなります。これまでの累計600万円や累計800万円から見れば大幅な投資枠拡充となります。

　新NISA制度は、これまで以上に活用幅が増え、貯蓄から投資への動きを後押しする起爆剤となる可能性があります。資産運用へのニーズがさらに高まることで、他の金融商品などの売買も進み、証券会社や銀行にとっても収益拡大が期待できる可能性があります。

非課税保有期間

これまで一般NISAでは最長5年間、つみたてNISAでは最長20年間と投資した株式や投資信託を非課税で保有できる期間が限られていた。新NISA制度では恒久化されることにより、期間を気にせず金融商品を保有することができる。

新しい個人送金のしくみ「ことら」

2022年10月から、メガバンクを中心に「ことら送金」のサービスがスタートしました。10万円以下であれば携帯電話番号だけで簡単に送金でき、今後利用できる金融機関は拡大する見込みとなっています。

利用している金融機関のアプリから簡単に送金できる

ことら
メガバンクが中心となり設立された、小口資金決済を行うための決済インフラ。ことら送金サービスを導入している金融機関間であれば、小口送金を簡単かつ手数料を抑えて送金できる。

「ことら送金」とは、金融機関のアプリをもとに、10万円以下の小口送金が簡単にできる新しいスタイルの送金サービスです。

特徴は大きく2つあります。1つは、送金したい人の携帯電話番号がわかっていれば、金融機関のアプリから送金できること。ただし、受け取り側が利用する金融機関のアプリで携帯電話番号を登録していることが前提となります。もちろん、これまでの送金同様、銀行の口座番号をもとに送金をすることも可能です。

アプリ
ことら送金サービスは小口資金決済の利便性向上を目的としており、利用するためには普段利用する金融機関のアプリをインストールする必要がある。

もう1つの特徴は、10万円以下の小口送金に対応しており、送金手数料が少額に抑えられていること。三井住友銀行などでは送金手数料を無料としており、ことら送金サービスを利用すれば、手数料を気にする必要がなくなります。

振込手数料が抑えられるのが最大のメリット

送金手数料
金融機関間で資金を送金する際にかかる手数料のこと。個人送金では、インターネットを利用すれば同じ銀行の中での送金は手数料が無料となるものの、他行あての場合、数百円程度の手数料がかかることになる。

それでは、どのような場合に、ことら送金サービスをうまく利用するとよいのでしょうか。例えば、ご自身の別口座に資金を移動したいときに利用できます。今までは、「数万円だけ振込みたい」といった場合にも手数料がかかったため、ATMまで行き入金していたという方も多いでしょう。そうした手間が省けます。

また、プレゼントなどを共同購入し、清算をする際にも利用できます。その場で携帯電話番号を聞き、アプリから送金すればよいのです。送金手数料も数百円とはいえ、積み重ねていけば大きな金額になります。こうした手数料がかからない、もしくは抑えることができる点が、ことら送金サービスのメリットといえます。

ことら送金サービスは、今後、順次全国の銀行、信用金庫などを中心に利用できる金融機関が拡大する見込みです。これま

▶ 従来の銀行振込と「ことら」の違い

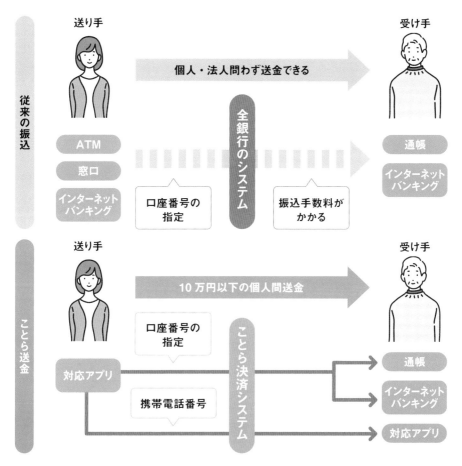

これまでは送金時に口座番号が必要で送金額に応じて手数料が発生していた。ことら送金では、金融機関のアプリをダウンロードすれば、相手の携帯電話番号のみで送金ができ、手数料も抑えられる。

でも、LINE Pay などで同じような送金のしくみがあったものの、LINE Pay では LINE の友達に限定した送金サービスとなっています。ことら送金サービスのよいところは、同じ金融機関の口座を持っていなくても、普段利用する金融機関のアプリから送金できること。そのため、利用者が一気に拡大する可能性を秘めています。

LINE Pay
LINE が開発したスマホ決済サービス。買い物における支払いや、送金・割り勘、公共料金の請求書支払いなどで利用できる。全国170万カ所以上の LINE Pay 導入加盟店や提携サービスで利用可能。

Chapter1
14

拡大する世界のESG投資

世界的にESG投資が拡大しています。これは、従来からある財務面を中心に投資対象を選ぶだけではなく、環境・社会・ガバナンスの3つの側面も考慮して投資を行うものです。新しい投資の潮流です。

GPIFも2017年からESG投資を始めている

ESG投資という言葉を耳にする機会が多くなりました。ESG投資は、世界の機関投資家をはじめとした運用のプロの間では当たり前の考え方となってきており、実は世界最大の年金基金であるGPIFもESG投資を行っています。

ESGとは「環境」「社会」「ガバナンス」のこと

ESG投資とは、Environment（環境）・Social（社会）・Governance（ガバナンス）のそれぞれの頭文字をとって作られた言葉です。今後、企業が長期的に成長するためには、これら3つの観点が不可欠であって、ESGを重視している企業に投資を行うというやり方です。

従来は、企業への投資を行う際には、財務面、つまり売上や利益、今後の業績予想といった数字面を重視して決めるのが一般的でした。

しかし昨今では、環境や社会、ガバナンスといった、数字面以外の定性的な面も重視した投資を行うことが重要視されています。そうすることで、中長期的なリターンはさらに高まり、投資リスクも小さくなると考えられており、むしろESGを投資の中心に据えるようになってきています。

不透明な活動を行う企業は排除されていく

こうした動きとなってきたのは、2006年に国際連合がPRI（国連責任投資原則）を提唱したことがきっかけといわれています。現在のESG投資を重視した原則をつくったのです。その結果、環境に配慮した事業を行っているかどうか、従業員に対して過酷

GPIF
年金積立金管理運用独立行政法人のこと。日本における厚生年金と国民年金の積立金を管理、運用する厚生労働省管轄の独立行政法人。

定性的
数字では示すことができない物事の性質に着目して分析すること。

PRI
Principles for Responsible Investment。投資意思決定のプロセスにESGの観点を組み込むべきだと、2006年に当時のアナン事務総長により提唱された。

▶ ESG 投資が世界で拡大している

環境
Environment
- CO_2 排出量の削減
- 化学物質の管理
- 生物多様性の保護
- エネルギー使用量の削減 など

社会
Society
- 人権問題への対応
- 地域社会との連携と貢献
- 労働者の権利への配慮
- 安全性への配慮　など

ガバナンス
Governance
- 企業コンプライアンスの確立
- 経営の透明性
- 社外取締役の設置
- 情報開示　など

▶ ESG 投資の拡大

- 2018 年から 2020 年までの 2 年間で、世界全体の ESG 投資額は 15.1% 増加し、35 兆 3,010 億米ドル（約 3,900 兆円）となった。

世界の ESG 市場の拡大 （単位：億ドル）

地域	2016 年	2018 年	2020 年
ヨーロッパ	12,040	14,075	12,017
アメリカ	8,723	11,995	17,081
カナダ	1,086	1,699	2,423
オーストララシア	516	734	906
日本	474	2,180	2,874
合計	22,839	30,683	35,301

出典：CSIR 2020

な状況をつくっていないか、不正な取引は行っていないかどうか、といった視点から企業をチェックし、投資に値するかどうかの検証が行われるようになってきています。

　今後さらに環境破壊や人権侵害、不透明な企業活動といった状況をつくり出す企業は投資から排除されていくことでしょう。優良な企業ほどESGを重視し投資資金を集め、成長する。これが世界の潮流です。

お金はいつ生まれたの？

世界最初の硬貨はリディア王国のエレクトラム硬貨

お金はいつ生まれたのか？　実は起源は明確にわかっているわけではありません。昔は貝や石などをもとに交換していたようです。

古い記録によれば、硬貨が使われるようになったのは、今から4,500年ほど前のメソポタミア文明とされます。ただし、現在のようなコインという形ではなく、取引をする都度、金属の塊をもとに重さをはかって支払いを行っていたようです。

現代のような、コインとしての硬貨は、紀元前7世紀のリディア王国（現在のトルコ西部）でつくられたエレクトラム硬貨が始まりといわれています。エレクトラム硬貨は金と銀の自然合金で、重さの異なる数種類の硬貨がつくられました。これにより、いちいち重さをはからずに売買取引ができるようになったのです。硬貨の表面にはライオンの絵柄と重さが刻印されていました。

日本最初の硬貨は無文銀銭

それでは、日本で最初のお金は何

でしょうか。現在では、最も古いお金は667〜672年に使われていた無文銀銭といわれています。丸い銀銭で真ん中に小さな穴が開いています。7世紀後半頃につくられ、大阪から三重あたりの関西地方で流通していた模様です。

本格的な貨幣として登場したのは、皆さんご存じの和同開珎です。和同開珎は、710年の平城京造営工事の賃金支払いのためにつくられたといわれています。708年に埼玉県秩父地域で初めて銅が産出されたことから、元号を和銅とし、貨幣の鋳造が始まります。

その後、10世紀半ばぐらいまで、日本では12種類の銅銭が鋳造されます。和同開珎から乾元大宝までの12種類の銅銭を皇朝十二銭と呼び、その後いったん日本では貨幣をつくるのをやめてしまうのです。これは、原料となる銅の生産量が低下したためです。

次に本格的な貨幣づくりが始まるのは豊臣秀吉の安土桃山時代です。銅銭は、600年以上経った江戸時代の慶長通宝や寛永通宝がその後の通貨として機能していきます。

第2章

金融業界の基本

金融とは、お金をたくさん持っている人から、お金が
必要な人へ資金を融通するしくみのことです。ここで
は、世の中でお金がどのようにして動いているのかに
ついて、市場の役割を交えながら解説します。

Chapter2 01

そもそも「金融」とは何か

「お金を融通すること」という意味の金融。お金が出せる人や余っている人から、お金が必要な人へ資金を融通するしくみです。金融のしくみを理解することは、経済の動きを知るための基本ともいえます。

資金余剰主体から資金不足主体へ融通する

金融とは「お金を融通すること」を意味します。具体的には、お金が余っているもしくは今は使わない人（資金余剰主体＝お金の出し手）から、お金が必要な人（資金不足主体＝お金の受け手）へ資金を融通することを指します。今資金があれば事業拡大につなげられる、今どうしても買いたい物がある。こうした場合には、お金を借りることでやりくりします。ショッピングなどでは皆さんも経験があるかもしれません。実は誰もが金融を経験しているのです。

もしこうした金融のしくみが存在しなかったら、どうなるでしょう。例えば、思い切った事業展開ができなくなります。皆さんも欲しいものが買えないといったことにもつながるかもしれません。国の公共事業もお金を借りて行っていることを考えると難しくなるかもしれません。つまり、さまざまな場面で金融が必要不可欠なのです。金融があることで、私たちの生活は円滑に進み、**経済発展**を遂げることができるのです。

お金の需要者であり、供給者にもなる

お金を使う主体は、主に「家計」「企業」「政府」です。これら3主体は、お金の需要者になる場合もあれば、供給者になる場合もあります。皆さんのなかで、保有するすべてのお金を現金で持っているという人はまずいないでしょう。通常は銀行などの金融機関に預金を行いますが、その預金をもとにお金を借りることができるしくみなどが構築されています。また、働くことでお金を稼ぎ、モノを買う循環もできています。企業も投資にお金を使い、人を雇い、モノやサービスを販売することで利益を得ます。政府

経済発展
お金を使う主体が増え、消費や投資が伸び、その結果日本全体での企業の利益の増加や給料増加が見込めることで、さらに消費や投資が伸びる循環。経済が発展することで、国は豊かになり生活水準は向上する。

家計
私たちの日常の金銭を介した経済活動のこと。家計は、モノ・サービスを買う消費のほか、日々の貯蓄、給料を稼ぐ労働といった取引、政府に対して税金や社会保険料の支払いなどを行う。

企業
営利活動を目的として、モノやサービスの販売を行う経済主体。企業は人を雇い、家計が労働力を提供する代わりに給料を支払う。販売により利益を得る、政府へ税金を支払うという循環ができている。

▶ そもそも金融とは何か

金融はお金を融通するしくみ。余っているところから足りないところに融通する。

▶ 金融が存在しなかったら…

生活にマイナスの影響が出る。さまざまな場面に関わる、不可欠なものである。

政府
家計や企業から税金を徴収し、そのお金をもとに警察・消防・防衛などの公共サービスを行う主体。公共事業などによる景気安定化などを図る役割も担う。

は公共サービスを提供するために税金を徴収し、足りない部分を国債発行などでまかなっています。

　こうしたお金のやり取り、モノ・サービスのやり取り、労働のやり取り全体が経済であり、経済と金融は密接な関係を構築しています。

✔ ONE POINT
新型コロナウイルス感染拡大を受け、金融も力を発揮する

新型コロナウイルス拡大は、中小企業の資金繰りにも大きな影響を与えました。観光業や小売業など売上が落ち込んだこともあり、金融庁は金融機関へ融資の返済猶予を行うよう要請しました。このように、企業活動への悪影響を緩和する役目も金融は担っています。

Chapter2
02

規制緩和で自由競争化した金融業界

護送船団方式により、戦後日本の金融業界は自由競争が制限されていたことから、非効率な金融機関でも生き残れる方式がとられていました。その後、金融の自由化により、効率的な経営が求められるように変わっていきます。

護送船団方式から自由競争へ

戦後の日本の金融業界は、護送船団方式のしくみにより競争が少なく、非効率な経営を行う金融機関でも生き残ることができました。そこに、1970〜1980年代に欧米からの金融自由化の波が押し寄せ、日本の金融機関でも競争が求められるようになり、規制緩和が進んでいきます。

規制緩和により、それまでどこの金融機関も同じだった金利や手数料を自由化し、金融機関ごとに決めることができるようになりました。また、銀行や証券会社などの業務の規制も緩和され、ある程度自由に経営が行えるよう変化していきます。

そして世界基準の取引ができるように規制が改正され、自由・公正・国際化が進められます。特に、1996年から2001年にかけて行われた金融ビッグバンによる大幅な規制緩和の進行が自由競争への道を大きく広げることになりました。

規制緩和で変わったこと

今では、銀行や証券会社で生命保険や損害保険などの取扱いを行い、銀行が証券会社からの委託を受けて、金融商品仲介業（P.84参照）として、金融商品の取引勧誘や売買の取次も行えるようになっています。

こうした金融の自由化に伴い、顧客目線でいえば、競争により手数料が下がったほか、魅力ある金融商品が増加したことでよりよい資産運用が行えるようになってきています。また、以前に比べて金融機関のプロと同様の情報を入手できるようになっています。なお、条件付きですが株式や投資信託の売買手数料が無料となるケースも出てきています。

規制緩和

自由な競争を促すため、経済活動に対して国が課すさまざまな規制を廃止、緩和すること。金融の規制緩和により、銀行代理店、証券仲介、インターネット専業銀行など異業種から金融業務への参入が進んだ。

金融ビッグバン

大規模な金融規制制度改革のこと。1986年にイギリスで行われた証券制度改革を参考にして、日本では1996年から2001年にかけて行われた。これにより、ネット証券の参入、金融持株会社の解禁などが行われた。

▶ 規制緩和で消費者の選択肢が増えた

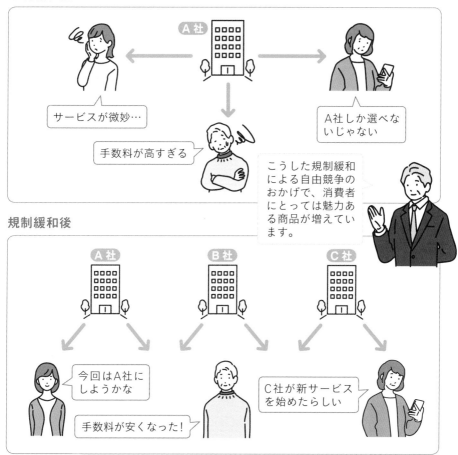

規制緩和前

サービスが微妙…

手数料が高すぎる

A社しか選べないじゃない

こうした規制緩和による自由競争のおかげで、消費者にとっては魅力ある商品が増えています。

規制緩和後

今回はA社にしようかな

手数料が安くなった！

C社が新サービスを始めたらしい

👍 ONE POINT

消費者を保護する法整備

金融ビッグバンで消費者にとっては選択肢の幅が増え、金融の自由化により魅力度が増しました。その一方で、預けたお金（元本）が減らないことを保証するしくみである「元本保証」がない金融商品も増えており、トラブルになるケースも出てきています。そのため、金融商品販売法（現、金融サービス提供法）や消費者契約法など消費者保護のためのルールが2000年に制定されました。

Chapter2 03

持株会社の増加で進む企業再編

1998年に金融持株会社が解禁されたことにより、金融機関でもグループ化がより一層強くなりました。これは、金融の自由化とグローバル化による生き残りへの危機感の表れです。地方銀行などでも再編が進んでいます。

金融自由化がもたらした企業再編

金融ビッグバンにより、1998年に金融持株会社が解禁されました。**持株会社**はホールディングスと呼ばれ、株式の保有により複数の企業を傘下におさめ、それらを統括する会社のことを指します。金融持株会社は、複数の金融機関を傘下におさめたいわば金融グループなのです。

金融の自由化の一環として、金融持株会社が解禁された背景にはグローバル化があります。特に大手銀行や大手証券会社には、「グローバル化を進め、海外との競争に勝たなければ生き残れない」という危機感があったのです。

大手都市銀行同士の合併や金融持株会社によって、銀行や信託銀行、証券会社、クレジットカード会社、リース会社など関係の深い企業はグループ化し、現在に至っています。グループ化により、横断的な金融商品の開発や経営の効率化などプラスの側面を活かした経営が行われています。

地方銀行の企業再編と経営統合

こうした動きは、地方銀行などの地域金融機関でも進んでいます。これは、将来の国内市場の縮小に備え、規模拡大を行うことで経営の効率化と生き残りを図るためです。

地域金融機関では、地域密着型のきめ細かなサービスが求められており、その地域ならではの特性を活かしたサービス展開を行う必要があります。ここ数年でも都市部の地方銀行が**経営統合**するケースがみられるほか、越県による広域型の再編もみられるようになってきました。地方銀行は1県1行もしくは複数県で1行といった時代がやってくるのかもしれません。

持株会社
持株会社には、事業持株会社と純粋持株会社がある。事業持株会社は、自らも事業を行いつつ、子会社の株式を保有、管理する。純粋持株会社は、子会社の支配を目的とした会社であり、自らは事業を行わない。

経営統合
持株会社を設立し、その持株会社により複数の会社の株式を管理する方法。合併は1つの会社になるため、片方もしくは両方の会社が消滅するが、経営統合はそれぞれの企業を残した形で統合する。

▶ 企業再編と地銀再編をめぐる近年の動向

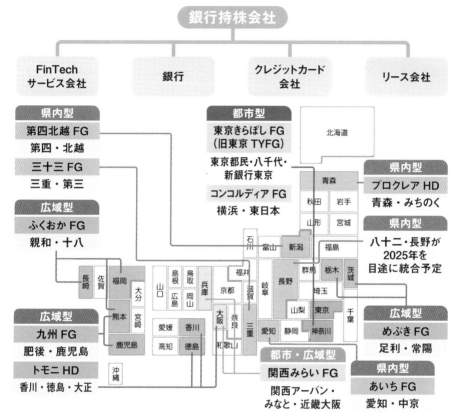

金融に関連する事業会社も子会社の対象となっている。2017年4月に施行された改正銀行法により、決済サービスを行うIT企業を子会社として新設、買収、出資ができるようになった。また、2023年1月に新生銀行がSBIグループに統合され、SBI新生銀行となった。今後はSBIを軸とした地域連合ができる可能性も考えられる。

👍 ONE POINT

IT企業との連携で決済方法が多様化

2017年4月に施行された改正銀行法により、決済サービスを行うIT企業を銀行の持株会社の支配下に置くことができるようになりました。これにより、銀行振込のほか、クレジットカード決済や電子マネー決済、スマホ決済など、決済方法が多様化しています。また、指紋や声によって本人確認ができる生体認証技術の提供といったフィンテックの推進などが期待されています。

Chapter2
04

間接金融と直接金融

お金を借りたり投資してもらったりするしくみは2種類あります。銀行を通したお金のやり取りは間接金融、証券会社を通したお金のやり取りは直接金融ですが、その違いは金融機関が間に入るかどうかです。

資金調達の仕方で直接か間接かが異なる

お金を借りたり投資してもらうしくみには、「間接金融」と「直接金融」の2種類があります。両者の違いは、お金の出し手と受け手の間に金融機関が入るか入らないかの違いです。

金融機関が間に入る方法「間接金融」

間接金融とは、銀行などの金融機関を通じたお金の貸し借りなどで資金の調達をする方法です。銀行からの融資が該当し、身近なところでいえば、住宅ローンや教育ローン、企業への貸出といったものがあてはまります。皆さんは普段、銀行や信用金庫などの口座で預金を行っているでしょう。この預金には利子がつきます。では、なぜ利子がつくのでしょう。これは、皆さんから預かったお金を、銀行がお金を必要とする人に貸し出して、借りた人から最終的に貸したお金と利子を受け取り、その利子の一部を預金の利息として受け取るしくみになっているからです。このように銀行などの金融機関が間に入ることで、間接金融のしくみができあがっています。

お金のやり取りを直に行う方法「直接金融」

一方、直接金融とは、お金の出し手と受け手の間で直接お金のやり取りを行い、資金を調達する方法です。証券会社で新しく販売する株式や債券による資金調達が該当します。証券会社は、あくまでお金のやり取りを仲介する役割を果たすのみで、銀行のように間に入って代わりにお金を貸すといったことはしません。投資家から資金を募り、国債などの公社債や株式の販売を行い、資金を調達したい国や企業などへお金が行き渡る役割を果たしてい

融資
個人や企業が銀行などの金融機関から必要な資金を調達すること。決めた期日までに借りたお金に利子をつけて返済する必要がある。使用使途が明確で返済能力が見込める場合に融資は実行される。

利子／利息
借りたお金に対するお礼（対価）として支払われるもの。借りた場合に支払うものが利子、貸した場合に受け取るものを利息と使い分けることもある。金利は借りたお金に対する利子の割合。

国債
国の借金。通常の国債のほか、個人投資家向けの個人向け国債、物価に連動して価額が変わる物価連動国債までさまざま。借入期間は1年未満のものから10年超まで幅広い種類がある。

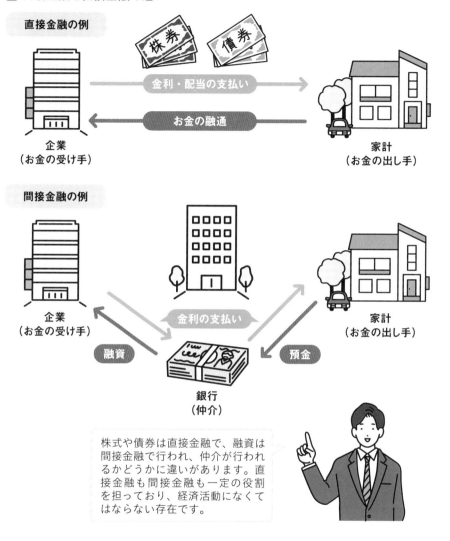

間接金融と直接金融の違い

直接金融の例

株券　債券

金利・配当の支払い

お金の融通

企業
（お金の受け手）

家計
（お金の出し手）

間接金融の例

金利の支払い

企業
（お金の受け手）

家計
（お金の出し手）

融資　預金

銀行
（仲介）

> 株式や債券は直接金融で、融資は
> 間接金融で行われ、仲介が行われ
> るかどうかに違いがあります。直
> 接金融も間接金融も一定の役割
> を担っており、経済活動になくて
> はならない存在です。

ます。

　以前は、日本では間接金融による資金調達が一般的でした。し
かし、現在ではさまざまな資金調達が可能になり、直接金融によ
る資金調達手段も増えています。借入れの場合は返済を行わなけ
ればなりませんが、出資などの資金調達の場合には返済の必要が
ないことから、長期の設備投資資金などは直接金融による資金調
達が向いているといわれています。

設備投資
企業が自社の新製品
や商品を開発するた
めに必要な設備に投
資を行うこと。設備
投資の対象は土地や
建物といった不動産
から、生産に必要な
機械など幅広い。企
業の成長には欠かせ
ない。

Chapter2
05

さまざまな形でお金の貸し借りが行われる

金融市場とは金融が取引される場

お金の融通（お金の貸し借り）を行う金融市場は、「短期金融市場」と「長期金融市場」に分かれます。期間が1年未満か1年以上かで、それぞれ区分けされます。

金融市場は短期と長期に分けられる

　お金の融通（お金の貸し借り）を行う場を金融市場といいます。金融市場は「短期金融市場」と「長期金融市場」の2つに大きく分かれます。

　お金の貸し借りには、一般的に返済期限がありますが、この返済期限が1年未満と短いものが短期金融市場、1年以上となる場合を長期金融市場といいます。

2種類に分けられる短期金融市場

　短期金融市場は、金融機関のみが参加可能な「インターバンク市場」（P.119参照）と、一般企業なども参加が可能な「オープン市場」に分けることができます。インターバンク市場のなかの主な市場が**コール市場**です。コール市場では、銀行などの金融機関同士で短期の資金の貸し借りが行われています（call＝呼べばすぐ応える）。このほかにも、**手形市場**や**銀行間預金市場**があります。

株式と債券の長期金融市場

　長期金融市場では、証券市場が中心となり、そのなかに株式市場と債券市場があります。企業はこれらの市場で、中長期的に必要とする設備投資資金や、長期の運転資金を調達します。

　株式市場では、株式の発行のほか、売買が行われます。具体的には、新株を発行し資金調達を行う発行市場と、すでに発行されている株式の売買を行う流通市場に分けられます。

　債券市場では、国債や地方債、外債などの債券が取引されています。なかでも主に**公社債**が取引されており、株式市場とともに証券市場の中核を占めています。株式市場では、その多くが証券

コール市場
短期金融市場において、インターバンク市場を構成する市場の1つ。資金の出し手（貸し手）が供給する資金をコールローン、資金の取り手（借り手）が調達する資金をコールマネーという。

手形市場
為替手形など通常支払日に現金化ができる手形を媒介に、金融機関が相互に短期資金を融通し合う市場。取引単位は100万円以上、最低取引金額は1,000万円となっているが、実際は10億円以上の取引となっている。

銀行間預金市場
銀行間で資金を調達し合う市場。資金が余っている銀行が、資金の不足している銀行に預金を行うことで資金調達を図るしくみ。銀行間で帳簿上の手続きのみで資金移動が完了するため、取引が容易というメリットがある。

金融市場の分類

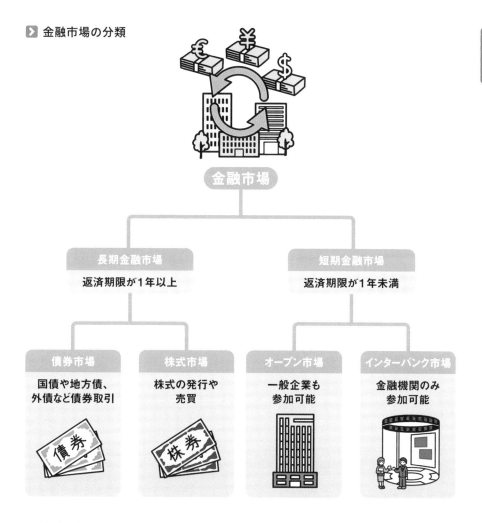

取引所を介した取引所売買ですが、債券市場では金融機関の窓口
などで売買する店頭市場が取引の大半を占めています。

金融機関などが長期に貸し出しを行う市場もある

　長期金融市場には、長期貸付市場もあります。長期貸付市場で
は、金融機関などによる長期貸し出しを行います。

　貸し出しや債券の場合はお金の貸し借りのため、返済する必要
があります。一方、株式の場合は、出資となるため、返済は必要
なく、得た資金をもとに事業拡大など必要なところに利用するこ
とが可能です。

公社債
国や地方公共団体が
発行する債券をまと
めて公共債という。
民間の企業が発行す
る債券を社債、特定
の金融機関が発行す
る債券は金融債と呼
ばれる。これらをす
べてまとめた債券の
総称が公社債。

Chapter2 06

株式市場の役割

株式を発行することで、事業に必要な資金を得ることができます。ただし、株式の売買は上場を果たさなければ原則自由に売買することができません。上場株式は、証券会社を経由して証券取引所で売買されます。

株式会社は株式発行により資金調達が可能に

証券取引所
証券取引所は株式の流通市場の中心として機能する。投資家からの株式の売買注文は、証券会社を経由してコンピュータにより証券取引所に送られる。この流通市場により株式などを換金できるしくみができあがっている。

人気投票
株式投資は人気投票ともいわれる。買いたい人が多ければ株価は上がる。業績だけではなく、いかに人気・期待を集めるかも株価が上がる要素。一部のベンチャー企業の株価が大幅に上がる理由ともいえる。

増資
企業が新たに株式を発行し、資金調達を行う手法。具体的には、不特定多数の人から資金を募る公募増資や、特定の第三者から資金を募る第三者割当増資、現在の株主から資金を募る株主割当増資などの方法がある。

株式会社は、株式を発行し資金調達を行うことができます。株式を取得し、資金を提供する人を株主と呼び、企業は得た資金をもとに事業展開を行います。株主は保有する株式を自由に売買できるかというとそうではありません。証券取引所に上場する株式は基本的に自由に売買できますが、上場していない株式（未上場株式）は売買に条件が付くなど制約があります。

日本には、証券取引所が4カ所あります。東京、名古屋、札幌、福岡の証券取引所です。これら証券取引所では、株式の流通市場の中心として、日々売買が行われています。なお、売買の注文は証券会社を経由して行うため、投資家が証券取引所で直接株式を売買することはできません。

株価の上昇と下落のしくみ

株式市場ではこうして株式が売買できるやり取りの場が設けられていることで、現金化したい人は現金化でき、株式を買って応援したい人は資金を出すことができるしくみになっています。

株価は基本的には人気投票で決められていますが、最終的にはその企業の経営成績がよいかどうかが反映されます。業績がよく、将来性も期待できるのであれば株価は上昇することでしょう。

一方で業績が悪化し、将来性が期待できない、悲観的な状況では株価は下落します。株価が高ければ、増資といった新株発行時にも資金を多く調達できますが、株価が低ければ、高いときに比べると同じ株数で調達できる資金は減ります。そのため、上場企業は日々の経営に邁進するほか、より魅力的な企業であることをアピールするため、IR活動にも力を入れています。これは、IR

▶ 株式市場の役割

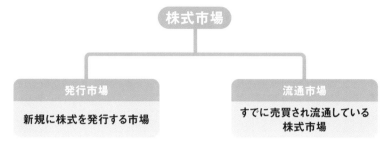

```
                    株式市場
              ┌──────────┴──────────┐
          発行市場                 流通市場
      新規に株式を発行する市場    すでに売買され流通している
                                    株式市場
```

▶ 株式売買の流れ

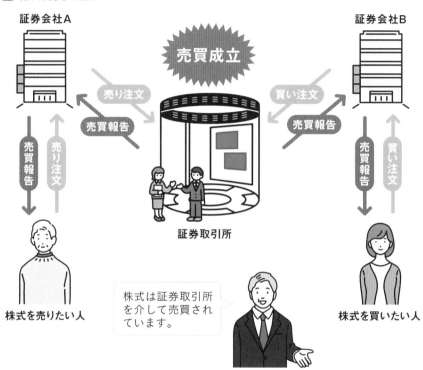

証券会社A　　　　　　　売買成立　　　　　　証券会社B

売り注文　　　　　　　　　買い注文
売買報告　　　　　　　　　売買報告

売買報告　売り注文　　証券取引所　　売買報告　買い注文

株式を売りたい人　　株式は証券取引所を介して売買されています。　　株式を買いたい人

活動に積極的な企業のほうが、株価が高くなる傾向があるといわれているからです。投資家にいかに自社の株式を買ってもらい、ファンをつくるかも企業経営において重要な要素なのです。

上場により、知名度がアップする、社会的信用が増すといったメリットもあるため、上場を目標とする経営者も多いのです。

IR活動
投資家に向けた企業の情報発信(Investor Relations)活動。経営状況や財務状況、業績動向に関する情報を発信し、信用できる企業と認めてもらうために行う。

必要なところに必要な資金を供給する

資金市場の役割

資金市場では、主に銀行が大きな役割を果たします。銀行は預金者の預金やほかの銀行から借入れた資金を家計や企業に貸し出すことで、資金市場における資金循環を達成しています。

貯金
ゆうちょ銀行や農協、漁協などでお金を預ける場合を貯金といい、銀行や信用金庫などでお金を預ける場合は預金という。それぞれが守るべき法律において預金か貯金か区分けされている。

タンス預金
近年増加傾向にあり、シンクタンクの試算によれば107兆円ほどと予想されている。低金利で金融機関に預ける意味がないといった理由が考えられる。

住宅ローン
住宅の新築・改築などの目的のために、土地と家屋を担保として金融機関から資金を借りるローンのこと。住宅販売企業が安心して住宅を購入できるようにつくったしくみが起源といわれている。

手元の資金だけではできることが限られる

　資金市場は、その名のとおり資金を融通し合う市場です。生活費などの普段使うお金以外は、銀行や信用金庫、郵便局などに預金（貯金）するでしょう（家のなかにごそっと保有しておくタンス預金という人もいるかもしれませんが…）。この金融機関に預けられた預金は、資金を必要とする家計や企業に貸し出されます。それでも不足する場合には、ほかの金融機関から借入れることで資金の過不足を補うこともあります。

　こうした必要なところに必要な資金を供給する市場が資金市場であり、主に銀行がその役割を果たしています。

郵便局は融資事業と認められていない

　なお、郵便局（実際はゆうちょ銀行）は、企業への融資を行う機能は持っていません。ゆうちょ銀行がそもそも郵便貯金事業を承継したところから始まっていること、法人融資業務に参入することに対しては銀行業界からの懸念があること、融資ノウハウがもともとないことなどを理由に、今のところ融資業務が認められていません。ただし、将来的には規制緩和の一環として、ゆうちょ銀行でも融資業務が認められる可能性はあります。

お金を貸し借りすることで、消費は拡大する

　私たちがお金を借りるのはなぜでしょうか。住宅ローンで考えてみましょう。

　もし住宅ローンがなかったら、住宅を購入するためにまとまった資金が必要となります。これではいつまでたっても自宅が買えない状況になります。家賃を支払いながら自宅の購入資金を蓄え

▶ 資金市場の役割

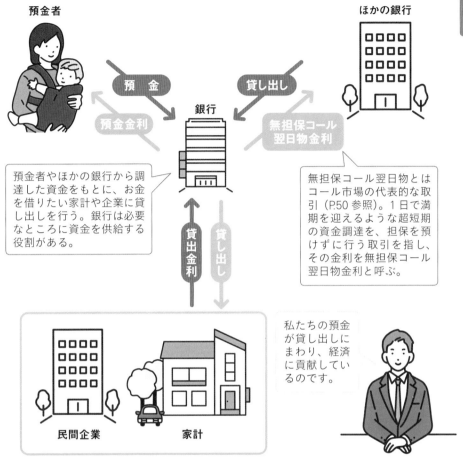

預金者

ほかの銀行

預　金

貸し出し

銀行

預金金利

無担保コール
翌日物金利

預金者やほかの銀行から調達した資金をもとに、お金を借りたい家計や企業に貸し出しを行う。銀行は必要なところに資金を供給する役割がある。

無担保コール翌日物とはコール市場の代表的な取引（P.50参照）。1日で満期を迎えるような超短期の資金調達を、担保を預けずに行う取引を指し、その金利を無担保コール翌日物金利と呼ぶ。

貸出金利

貸し出し

民間企業

家計

私たちの預金が貸し出しにまわり、経済に貢献しているのです。

ていくのはなかなか大変です。しかし、お金を借りることができれば、自宅を手に入れ、家賃を支払う必要はありません。毎月ローンの返済のみ考えていけばよいのです。

　こうしたしくみがあることで、家計はもちろんのこと、住宅業界も売上が見込めます。住宅業界が潤えば、そこで働く人の給料が支払われ、消費が拡大することも想定できます。資金市場は経済において大きな役割を果たしているのです。

Chapter2
08

国債は1億円単位で取引される

債券市場の役割

一度にまとめて資金を借りることができる債券。あらかじめ利率や満期日が決められており、定期的に利子が支払われ、満期日に元本が償還されます。日本では、国債を中心に機関投資家向けの売買が多くなっています。

まとめて資金を借りることが可能

債券は、一度にまとめて資金を借りることのできる手段です。融資は、審査をもとに金融機関などから借入れますが、債券は広く一般投資家からお金を借りる点が異なります。

債券は10年など比較的長期で資金を借りることもでき、種類も複数あるため、返済期限や利率はその時々の発行によって異なります。

債券の売買とさまざまな市場

債券は、主に店頭市場で売買されます。証券取引所を介さず、証券会社や銀行などで販売されるケースです。債券も株式同様に、資金の動きに関して2つの市場から構成されています。発行市場と流通市場です。

新しく債券を発行する市場は発行市場であり、すでに発行されている債券を売買する市場は流通市場と呼ばれています。このほか、銀行や証券会社など金融機関同士で取引する業者間市場や、証券取引所に上場する債券を売買する取引所市場もあります。市場では満期前であっても売買を行い、時価で売却することが可能ですが、時価での売却の場合は**元本割れ**で、損失を被ることもあります。

債券市場では、国債をはじめ、**地方債**、社債、外国債などが販売されています。これらの債券のなかで、最も発行量が多いのが国債です。国債は国の借用証書であり、債券のなかで信用度の高い位置に属します。日本では発行量の多い国債を、プロである機関投資家を中心に売買がなされています。通常、1億円単位での取引となり、数千億円単位での売買も行われています。

利率
利子の割合。債券の額面金額に対する1年当たりの利子の割合のことを表面利率（クーポンレート）という。表面利率は一部の債券を除き、発行時に決められる固定金利のため、満期まで変更されない。

元本割れ
投資した金額よりも少ない金額しか戻ってこないこと。債券は、金利が上昇すると価格が下落する傾向にあるため、金利上昇により損失を被ることがある。一方、金利が低下すると価格が上昇する傾向にある。

地方債
都道府県や市町村が発行する債券。地方公共団体は、地方財政法により原則借入れができない。ただし、例外として災害復旧、公共施設などの建設事業といった5つの事業のみ地方債の発行が可能。

▶ 債券市場の役割

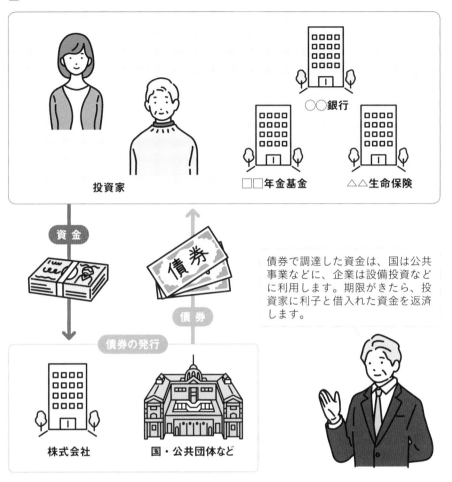

債券で調達した資金は、国は公共事業などに、企業は設備投資などに利用します。期限がきたら、投資家に利子と借入れた資金を返済します。

👍 ONE POINT

国債を個人で買う

国債は個人でも買うことができます。個人向け国債といった個人に限定して発行される国債があります。個人向け国債では、額面1万円単位で購入が可能です。10年満期で変動金利のものと、5年満期及び3年満期のもので固定金利のもの、という3種類の個人向け国債が存在します。いずれも最低利率は年0.05％と下限が決められています。原則1年間は中途換金ができません。

Chapter2
09

外国為替取引の役割

米ドルと日本円など異なる通貨を交換することができる外国為替市場。金融機関同士が直接もしくは為替ブローカーを通じて行う取引と、個人や企業が金融機関と行う取引の2種類あり、24時間取引が行われています。

異なる通貨を交換する場所

外国為替市場では、米ドルと日本円など異なる通貨を交換できます。例えば、海外旅行に行くときに両替所で通貨を交換しますが、これがまさに外国為替取引です。売り手と買い手が通貨を交換する取引を総じて外国為替取引と呼んでいます。市場は、証券取引所のように決まった場所はありません。そして外国為替市場には主に2つの取引があります。1つはインターバンク市場で行われる取引です。もう1つは対顧客市場で行われる取引です。

インターバンク市場では、金融機関同士が直接取引を行うか、もしくは為替ブローカーを通じて取引が行われます。具体的には、電話またはインターネットを通じて売買されます。一方、対顧客市場では、個人や企業が金融機関と取引を行います。両替所や銀行の窓口で米ドルを購入するといった取引が該当します。

外国為替市場の変動

外国為替市場の取引時間は、土日を除き24時間取引されています。東京では、午前9時から午後5時頃まで取引され、東京外国為替市場と呼ばれています。

世界を見渡せば、時差の関係で1日中どこかの市場で取引がされています。特に為替の変動が大きくなるのは、ニューヨーク外国為替市場です。米国の経済指標が発表されると、その結果次第で取引が活発化します。また、大統領など主要人物の発言や、中央銀行の金融政策などでも為替は大きく変動することがあります。為替の変動は、貿易を行う企業の収益にも影響を与えるほか、輸出の割合が高い国などでは株価にも大きな影響を与えかねません。

為替ブローカー
インターバンク市場で外国為替取引の仲介を行う業者。銀行間での直接取引を避けたい場合などに利用される。現在は、コンピュータにより自動的に取引を成立させる電子ブローキングが大半である。

米国の経済指標
米国の経済指標は為替や株価に大きな影響を与える場合がある。特に、米国雇用統計、ISM製造業景況指数、小売売上高などの結果は注目しておくべきだろう。予想より結果がよければ米ドル高につながる。

▶ 2つの外国為替市場

インターバンク市場

銀行 ⟷ 銀行

電話または
電子画面で
取引

為替
ブローカー

対顧客市場

個人

企業

企業

店頭で
取引

電話または
電子画面で
取引

銀行 ⟷ 為替
ブローカー ⟷ 個人

電話または電子画面で取引

▶ 世界の外国為替取引

4月〜10月の為替市場

ウェリントン・シドニー																									
東京																									
ロンドン																									
ニューヨーク																									

| 5 | 6 | 7 | 8 | 9 | 10 | 11 | 12 | 13 | 14 | 15 | 16 | 17 | 18 | 19 | 20 | 21 | 22 | 23 | 24 | 1 | 2 | 3 | 4 | 5 | 6 |

外国為替の取引は24時間、世界各国で行われている。　　　　　　　　　　　　　（日本時間）

📍 ONE POINT

両替をするとき、どちらを見る？

私たちが為替変動の影響を直接受けるのは海外旅行に行くときです。両替所に行くとTTS（対顧客電信売相場）とTTB（対顧客電信買相場）の表記があり、それぞれ数字が並んでいます。TTSは「Telegraphic Transfer Selling rate」、TTBは「Telegraphic Transfer Buying rate」で、銀行から見た外貨の売り買いの相場です。日本から海外に行き、現地の通貨に両替するときはTTSの数値を確認します。例えば、USドルに130.00と記載があれば、130円出すことで1ドルと交換できることがわかります。両替所により金額は異なります。海外から日本に戻ってくるとき、日本円に両替する場合はTTBの数値を確認します。例えば、USドルでJPYに128.00と記載があれば、1ドルが128円となります。TTSとTTBに差があるのは、基準レートに対しそれぞれ為替手数料が取られるためです。

Chapter2 10

金融派生商品市場の役割

金融派生商品はデリバティブともいわれ、株式や債券など金融商品から派生してできています。ヘッジ効果、レバレッジ効果、リスク移転効果をもたらすことから、機関投資家などプロを中心に取引が行われています。

先物取引、オプション取引、スワップ取引が有名

金融派生商品は、デリバティブともいわれます（P.220参照）。株式や債券などの有価証券、金利や為替などの指標をもとに派生してできたものです。なぜこのような取引ができたのでしょうか。金融派生商品取引のなかには、先物取引、オプション取引、スワップ取引といったものがあります。実はこのなかの先物取引は世界に先駆けて日本で取引をされていた経緯があります。

先物取引は大阪で発生した

発祥の地は大阪の堂島。なんと1730年代には現代にも通じる先物市場が整備されていました。「米将軍」と呼ばれた徳川吉宗の命により、大岡越前が整備したといわれています。

整備された要因は、主に2つあります。1つは、米の生産量や品質が天候に左右され、その結果価格が変動することをできる限り避けたかったこと。もう1つは米仲買の役割を果たす米問屋によって品質や価格にばらつきが生じていたため、これをなくしたかったことです。先物市場が整備されたことで、米の価格は安定し、品質のばらつきをなくすことにも成功、経済が安定するようになったのです。

現在の金融派生商品

こうした効果は、現在のデリバティブ取引にも利用されています。先物取引では価格を先に決め、いつ取引するかを現時点で確定させます。こうすることで、天候など不確定要素に左右されずに安心して取引ができます。これをヘッジ効果といいます。

また、手元の資金以上の取引がデリバティブ取引では行えます。

先物取引

あらかじめ決められた期日に、株や債券などを、取引の時点で決めた価格で売買することを契約する取引。買い方は期限日に買う義務が、売り方は期限日に売る義務があるが、それまでに売買することもできる（P.220参照）。

オプション取引

あらかじめ決められた期日に、株や債券などを、取引の時点で決めた価格で、買う権利または売る権利を売買することを契約する取引。買う権利をコール・オプション、売る権利をプット・オプションと呼ぶ（P.222参照）。

スワップ取引

満期までの一定間隔の支払日に、キャッシュ・フロー（変動金利と固定金利など）を交換する取引。そのときに同じ価値であるものを交換する取引であり、金利スワップや通貨スワップがある（P.224参照）。

▶ さまざまな金融派生商品

金融派生商品

先　物	オプション	スワップ
● 株価指数先物	● 物価オプション	● 金利スワップ
● 為替予約	● 金利オプション	● 通貨スワップ　など
● 商品先物　など	● 通貨オプション　など	

株式・債券・金利・外国為替など原資産となる金融商品

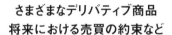

効率的資産運用

リスクヘッジ

金融派生商品があることで、少ない資金で多額の取引ができるなど、顧客のさまざまなニーズを満たすことができます。

さまざまなデリバティブ商品
将来における売買の約束など

これをレバレッジと呼びます。このレバレッジによって資金を効率的に運用することができます。もう1つは、リスク移転効果です。これは、値段が下がった場合などに損失が発生するリスクをほかの取引を行う人に移すことができるといったもの。損失発生というリスクを減らす効果があります。

　こうした役割を果たすためにデリバティブ取引は日々進化を遂げています。

レバレッジ
先物取引などでは、手元の資金を証拠金として預け入れることで、証拠金の数倍の金額で取引ができる。少ない資金でも大きな取引ができることから、レバレッジ（てこの原理）と呼ばれている。

Chapter2 11

景気と金融の関係

景気がよいときは、消費が増え、企業の設備投資も増加することから、資金需要が増えます。その結果、金利は上昇します。日本銀行は景気が過熱しすぎることを防ぐため、金融引き締め政策を発動し景気安定化を図ります。

景気の状況で資金需要が変わる

景気循環
経済は時間とともに成長していく。しかし、実際には単純に増加していくのではなく、好況期と不況期を繰り返しながら長期的にみて経済成長するととらえることができる。この流れを景気循環という。

景気は波を描きながら循環する傾向（景気循環）があります。よいときと悪いときが交互に訪れながらも、最終的には世界経済は成長していく。この流れのなかで金融も大きく変動します。

景気がよいとモノが売れ、値段が上がる

まず、景気がよいときには、消費が増加します。ちょっとよいモノを買おう、食べようとすることで、お金を使う人が増えるのです。消費が増加すれば販売側の企業は売上が増え、利益が増えます。その結果、働く人の給料も増加します。企業は、さらにモノやサービスを提供し事業を拡大しようとするため、お金を借りたり、債券や株式を発行したりして資金を調達します。調達した資金をもとに、例えば工場を建設して生産を増やす行動ができます。そして、雇用を増やすことにもつながります。

資金需要が世の中全体で増加すれば、金利は自ら上昇します。これは、金利が上がってもお金を借りたい人が増えるからです。つまり、消費増加→投資増加→資金需要増加といった流れのなかで、金融が大きな役割を果たしていることを示しています。

金融引き締め政策
景気過熱を防ぐために取られる政策。公定歩合の引き上げ、法定準備率の引き上げ、売りオペレーション（P.65参照）により、通貨供給量を減らし、投資や消費を抑制する。急速な引き締めは景気の腰折れをもたらすリスクがある。

また、景気があまりにも過熱した場合には、日本銀行は過熱を抑えるため、**金融引き締め政策**を実行します。こうした政策を実施することで、景気の行き過ぎも抑えながら、安定した景気となるように調整を図っています。

景気悪化でモノが売れず、値段を下げる

一方、景気が悪化している場合には逆の現象が発生します。消費は減少し、モノが売れなくなります。モノが売れなくなると企

▶ 景気がよいときの循環

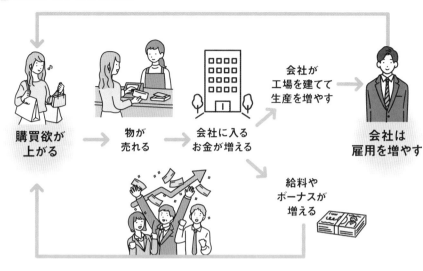

購買欲が上がる → 物が売れる → 会社に入るお金が増える → 会社が工場を建てて生産を増やす → 会社は雇用を増やす → 給料やボーナスが増える

好循環が広がって、社会全体が
ますます豊かになる

業は設備投資を減らします。その結果、資金需要は減少し、給料も下がる可能性があります。バブル崩壊以降、日本ではデフレ時代を経験していますが、当時は景気の悪化によりモノが売れなくなり、値段を下げて販売したことがむしろ企業も家計も政府も苦しめるような状況となったのです。

こうした景気悪化の場合には、日本銀行は金融緩和政策を行い、景気を緩和させるように配慮しています。景気と金融は密接な関係があるといえます。

デフレ
デフレーション(deflation)の略で、継続的にモノの値段が下がり続け、その結果悪循環が続くこと。モノの値段が下がると一見よさそうにも思えるが、給料も下がることになり、消費は抑制され、さらにモノの値段が下がりデフレから抜け出せなくなる。

👍 ONE POINT

金融緩和政策とは？

金融緩和政策とは景気の底上げを図るために行われる政策です。公定歩合の引き下げ、法定準備率の引き下げ、買いオペレーションにより、通貨供給量を増やし、投資や消費を増やします（P.65参照）。物価の底上げや不動産価格の上昇なども期待できます。

Chapter2 12

金融政策を担う中央銀行

わが国の中央銀行は日本銀行です。日本銀行をはじめ、世界各国・地域の中央銀行は、景気や物価の安定を図るため、金融政策の舵取りを任されています。伝統的な金融政策としては、3つあることを覚えておきましょう。

金融政策は日本銀行、財政政策は政府が担う

日本銀行と聞いて、皆さんは何を思い浮かべますか。紙幣を発行する銀行、政府の資金を管理する銀行、都市銀行や地方銀行などの金融機関をとりまとめる銀行。いずれも日本銀行の役割であり、発券銀行、政府の銀行、銀行の銀行といわれています。

こうした役割を担いつつ、わが国の中央銀行として、金融政策の舵取りも任されています。金融政策とは、物価や景気の安定を図ることを通じて、国民経済の健全な発展に資するために、通貨及び金融の調節を行うことです。

これとは別に、政府は財政政策を行っています。財政政策は、財政を通じて公共事業の拡大や縮小、減税や増税などにより総需要の拡大、縮小を図るものです。いずれの政策も、景気の安定化を図るためのものであり、日本銀行と政府の手腕が問われます。

政府の銀行
日本銀行には、国の預金口座が開設されており、この口座に私たちが支払う税金や社会保険料などが入金され、公共事業や公的年金の支払いがなされている。国のお金の受け払いを行うことから政府の銀行といわれている。

3つの伝統的な金融政策

日本銀行は、金融政策としてこれまで主に3つの方法をとってきました。それは公定歩合操作、支払準備率操作、公開市場操作であり、伝統的な金融政策とも呼ばれています。公定歩合操作は、日本銀行が市中金融機関に資金を貸し出す際の金利を調整する政策です。以前は金融政策の一翼を担っていた公定歩合操作ですが、金融の自由化により、政策金利としての意味合いはなくなっています。

日本銀行は、民間の金融機関に対して、預金の一定割合を準備金として日本銀行に預け入れることを義務付けています。この預け入れる割合を調整することを「支払準備率操作（預金準備率操作）」といいます。これも現在は効果が薄いため、行われていま

政策金利
中央銀行が民間の銀行（市中銀行）に融資する際の金利。景気がよいときには過熱感を防ぐために政策金利は高く、景気が悪いときには悪化を緩和させるため政策金利を低くする調整を行う。

▶ 中央銀行と金融政策

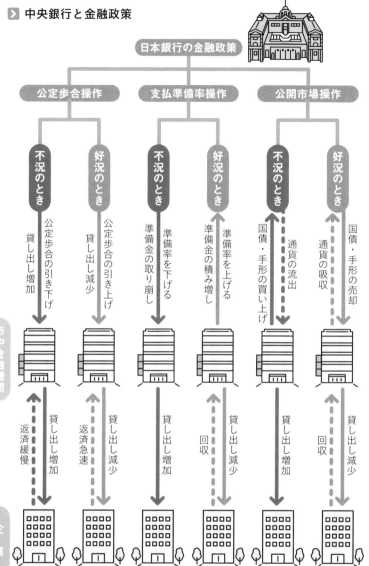

好況・不況といった経済状況に合わせて金融政策を行う。

買いオペレーション
中央銀行が民間の金融機関から債券などを買い取り、市場に資金供給を行うことで、通貨量を増加させ金利を下げ景気をよくする政策。購入額など目標を決めて実施され、影響や効果が予測しやすい。

売りオペレーション
中央銀行が民間の金融機関に債券などを売却し、市場から資金を吸収することで、通貨量を減らし金利を上げ景気に歯止めをかける政策。企業や家計はお金を借りにくくなり投資や消費が減ることになる。

せん。

もう1つの公開市場操作とは、日本銀行が、民間の金融機関に対して国債などの売買を通してお金の量を調整することです。公開市場操作には、「買いオペレーション」と「売りオペレーション」があり、現在は買いオペレーションが実施されています。

Chapter2 13

金融庁によって管理される金融業界

金融庁では、金融全般を取扱い、金融業界の検査・監督も行っています。企画市場局は金融機関が守るべき法律やルールを定め、監督局は金融機関が法律を守って仕事をしているかチェックしています。

法律により管理されている

金融庁は、国内の金融機能を安定させるために金融業界の検査・監督を行う行政機関で、主に3つの役割を担っています。1つめが、金融制度についての法律やルールを作ること。2つめが銀行などの金融機関に対する検査・監督を行うこと。3つめが株式などの取引における監視を行うこと。いずれも金融機能を安定させ、利用者を保護する役割として機能しています。

金融庁の業務

金融庁が3つの役割を実行するために、具体的にどのような仕事を行っているのか確認していきましょう。金融庁では、2018年に大幅な機構改革を実施し、主に総合政策局、企画市場局、監督局の3局体制で業務を行っています（P.21参照）。

このなかで、総合政策局は金融システム全体のリスク管理、マネーロンダリング防止のための検査などを行っています。

また、企画市場局では金融業界が守らなければならない法律やルールづくりを行っています。例えば、銀行に関しては銀行法、株式や債券など金融商品取引に関しては金融商品取引法、クレジットカードや電子マネーなどの決済に関しては資金決済法といったように、それぞれ必要な法律を設けて規制を課しています。

監督局では、銀行などの金融機関に対する検査・監督を行います。金融機関が法律を守って仕事を行っているかどうか定期的にチェックしているほか、抜き打ちの検査を行ったりしています。

証券取引等監視委員会の役割

金融業界を管理するという面では、証券取引等監視委員会も忘

電子マネー
現金を持たずに買い物をすることができる電子化されたお金。Suicaのようなカードやスマートフォンを用いて読み取り機にタッチさせることで支払いができる。精算時にサインは不要。

相場操縦
自己の利益を目的として不正な売買を行い価格をコントロールする違法行為。あたかも売買が活発にされているようにみせかけたり、実態とはかけ離れた株価につり上げたりすることが該当する。

上場企業
証券取引所で株式を自由に売買することができる企業のこと。上場するためには、一定の条件をクリアする必要がある（P.142参照）。

▶ 金融庁の業務と役割

金融庁

金融担当大臣

法律・ルール作り、検査・監督、証券取引などの監視

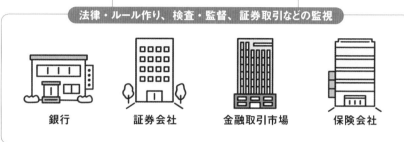

銀行　　　証券会社　　　金融取引市場　　　保険会社

金融庁がルールづくりや検査をすることで安心して取引を行える

預金者　　　投資家　　　保険契約者

れてはなりません。証券取引等監視委員会は、金融庁に属する機関の１つであり、**相場操縦**などの不公正取引に対する調査や、証券会社など金融商品取引業者の不正行為に関する証券検査などを行っています。また、上場企業が提出する**ディスクロージャー**に虚偽記載などがあった場合の検査も行っています。

　このように、金融業界をはじめ、取引を行う者、上場企業への調査、検査、管理を行う体制が構築されているからこそ、安心して取引ができるのです。

ディスクロージャー
企業の事業内容や業績などの情報を開示すること。上場企業や銀行などの金融機関では、情報公開が求められている。特に上場企業では、投資家が投資判断に役立つよう十分な開示が求められている。

お金はどこでつくられている？

紙幣と硬貨は
別につくられている

　皆さんのお財布に入っているお金は、誰がどこでつくっているのでしょうか。実は、紙幣、硬貨いずれもよく見ると記載されています。

　千円札などの紙幣の中央下を見ると、「国立印刷局製造」と書かれています。現在の紙幣は、独立行政法人国立印刷局が製造しているのです。印刷局が製造したものを日本銀行が製造費用を支払って受け取ります。そして、日本銀行の取引先である民間金融機関が、日本銀行に保有する当座預金から資金を引き出すことで、日本銀行券は世の中に送り出されています。紙幣には日本銀行券と記載がありますが、これは最終的に紙幣は日本銀行が発行する権利を持っているからです。

　一方、100円玉などの硬貨はどこがつくっているのでしょうか。硬貨を見ると「日本国」と書かれています。硬貨は独立行政法人造幣局がつくっています。こちらは日本政府が自ら発行する形をとっています。

硬貨の発行枚数が
減ってきている

　昨今では、キャッシュレス決済が主流となってきていることもあり、1円、5円、10円玉の発行枚数が減少しています。今後、貨幣を利用する機会がさらに減っていけば、硬貨自体が珍しくなるかもしれません。2014年に発行された1円玉は1億2,401万枚に対し、2022（令和4年）年発行は57万枚と急激に減少しています。

　ところで話は変わりますが、豆知識として是非知っておいてほしいことがあります。日本銀行本店を上から眺めると、「円」の文字に見えます。設計者である辰野金吾は何を思い描いて日本銀行を設計したのか気になりますね。

　なお、日本銀行がある場所は、江戸時代には金座があった場所です。金座とは、小判などの金貨の鋳造・発行を行っていた場所です。お金の中心は江戸時代から変わっていないというのも不思議な感じがします。金座は、明治2年に造幣局に吸収され、廃止されました。

第 3 章

金融機関の種類と役割

金融機関は銀行だけでなく、証券会社や投資銀行、保険会社、郵便局などいくつもの種類があります。ここでは、それらの金融機関が、どういった役割を担っているのかを解説します。

Chapter3
01

銀行の役割

銀行は、お金を貸す金融仲介機能の役割のほかにも、貸し出されたお金が利用されることで、さらに全体の預金が増加する信用創造機能を果たしています。また、送金や公共料金の支払いといった決済機能も有しています。

銀行は3つの機能を果たしている

銀行は、お金の出し手である預金者から預かった資金をもとに、借り手である企業や家計に審査を図ったうえで貸し出します。このしくみがあるからこそ、企業は設備投資資金の確保ができ、個人は住宅の購入ができるのです。

こうした機能は、金融仲介機能と呼ばれています。私たちがお金を借りたい人に直接貸すこともできますが、通常はそのためのノウハウ、知識は備えていません。また、貸したお金を回収できない危険もあります。銀行は長年の事業展開から得たノウハウをもとに、融資できるかどうかの判断がつくわけですが、もちろんすべての資金が回収できるとは限りません。なかには不良債権と化して、満額は回収できない場合もあります。ただ、その確率は一般に個人が貸す場合に比べると低く抑えられています。

日本の預金残高を増やす機能

銀行の役割はこうした金融仲介機能だけにとどまりません。さらに信用創造機能といった役割も果たしています。信用創造機能とは、日本全体の預金残高が増える機能のことです（P.104参照）。

銀行は、預かった預金の一部を手元に残し、残りは貸し出します。企業や家計に貸し出されたお金は、投資や消費などの支払いにあてられます。その結果、支払われたお金は取引先からまた銀行に預金されることになります。これを繰り返していくことで、もともとあった資金がもとになり預金通帳に記載される預金通貨が増加します。そうすると、日本全体で預けられる預金残高は増加します。要は、もともとあった資金からその何倍ものお金が預金通貨として機能するのです。

不良債権
回収が困難な資金のこと。金融機関は審査により返済見込みがあるかどうかをチェックするが、融資先がその後の経営危機などにより資金を返済できなくなる恐れもある。不良債権は金融機関の損失となりうる。

預金通貨
預金通帳に記載されている金額。普通預金や当座預金、通知預金などが該当し、銀行からいつでも払い戻すことができる預金を示す。現金に非常に近い機能を備えた種類の預金が該当。

▶ 銀行の主な機能

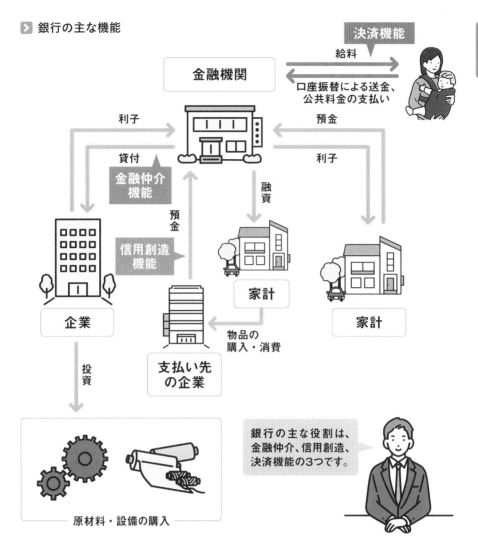

決済機能

給料

口座振替による送金、
公共料金の支払い

金融機関

利子

預金

貸付

利子

金融仲介
機能

融資

預金

信用創造
機能

企業

家計

家計

物品の
購入・消費

支払い先
の企業

投資

原材料・設備の購入

銀行の主な役割は、
金融仲介、信用創造、
決済機能の3つです。

📍 預金口座を決済に使う

　銀行の役割として決済機能も忘れてはなりません。決済機能とは、銀行の預金口座を利用することで、現金を使わなくても口座振替により送金ができたり、公共料金などの支払いにあてたりすることができるものです。

　これら3つの機能は、銀行に信用があるからこそできるもの。銀行は社会的な責任を背負っています。

口座振替
金融機関の預金口座から、公共料金やクレジットカードの支払いなどを自動引落としするサービス。送金する場合も口座から支払った分が引落としされる。通常ほかの金融機関への送金は支払手数料がかかる。

都市銀行、地方銀行など普通銀行の役割

普通銀行は、4種類に分けることができます。都市銀行、地方銀行、第二地方銀行、そして近年現れた新形態の銀行です。企業が主に利用するメインバンクとして約7割のシェアを占めています。

普通銀行には主に4つの種類がある

普通銀行
銀行法に基づいて設立された銀行。預金の受け入れや貸付け、為替取引などを行う。

普通銀行は、主に都市銀行、地方銀行、第二地方銀行、新形態の銀行の4種類に分けることができます。

都市銀行とは、普通銀行のなかで、東京や大阪などの大都市に本店を構え、日本全国の主要都市に支店網を持ち広域に展開する銀行を指します。特に法律をもって区分けされているわけではなく、明確な基準はありません。ただ、1968年10月から始まった金融制度調査会の審議のなかで、「普通銀行のうち、6大都市またはそれに準ずる都市を本拠として、全国的にまたは数地方にまたがる広域的営業基盤を持つ銀行」と定義されています。

現在、都市銀行に相当する銀行は、みずほ銀行、三井住友銀行、三菱UFJ銀行、りそな銀行、埼玉りそな銀行の5行を指します。埼玉りそな銀行を含まず4行とする場合もあります。

2つに区分けされる地方銀行

地方銀行は、（第一）地方銀行と第二地方銀行に区分けされます。全国地方銀行協会に加盟するのが（第一）地方銀行であり、旧国立銀行の流れを組むなど古くからその地域の銀行として活動し、一般的に第二地銀よりも経営規模が大きいのが特徴です。

一方、第二地方銀行は、第二地方銀行協会に加盟する地方銀行を指します。その多くの前身は相互銀行ですが、現在は普通銀行として（第一）地方銀行と変わらない業務を行っています。

相互銀行
1951年制定の相互銀行法に基づいて設立された中小企業専門の金融機関。国民大衆のために金融の円滑を図り、その貯蓄の増強に資するために作られた。その後、第二地方銀行として存続している。

新形態の銀行

新形態の銀行とは、従来の銀行とは異なる、異業種からの参入やインターネット専業の銀行が該当します。ショッピングセンタ

▶ 企業がメインバンクとして利用する銀行の業態別シェア

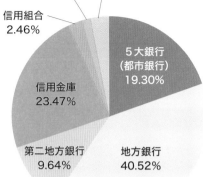

- 農協 1.24%
- その他 3.37%
- 信用組合 2.46%
- 信用金庫 23.47%
- 5大銀行（都市銀行）19.30%
- 第二地方銀行 9.64%
- 地方銀行 40.52%

メインバンクとして使っている銀行の割合です。図からわかるように地銀が4割となっています。

出典：帝国データバンク「全国企業メインバンク動向調査（2022年）」
　　　帝国データバンク独自の2022年10月末時点の企業概要データベース
　　　「COSMOS2」（約147万社収録、特殊法人・個人事業主含む）に基づく調査
https://www.tdb.co.jp/report/watching/press/pdf/p221208.pdf

ーやコンビニが展開するものもあり、消費者にとって手数料が低く抑えられるなど、より使い勝手のよい銀行サービスが普及してきています。

 その他の銀行

　普通銀行とはまた少し違った銀行として、信託銀行があります。信託銀行は、通常の銀行業務以外に、金銭の信託などの信託業務、財産管理・処分などの併営業務ができ、銀行業務に関する幅広い業務に取り組める点が特徴です。

信託業務／併営業務
信託業務は、顧客から不動産や有価証券などの財産を預かり、管理・運用する業務。併営業務は、遺言書の保管に加え、遺言の執行といった相続関連の業務、不動産売買の仲介などが該当する。

👆 ONE POINT

代表的なインターネット銀行

インターネット銀行とは、銀行サービスのほとんどをインターネット上で完結させる銀行のことを指します。基本的に店舗は持たず、インターネット上やATMで入出金サービスや振込が行えるためコストが低く抑えられ、手数料も安くなります。代表的なインターネット銀行には、イオン銀行や楽天銀行などが挙げられます。

Chapter3
03

信用金庫、信用組合、
JAなどの役割

都市銀行や地方銀行のほかに、銀行と同じく機能する組織には、信用金庫、信用組合、JAなどがあります。これらの違いは、根拠法や業務範囲、営業地域、対象者にあります。どういった違いがあるのか理解しましょう。

広域ではなく、地域や業種を絞った金融機関

　銀行という名称はつきませんが、金融サービスを展開する企業は都市銀行や地方銀行などの普通銀行、信託銀行以外にも存在します。その代表例が信用金庫、信用組合、JAなどです。

　まず、信用金庫と信用組合の違いについて確認しましょう。いずれも地域密着型の金融機関で、主な取引先は中小企業や個人事業主などです。原則として、利用者が会員（組合員）となり、地域の反映を皆で図っていく相互扶助を目的としています。異なる点は、根拠法や会員資格です。

　信用金庫は信用金庫法に基づき設立されており、会員資格は事業者の場合、従業員300人以下または資本金9億円以下と決められています。信用組合は、中小企業等協同組合法に基づき設立され、事業者は業種により従業員数や資本金の制限があります。預金の受け入れについては、信用金庫は特に制限がありませんが、信用金庫は原則として組合員が対象となっています。大雑把に言うならば、信用金庫がより銀行に近いサービス提供を行い、信用組合がより地域密着型サービスを展開しています。

JAバンクという銀行があるわけではない

　JAは、農業協同組合のことであり、農業協同組合法に基づき設立されています。農家の相互扶助を目的とした組織で、JAバンクと呼ばれることもあります。これは、JA、信用農業協同組合連合会（信連）、農林中央金庫から構成された金融機関グループの総称であり、JAバンクという銀行があるわけではありません。JAの正組合員である農業者とその家族を主な顧客層とし、貯金業務やローン業務などを行っています。

信用農業協同組合連合会（信連）
JAバンクを構成する地域金融機関。各都道府県を1つの区域として、各地域にある農業協同組合（JA）と連携し、貯金、融資、為替その他の金融サービスを展開。

農林中央金庫
農林中央金庫法に基づき設立された、農業協同組合、森林組合、漁業協同組合などを出資者として、出資者への貸付けなどを行う中央金融機関。資金調達は主に預金と農林債券の発行。

▶ 民間金融機関の主な種類

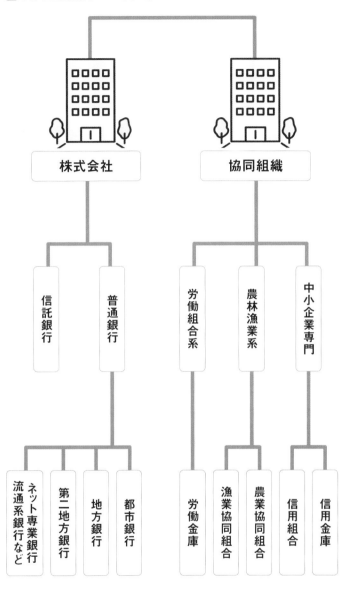

なお、農家ではなくとも准組合員となればJAでの貯金などの利用を行うことができます。

このほか、JAに近い金融機関として、JF（漁業協同組合）、労働金庫などがあります。

漁業協同組合

水産業協同組合法に基づき、漁業者を組合員として設立された協同組合。漁業者の事業や生活に必要な資金の貸付け、貯金の受け入れ、共同利用施設の設置、購買・販売事業などを行う。

労働金庫

労働組合、消費生活協同組合、その他の労働者団体が協同して組織・運営を行う労働者のための金融機関。労働者の生活と福祉の向上のため、非営利により預金の受け入れや資金の貸し出しを行う。

Chapter3 04

証券会社の役割

証券会社は、資金運用を行いたい投資家のニーズと、資金を得たい資金需要者のニーズを結びつけ、必要なところに資金を届ける橋渡しを行う役割を担っています。主に、株式や債券などの商品を介してその仕事を行います。

投資家と資金需要者の橋渡し

証券会社は銀行と異なり、預かった資金をもとにした融資は行っていません。あくまでも、資金運用を行いたい投資家と資金を得たい資金需要者のニーズを結びつけ、必要なところに資金を届ける橋渡しを行う役割を担っている仲介者です。証券会社は株式や債券などの販売により売買手数料を得ることで事業が成り立つビジネスモデルです。

具体的には、株式や債券、投資信託、デリバティブなど証券化商品の提供を投資家に行います。投資家は個人投資家と、銀行や保険会社などプロの投資家である機関投資家に区分けされますが、いずれも資金をもとに投資を行って利益を得たいという意図は変わりません。そのニーズに応えるのが証券会社です。

ニーズに応えるためには、需要側の企業や国、地方公共団体などから資金調達の意向があるかどうかを探る必要があります。仮に設備投資のために資金調達をしたい企業があった場合、その企業が新しく発行する株式を証券会社が投資家に販売することで企業は資金を得ることができます。

借金で資金をまかなう

また、国や地方公共団体、企業は債券を発行し借金という形でお金を調達する場合もあります。こうした債券を投資家に買ってもらい、資金を確保するのです。

特に企業が発行する社債・上場株式に関しては証券会社でしか取扱いができないこともあり、企業の資金調達手段として証券会社は大きな役割を担っているといえます。

売買手数料
株式や債券、投資信託などの売買時にかかる手数料。売買手数料は、利用する証券会社や銀行などによって異なっている。一般的に、インターネット証券では売買手数料は割安。

証券化商品
不動産や住宅ローン、クレジットカード、機械などのリースのように将来一定の収益が見込める資産を裏付けとして発行される有価証券のこと。1970年代に米国で住宅ローンが証券化されたことから始まった。

個人投資家
個人の資金で投資活動を行う人の総称。会社員や公務員、自営業者、専業主婦、デイトレーダーなど運用を行う個人が該当する。日本の株式市場は外国人投資家の比率が高く個人投資家の比率は低い。

▶ 橋渡し役の証券会社

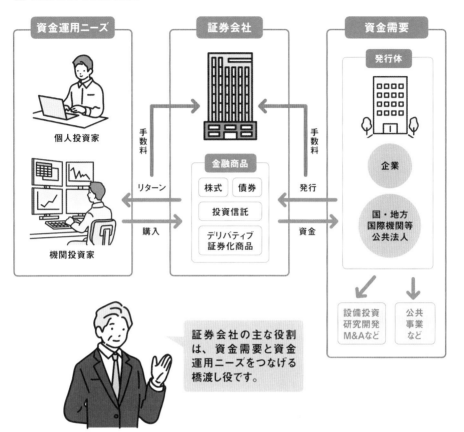

証券会社の主な役割は、資金需要と資金運用ニーズをつなげる橋渡し役です。

🖐 ONE POINT

証券会社は企業の情報提供などを
行う役割も担っている

証券会社では、株式や債券を発行する企業などに情報開示のアドバイスや、企業が上場したい場合のアドバイスなども行っています。また、どういう企業なのか、特徴は何なのか、今後期待できそうなのかどうかなど、わかりやすく投資家に伝えるため、銘柄情報や経済情報などの企業の情報提供を行う役割も担っています。各証券会社では、アナリストなどがレポートを作成し、オリジナルの情報を提供しています。

Chapter3 05

投資銀行の役割

投資銀行は、株式や債券の引き受けによる資金調達支援と、M&Aまで含む経営支援を行う役割があります。いずれも企業の成長のための手段を提供しており、日本では証券会社の一部門として活躍するケースが多いです。

資金調達支援と経営支援が主な役割

投資銀行は、銀行という名がついているものの、実際には証券会社に近い役割を担っています。大手の証券会社では1つの部門として投資銀行部門が置かれています。

投資銀行が行う役割は主に2つあります。それは、資金調達支援と経営支援です。資金調達支援では、株式や債券の発行により企業が資金を調達するためのアドバイスをして、実際に販売したり、株式上場の**コンサルティング**を行ったりします。投資銀行は、企業がさらなる成長を続けるための道しるべとなる役割を担っているのです。

M&Aなどの支援業務

経営支援では、M&Aなどのアドバイザリー業務を行っています。企業の買収や合併に至る以前のお互いの商品を販売しあう**業務提携**のようなものから、お互いの株式を持ち合い連携を強化していくといった、さらに強い結束を保つ**資本提携**なども広い意味でのM&Aです。M&Aは、企業にとって、いかに効率的な事業展開を図るかを考えたうえでとる手段の1つ。投資銀行は、どういった対象に対してM&Aしていくのか、将来的にどのような分野でシェアを広げていくことが望ましいのかなどのアドバイスを行います。

経営のアフターフォローも行う

投資銀行は、M&Aの前提となる経営支援すなわちコンサルティングだけでなく、実際にどういった企業や事業を買収し、次の成長につなげていくのかまで提案します。そのため、具体的に対

コンサルティング
企業経営に関して経営者が持つさまざまな悩みを解決する提案を行ったり、今後の戦略をどうすべきかアドバイスを行うこと。その企業の考え方・風土にあった提案が求められる。深い知識と経験が必要。

業務提携
お互いの企業の利益のために、販売営業活動を協力したり、それぞれが持つノウハウをもとに技術協力を行うといった提携。資本の移動はなく、あくまでも協力関係の構築を図るもの。

資本提携
お互いの株式を決めた割合ずつ保有し合い、結びつきを強化すること。安定株主となることで、第三者からの買収防衛として機能するほか、協力度合いを強くすることで双方の売上アップなどが期待できる。

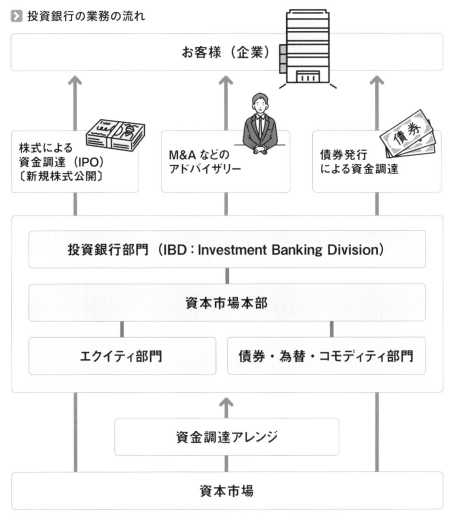

投資銀行の業務の流れ

お客様（企業）

| 株式による
資金調達（IPO）
〔新規株式公開〕 | M&A などの
アドバイザリー | 債券発行
による資金調達 |

投資銀行部門（IBD：Investment Banking Division）

資本市場本部

| エクイティ部門 | 債券・為替・コモディティ部門 |

資金調達アレンジ

資本市場

投資銀行の主な役割は、資金調達と経営支援にある。

象候補先を探しその企業にアプローチをかけることも行います。また、M&A実行における契約書などの作成も行うほか、実際の株式売買などの資金移動を確認し、その後の**アフターフォロー**までをすべて行うケースもあります。これらのフォローには、買収後に従業員が円滑に仕事を行える環境にあるかどうかも含まれます。

　企業のその後の経営に関わるような重要な提案を行ういわば軍師役ともいえるのが投資銀行なのです。

アフターフォロー
投資銀行の行うアフターフォローがその後のM&Aを実行した企業の経営に影響を与えることがある。

Chapter3
06

保険会社の役割

保険会社の役割は、何かあった場合の備えとして行う「保障事業」と、世界有数の機関投資家として経済成長に貢献する「資産運用事業」の2つがあります。社会的役割が非常に高いのが保険会社です。

家計にも企業にも経済にも貢献する

　保険会社の役割には、保障と資産運用の2つがあります。保障では、保険契約者からお金を集め、万が一のことがあった場合にはそのお金をもとに保険金を支払います。経済的不安に備える手段です。死亡など万が一のときに遺族が困らないようにする、手術時に給付金が支払われることで資金繰りに困らないようにする。火災が発生し全焼した場合にも生活できるようにする。こうした経済的な悩みから解放すること。これが保険の本来の役割です。

日本の保険加入率は9割を超えている

　一般的に、若年世代ほどこうした万が一に備える資金が不足するため、小さい保険料で大きな保障を得られることで助かったと感じる人は多くいます。契約者皆でお互いを支え合い、何かあった場合に備えるしくみは、相互扶助の精神からできあがってきたといえます。実は日本の生命保険の加入率は9割を超えています。世界で見ても保険加入率が大変高く、保険会社は身近な存在としてその役割を果たしています。

保険会社は資産運用を行い分散投資を図っている

　もう1つの役割である資産運用の機能は、あまり身近に感じられないかもしれません。しかし、金融の世界で大変影響力を持つ存在が保険会社です。保険会社では、集めた保険料をもとに資産運用を行っています。保険会社は、国内外問わず、債券、株式、不動産などさまざまな金融商品に分散投資をして運用を行っているのです。効率的かつ有利な運用を目指して、得られた収益をもとに配当金や保険金の支払いを行っています。

資金繰り
必要な時期に必要な額のお金を用意すること。

不動産
不動産投資は長期間に渡り、安全に、かつ確実に運用でき、利益を出せることから、保険会社では積極的に投資が行われている。保険会社が保有する不動産規模は不動産専門業者と引けをとらないほどだといわれている。

分散投資
投資対象を複数に分けることで、1つの投資対象が値下がりした場合でもほかの収益でカバーしつつ安定した資産運用を目指す方法。資産、地域、時間をそれぞれ分けて投資することでリスクの軽減につなげられる。

■ 保険会社の役割

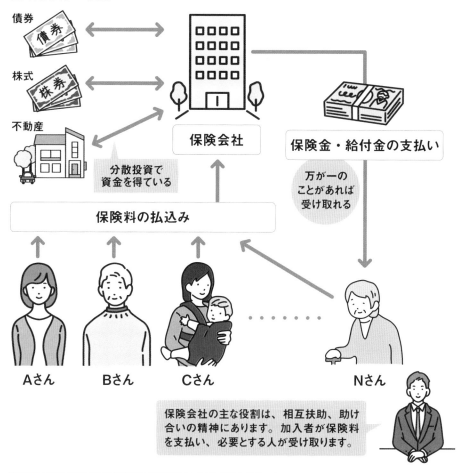

保険会社の主な役割は、相互扶助、助け合いの精神にあります。加入者が保険料を支払い、必要とする人が受け取ります。

👉 ONE POINT

金融市場と保険会社

保険会社は莫大な資金を動かし、必要な所に資金を供給、経済成長の源泉をつくっており、こうした資金が流れることで経済が活性化します。保険会社が大株主となっている企業も多く存在します。このように、金融市場での保険会社の存在は大変大きく、マーケットを動かすメインプレーヤーとしての地位も築いています。資産運用を行う機関投資家のなかでも、日本の生命保険会社の運用金額だけみてもトータルで100兆円以上という大規模な金額であり、その力は大きいものです。彼らの方針が、ある程度市場を動かす可能性があるといえます。

ノンバンクの役割

ノンバンクは、あくまでお金を貸すなどの与信業務に特化した金融機関で、預金業務を行っていません。具体的には、消費者金融、信販会社、クレジットカード会社などがノンバンクに該当します。

融資・立替・保証を行う

ノンバンクは、銀行や信用金庫、信用組合などと異なり、預金業務や為替業務を行うことはできません。あくまで与信業務、すなわち融資を主に行う金融機関であり、**貸金業法**に基づいて設立される会社が該当します。

銀行では預金をもとに貸し出しを行っていますが、ノンバンクではどこから資金を集め、貸し出しを行っているのでしょうか。実は、ノンバンクは銀行などから借入れを行い、その資金をもとに貸し出しを行っています。銀行に返済する際には利子もつけて返す必要があるため、一般的に家計が銀行からお金を借りるときよりもノンバンクからお金を借りるときのほうが金利は高くなる傾向があります。

さまざまな業務を行う

ノンバンクとひとことで言っても、さまざまな業態があります。具体的には消費者金融をはじめ、**信販会社**、クレジットカード会社、**リース**会社などがそうです。それぞれ必要な所に資金を供給する役割を担っているのです。

消費者金融は家計にお金を貸すこと、クレジットカード会社は買い物を行う際のお金を立て替えてくれること（後払い）が特徴です。

この2つを含めノンバンクの主な役割は、融資、立替、保証の3つです。3つめの保証は、万が一お金を借りた人が返済できなくなった場合に保証会社が債務を肩代わりすることです。こうした保証があることで、融資の促進にもつながっています。

貸金業法
消費者金融などの貸金業者や、貸金業者からの借入れについて定めている法律。総量規制のほか、上限金利の引き下げ（借入額に応じて15〜20％へ引き下げられた）、規制強化が行われた（P.212参照）。

信販会社
分割払いによる買い物を行った場合に、信販会社が販売業者へ代金の立て替え払いを行う。そして購入者から分割払いの集金を行い利益を稼ぐ会社。分割払いがあることで高額な商品の購入も可能（P.208参照）。

リース
企業が機械や設備などを調達する場合に、自社では購入せず、リース会社に購入してもらいそれを借りるしくみ。一度に多額の資金を支払う必要がなくなり、毎月リース料としてリース会社に支払いを行う（P.210参照）。

▶ ノンバンクの役割

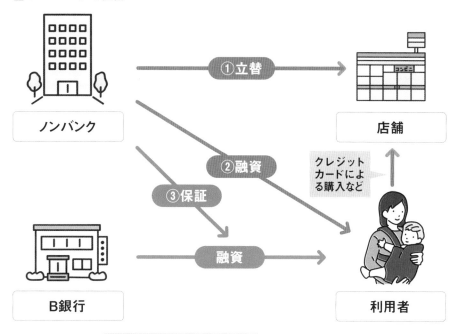

ノンバンク → ①立替 → **店舗**

ノンバンク → ②融資 → **利用者**

ノンバンク → ③保証

B銀行 → 融資 → **利用者**

クレジットカードによる購入など

ノンバンクは、預金業務を行わず、与信業務（融資・立替・保証）のみを行います。銀行とはまた違う審査により融資を行うかどうかを判断します。

保証会社
融資を行う際の実質的な審査を行い、契約者が万が一返済できない場合には立替を行う会社が該当する。消費者金融などが保証会社となることもあり、契約者が滞納した場合には、督促なども行われる。

👉 ONE POINT

ノンバンクと銀行の違いとは

ノンバンクは、預金業務の有無や金利以外にも銀行と異なる点があります。総量規制の対象となっており、借主の年収の3分の1以上の貸し出しを行えません。その一方で、銀行よりも融資実行までの時間が短いのが特長です。なかには即日融資、最短30分というノンバンクもあります。このように銀行とは異なる金融の役割を担えるため、ノンバンクのニーズが存在するのです。

Chapter3

08

金融商品仲介業と銀行代理店

金融商品仲介業とは、証券会社の委託を受けて投資信託や株式などの有価証券の売買の媒介などを行います。銀行代理店は一部の銀行業務を除き預金や送金といった業務が行えます。

販売チャネルの拡大が進む

これまで解説してきた証券会社や銀行とは別に、その業務の媒介を行う仕事が2000年代の規制緩和により開放されました。その結果、新たに金融商品仲介業と銀行代理店がつくられ、多様で幅広いサービスが展開されるようになりました。

金融商品仲介業とは、投資信託や株式などの有価証券の売買といった媒介を行う仕事です。2003年に証券取引法が改正されたことに伴い、金融商品取引業者（具体的には証券会社）の業務委託を受けることで、金融商品仲介業者がお客様への株式などの勧誘や説明をできるようになりました（実際には内閣総理大臣の登録を受けて行う）。

なお、2007年9月の金融商品取引法の施行に伴い、証券仲介業は金融商品仲介業へと名称を変更しています。

銀行代理店の役割

一方、銀行代理店は、銀行のために、預金、為替（送金）、貸付けといった契約や媒介を行う会社です。その業務は、ATMで対応できないことが中心です。2005年の銀行法改正により、2006年4月から、銀行とは関係のない企業であっても銀行代理店を行うことができるようになりました。ただし、金融庁の許可が必要です。銀行代理業を営む際には、顧客の財産と自己の財産を分別保管しなければならないなど一定の条件を満たす必要があります。

銀行代理店でも、一定の業務は代理できないように規制されています。例えば、一般事業向けの貸付け、つまり対企業向けの貸付けはできません。

内閣総理大臣の登録
証券会社や金融商品仲介業を行う場合には、登録の必要がある。登録申請書を作成し、金融商品取引法で求められている書類を添付し提出、一定の条件に該当すれば登録される。

銀行代理業
銀行のために、預金契約などの代理や媒介、資金の貸付けなどの契約の代理や媒介、為替取引契約の代理や媒介を行う銀行代理店のこと。銀行代理業制度は2006年4月から導入されており、銀行以外の金融機関にも同様の制度がある。

分別保管
顧客の預金などの財産と、銀行代理店が保有する財産を区分けして保管すること。証券会社も同様に分別保管義務があり、信託銀行で管理、分別されている。万が一の場合に顧客に返還するための措置。

▶ 金融商品仲介業と銀行代理店の役割

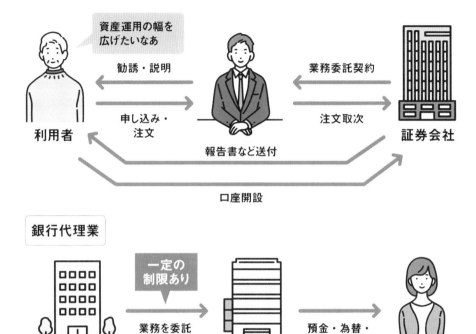

金融商品仲介業

資産運用の幅を広げたいなあ

勧誘・説明
申し込み・注文
報告書など送付
業務委託契約
注文取次
口座開設

利用者　　　　　　　証券会社

銀行代理業

一定の制限あり

業務を委託
預金・為替・貸付け

銀行　　　銀行代理店　　　お客様

銀行の固有業務である預金、貸付け、為替取引を内容とする契約の締結の代理または媒介を行う場合には「銀行代理業」に該当し内閣総理大臣の許可が必要となる。

👍 ONE POINT

相互補完が期待される

規制緩和により証券会社や銀行とまではいかないにしても、それ以外の会社が金融商品仲介業や銀行代理店業務を行えるようになりました。合理化のため金融機関の支店や営業所の整理が進む現在、証券会社や銀行の支店がない地域でもネットワークを展開できるメリットがあり、今後も新規参入する企業は増えそうです。

1つの登録で多種多様な金融サービスを仲介できる

金融サービス仲介業

令和3年11月1日から、金融商品販売法は金融サービス提供法に改称されました。法律の名前が変わるだけではなく、新たな業態として金融サービス仲介業が創設されます。一体どのような業態なのでしょうか。

サービスを行うために必要な業種別登録が不要に

金融サービス仲介業とは、銀行・証券・保険すべてのサービスをワンストップで提供する仲介業のことを指します。

これまでも、銀行代理店が銀行サービスを、金融商品仲介業は証券サービスを、保険募集人は保険サービスを仲介できていましたが、業態ごとの縦割り法制により、各業法に基づく許可や登録がそれぞれ必要でした。

また、特定の銀行や証券、保険会社に所属し、所属金融機関からの指導・監督を受ける必要もありました。その対応への負担も大きかったことから、負担を軽減し、さまざまな金融商品を横断的に提供できる金融サービス仲介業が創設されることになりました。金融サービス仲介業では、特定の金融機関に所属する必要はありません。金融機関とは業務上のパートナーとして、連携・協働関係となります。強い縛りを受けることもなくなるため、仲介業がしやすくなることでしょう。

なお、既存の仲介業では、所属する金融機関が提供する金融商品の仲介を行うため、仲介可能な金融サービスに制限は特にありませんでした。しかし、金融サービス仲介業では、高度に専門的な説明を必要とする金融サービスは仲介不可となっているほか、保証金の供託が求められるようになっています。

1つの登録で多種多様な金融サービスを仲介可能

金融サービス仲介業の創設により、金融サービスをワンストップかつオンラインで提供するサービスが拡充すると想定されます。インターネット通販を手がけるIT企業などが、金融サービス仲介業に参入するのではないかとみられています。これは、金融業

保険募集人
保険契約の締結の代理または媒介を行う者。生命保険会社や損害保険会社、保険代理店に所属し、保険商品の販売のほか、顧客のサポートを行う。保険募集人になるためには、試験に合格し、内閣総理大臣の登録を受ける必要がある。

▶ 金融サービス仲介業とは

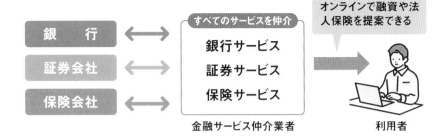

オンラインで融資や法人保険を提案できる

銀　行 ⟷　すべてのサービスを仲介
証券会社 ⟷　銀行サービス
保険会社 ⟷　証券サービス
　　　　　　保険サービス

金融サービス仲介業者　　　　　利用者

▶ 既存の仲介業（金融商品仲介業など）と金融サービス仲介業の違い

	既存の仲介業	金融サービス仲介業
許認可	業法ごとに許可や登録が必要	1つの登録で銀行・証券・保険サービスなどの仲介が可能
金融機関の所属	所属する金融機関から指導・監督を受ける	特定の金融機関に所属しない。金融機関から指導を受ける必要はない
仲介可能な金融サービス	基本的に制限なし	高度に専門的な説明を必要とする金融サービスは仲介不可
保証金の供託	保険仲立人など一部を除いて、仲介業者に保証金の供託義務はない	金融機関に所属しないこともあり、保証金の供託義務がある
手数料などの開示	一部を除き開示義務なし	顧客からの求めがあれば開示義務あり

今後も、既存の仲介業（銀行代理業、金融商品仲介業、保険募集人など）に係る許可や登録の取得は可能。金融サービス仲介業が創設されたからといって、金融商品仲介業などがなくなるわけではない。

界において脅威とみなすよりは、むしろ金融業界の活性化が図られ、市場拡大へつながるとみたほうがよいでしょう。例えば、銀行が、保険や証券業の仲介業へ本格参入し、金融サービスを一元的に提供するといったことも考えられます。

　このように、1つの登録で多種多様な金融サービスが提供できるようになるため、利用者の利便性向上が期待されています。

Chapter3
10
民営化した郵便局

郵政民営化の始まりは2005年。金融商品の取扱いごとに会社を分け、段階を経て、2015年11月には3社同時上場を果たしました。しかし、ほかの金融機関との差別化や将来性に対してなどやるべき課題は山積しています。

民営化により効率的な経営へ

　2005年10月に郵政民営化法が公布され、郵便局の民営化に向けた動きがスタートしました。当時は、国（政府）が日本郵政株式会社の全株式を保有し、そのうえで民営化後のゆうちょ銀行とかんぽ生命保険となる準備会社として株式会社ゆうちょ、株式会社かんぽが設立されました。

　その後、2007年10月に郵政民営化が実行されます。当時は、政府が日本郵政株式会社の全株式を保有したまま、その子会社として、郵便局株式会社、郵便事業株式会社、株式会社ゆうちょ銀行、株式会社かんぽ生命保険と区分けされました。

　ゆうちょ銀行は銀行業の免許が与えられ、貯金業務をはじめ、投資信託の販売などの業務を行っています。かんぽ生命保険は生命保険業の免許が与えられ、保険販売を中心に行っています。実際には、いずれも郵便局の窓口を通して業務が行われています。

日本郵便株式会社の誕生

　さらに、2012年10月に、郵便局株式会社と郵便事業株式会社が統合し日本郵便株式会社となりました。この結果、現在では、日本郵政株式会社の傘下に、ゆうちょ銀行、日本郵便、かんぽ生命がある形態となっています。2015年11月には日本郵政、ゆうちょ銀行、かんぽ生命が同時に当時の東証一部に上場しましたが、民間の金融機関といかに差別化し新規顧客を獲得していくかが課題となっています。2019年には、かんぽ生命の保険販売で不適切契約が多数見つかり問題となりました。郵便局というネットワークとブランドへの顧客の信頼は強みですが、それに見合ったコンプライアンスの確立も求められています。

ゆうちょ銀行
2007年10月に誕生した日本郵政グループ内の銀行。最終的には日本郵政が保有するゆうちょ銀行の全株式を市場で売却することが決まっている。預貯金額では国内最大の金融機関。

かんぽ生命
総資産額は日本生命保険に次ぐ規模であり、郵便局のネットワークを活かして保険販売を行っている。最終的には、日本郵政が保有するかんぽ生命保険の全株式を市場で売却することが決まっている。

郵便事業株式会社
日本郵政公社の民営化に伴い2007年に設立された郵便事業会社。主要業務は、郵便物・荷物の集荷、配達、再配達など。2012年10月に郵便局株式会社と統合し日本郵便株式会社となっている。

▶ 民営化した郵便局

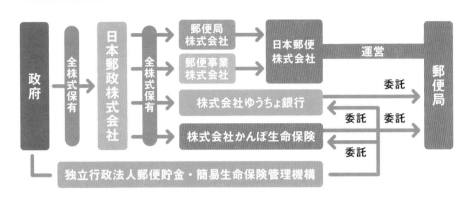

2007年10月　郵政民営化

日本郵政グループ

2015年に日本郵政を除く3社が上場。政府保有株の一部を売却し、復興財源にあてることになりました。

👍 ONE POINT

ゆうちょ銀行は
民間金融機関にとっての脅威？

郵便局は民営化に伴い、現在では民間に近い形へと変わってきています。今も政府がある程度株式を保有しているため、完全に民営化されたとはいえない部分もあるものの、通常貯金、定期性貯金ともに1,300万円まで貯金ができるようになるなど、規制がより緩和されるようになってきています。なじみある郵便局が窓口となるゆうちょ銀行は民間金融機関にとっては脅威ともいえるものの、お互いに競争することでよりよい金融商品の開発など、家計にとっては魅力ある金融サービスの提供が今後さらに増える可能性があります。

Chapter3
11

業界ごとで大きく変わる
業務と働き方

金融機関はその業種ごとに業務範囲が大きく異なり、それぞれが関連する法令によって規制されています。銀行、証券会社、保険会社、ノンバンクの業務内容や働き方の違いについて紹介します。

銀行は「預金・融資・為替」のフルコース

金融機関のなかで最も業務範囲が広いのが銀行です。都市銀行や地方銀行は、お金を集める「預金」、お金を貸し出す「融資」、お金を移動する「為替」という3大業務をすべて取り扱うのが基本で、業務内容については銀行法（P.124参照）に定められています。

「預金」「融資」「為替」は、個人や法人が経済活動をするための必須機能なので、ほとんどの人が銀行口座を開設しています。このように銀行は経済活動において大切な役割を担うため、新規参入の規制や内部管理をチェックする金融庁監査などで厳しく監視されています。

金融庁監査
金融機関の業務が健全で適切に運営されているか、法令などが遵守されているかなどを検証したり、問題点に対する認識を確認したりするために、金融庁が立ち入り検査をすること（P.20参照）。

銀行で働く行員は、まずその部署で必要な知識やスキルを身につけますが、数年後に異動するとまた1から新しい業務を学びます。例えば預金預かりの個人営業をしていた人が、次の部署では法人融資を担当する、ということもあります。この傾向は地方銀行よりも都市銀行でよくみられます。さまざまな部署を渡り歩きながら、金融業務全般に強くなっていくのです。

専門領域に特化した証券会社、保険会社、ノンバンク

証券会社や保険会社は、金融機能の一部に特化した業務を行っています。証券会社はブローカー業務やディーラー業務など証券取引関係業務の、保険会社は生命保険や損害保険など保険に関する業務の専門家です。それぞれ営業担当部署、証券や保険の設計部署など、営業職と各領域の専門職、さらにバックオフィスに大きく分かれています。また、消費者金融などのノンバンクも、個人貸付けや法人貸付けの業務に特化しています。

バックオフィス
総務や経理・会計・労務など、会社組織全体を支える部署のこと。比較的女性が活躍しているセクションでもある。

金融業界の業務内容の違い

銀　　行

【特徴】
● 業務範囲が最も広い
● 部署移動がある

【業務内容】
● 預金
● 融資
● 為替
● 付随業務

証券会社

【特徴】
● 証券取引関係に特化した業務を行う
● 営業担当部署、設計などの専門部署、バックオフィスに分かれる

【業務内容】
● ブローカー業務
● ディーラー業務
● アンダーライティング業務
● セリング業務
● ストラクチャリング業務
● 調査、分析業務

保険会社

【特徴】
● 保険に特化した業務を行う
● 営業担当部署、設計などの専門部署、バックオフィスに分かれる

【業務内容】
（生保）
● 営業
● アンダーライティング業務
● 資産運用
（損保）
● 営業
● 商品開発
● サービス業務

ノンバンク

【特徴】
● 主に貸付けに特化した業務を行うが、業種によって業務内容が変わる

【業種形態】
● 消費者金融・事業者金融
● クレジットカード会社
● 信販会社
● リース会社
● ファクタリング会社
● ベンチャーキャピタル
● 質屋

　働き方の特徴として営業職はフレックス勤務、出張など比較的自由度が高めなケースもあります。一方で専門職やバックオフィスは、基本的にオフィスに出社して業務を行います。また、保険会社やノンバンクはコールセンターや自動音声案内ダイヤルを駆使して、効率のよい顧客対応を心がけています。

　業務の垣根を超えた異動は銀行ほど多くなく、専門領域でのキャリアを積みやすい体制が整えられています。

アンダーライティング
株式や債券などの、引き受け・売り出し業務（P.136参照）。

ストラクチャリング
株式や債券などの金融商品を組み合わせた金融商品の開発・提供を行う業務（P.140参照）。

銀行・証券・保険…
気になる収入・待遇の差は？

金融業界は比較的収入や待遇がよいといわれています。業界トップの企業の平均年収は約1,300万円。しかし、地銀の平均年収は600万円前後と差があります。

金融業界は年収が他業種よりも高い傾向にある

　金融業界は、新卒入社時の給与が他の業種と比べて高い傾向にあることが知られており、企業によって差はあるものの、平均以上の給与が得られることが多いといえます。

　金融業界のなかでも比較的給与が高いのは、野村ホールディングス、大和証券グループ本社といった金融持株会社です。金融に限らず、持株会社やグループ本社の年収は高くなりますが、傘下の野村證券、大和証券なども、部門によっては1,000万円以上の給与をもらえる可能性はあります。一方、地方銀行などは、金融業界のなかでは給与が低い傾向にあるものの、それでも平均年収600万円前後が一般的です。ただし、金融業界は部署や役職によって給与や賞与が異なることも多く、総合職や一般職といった働き方の違いによって同じ企業内でも大きく給与が乖離するケースがあります。そのため、同じ年に新卒で入社したとしても、年数が経つにつれて給与に差が出てくる可能性が高いです。

収入や待遇は業種・会社ごとに差

　それでは福利厚生や働きやすさ、キャリアアップのしやすさなどの待遇面では、業種ごとにどのような違いがあるでしょうか。

　メガバンクなどの大手銀行・都市銀行、大手信託銀行は、収入が高めなうえに福利厚生や休暇制度なども整っていて、男女ともに働きやすいといえます。しかし営業職などは業務もそれなりに過酷なのでタフさも大切です。

　年収面で劣る地方銀行は、初任給の引き上げや子育て支援の充実で若手行員を確保し、若返りを図る動きがみられます。

　保険会社は女性の保険販売員の割合が比較的高めなので、女性

野村證券
野村ホールディングス傘下の証券会社。平均年収は、営業職は約740万円、総合職は約750万円、投資銀行部門は約1,200万円など、バラつきがある。年齢別に見ると、20代では約540万円だが、50代では約1,300万円となっており、課長職以上であれば年収2,000万円を超えることもある。

大和証券
大和証券グループ傘下の証券会社。新卒は年収約400万円からスタート。特にリテール部門は営業成績が賞与に反映されるため、成績次第では30代でも年収1,000万円以上を狙える。

▶ 企業別年収ランキング

順位	会社名	平均年収
1位	めぶきフィナンシャルグループ	1,490万円
2位	野村ホールディングス	1,440万円
3位	東京海上HD	1,412万円
4位	三井住友トラスト・HD	1,268万円
5位	みらい證券	1,260万円
6位	大和証券グループ本社	1,219万円
7位	ひろぎんHD	1,218万円
8位	第四北越FG	1,179万円
9位	岡三証券グループ	1,177万円
10位	SOMPOホールディングス	1,128万円
11位	ソニーフィナンシャルグループ	1,123万円
12位	コンコルディア・FG	1,114万円
13位	アニコムHD	1,112万円
14位	MS&ADインシュアランスG	1,097万円
15位	三井住友FG	1,094万円
16位	GMOフィナンシャルHD	1,080万円
17位	T&Dホールディングス	1,058万円
18位	あかつき本社	1,056万円
19位	西日本フィナンシャルHD	1,054万円
20位	みずほFG	1,044万円

出典：業界動向サーチ「金融業界 平均年収ランキング（2021-2022年）」

向けの福利厚生や待遇面での工夫があるのが特徴です。女性管理
職も一定数いるので、キャリアアップを意識しやすいでしょう。

　証券会社は営業職だけでなく専門職や海外と取引する部署も多
いので、部署ごとに働く環境や雰囲気が大きく異なります。フレ
ックスタイム制やコアタイム制の利用率が高いのも特徴です。

　平均年収がずば抜けて高い投資銀行は転職市場でも常に人気で
す。しかしその分ハードで過酷な環境だという声もあるので、働
きやすさを求めるのは難しいようです。

第3章　金融機関の種類と役割

Chapter3
13

日本の金融企業と
外資系金融企業の違い

金融機関の仕事の内容は、日系企業も外資系企業も大きく変わりはありません。転勤の範囲が異なる以外に、仕事のスタイルが大きく違う点が一番の特徴といえるかもしれません。

部署・部門によって大きく異なる

　金融機関の仕事の内容は、日系企業も外資系企業も部署が同じであればそう大きくは変わりません。もちろん、国内の転勤が主であるのか、場合によっては海外転勤があるのかといった違いはあります。結局のところ、その企業のどの部署・部門で働くかによって異なります。

　仕事のスタイルについては日系と外資で大きく分かれるところです。6つの視点から違いを示します。

グループ主体か個人主体か

　1つめが、日系よりも外資のほうが成果主義が強いこと。目標自体が高く設定され、それをやり遂げることで評価されるといったシビアな世界が外資の風土にはあります。外資系には終身雇用や年功序列制度がありませんが、キャリアや成果に応じた年俸制の給与システムがとられているため高給が望めます。

　2つめが、外資系では自己主張が大事であること。日系では自己主張しすぎるとむしろマイナスに捉えられることもあるぐらいですが、外資では個性も重要視されるため、プレゼンなどでははっきりモノを言うことも大切です。

　3つめは、日系のほうが規律を重んじること。しくみやルールは日系企業のほうが厳しいです。外資系の場合は仕事がしっかりできていれば、規律はある程度守っていればよいとする傾向があります。

　4つめが、外資系のほうがストレートにシビアな指摘をされること。人事評価などもはっきり言われることが多いです。日系はその点、ストレートには言わない傾向があります。

個人主義
日系企業では、グループごとにアイデアを出し、グループで一致団結して活動することが一般的だが、外資系では個人ごとの成果を重んじるという違いがある。

▶ 外資系金融企業の特徴

日本と外資系で大きく異なるポイントは6つある。外資系の特徴は次のようなものである。

❶ 主に成果主義スタイルで年俸制

❷ 自己主張をすることが大切

❸ 成果が出ていれば 規律は日系企業ほど厳しくない

❹ ストレートにシビアな指摘をされることもある

❺ 個人主義

❻ リストラがある

　5つめが、外資系は個人主義、日系はチーム主義が強いこと。個人が主体となるのが外資系です。

　6つめが、リストラが突然あるのが外資系という点。日系企業ではドライな解雇はまずありません。

　こうした違いは、外資系すべて、日系すべてにあてはまるわけではなく、あくまでもおおまかな傾向としてとらえるとよいでしょう。

リストラ
外資系企業の場合、限られた時間において、成果を出していない人は解雇される可能性がある。また、日本事業そのものを撤退というケースもある。

Chapter3
14

金融機関が破たんしたら？

万が一金融機関が破たんした場合に備えて、預金保険制度により一定の預金額が保護されるしくみがあります。また、証券会社が破たんした場合に備えた制度として投資者保護基金があり、セーフティネットが設けられています。

🔵 セーフティネットにより、万が一の場合の補償が受けられる

預金保険制度とは、金融機関が破たんした場合に預金者を保護するためのしくみです。日本国内に本店を置く銀行、信託銀行、信用金庫などが預金保険制度の対象となり、金融機関が破たんした場合には、預金者1人当たり1つの金融機関ごとに元本1,000万円とその利息が保護の対象となります。ただし、**決済用預金**は全額保護されます。外貨預金や**譲渡性預金**は預金保険制度の対象とはならず、保護されません。

投資家の預け入れた金銭や株式などの有価証券は、証券会社の資産とは別に分けて保管する分別保管（P.84参照）が設けられています。これにより証券会社が破たんした場合でも、投資家である顧客の資産を保全できるようになっています。

さらに万が一に備え、顧客から預かった資産を確実に返還できるように「投資者保護基金」という制度が設けられています。この制度により、1人当たり1,000万円を限度に補償を受けることができます。

🔵 補償の制度とは

保険会社が経営破たんした場合に備えて、契約者を保護するためのしくみとして生命保険会社には「生命保険契約者保護機構」、損害保険会社には「損害保険契約者保護機構」があります。日本国内で営業するすべての保険会社には加入が義務づけられています。ただし、各種共済制度や少額短期保険会社は対象外です。生命保険では、原則として破たん時点の**責任準備金**などの90%まで補償されます（高予定利率契約を除く）。

損害保険契約者保護機構では、損害保険会社が破たんした場合

決済用預金
無利息であること、預金者がいつでも預金を引き出せるよう請求できること、振込や送金といった決済サービスを利用できること、という3つの条件を満たした預金。

譲渡性預金
他人への譲渡が可能な定期預金。通常の定期預金は他人へ譲渡できないが、譲渡性預金は銀行が無記名の証書を発行することにより譲渡が可能。一般的に大手企業が利用する。

責任準備金
保険会社が将来支払う保険金や解約返戻金の支払いにあてるために、保険料の一定割合を積立てておくもの。保険業法では、保険の種類ごとに責任準備金を積立てることが義務づけられている。

▶ 預金保険制度による保護（銀行が倒産した場合）

預金の種類		保護の範囲
預金保護の対象預金	当座預金、利息のつかない普通預金など[1]	全額保護
	上記預金以外の預金など	合算して元本1,000万円までと破たん日までの利息など[2]を保護
預金保険の対象とならない預金	外貨預金・譲渡性預金など	保護の対象外

※1：無利息、要求払い（預金者の要求でいつでも払戻しができる）、決済サービス（引落としなどができる口座）を提供できること、という3条件を満たす預金。決済用預金という
※2：定期積み金の給付補てん金なども利息と同様保護される

▶ 証券および保険の保護制度

保護・補償の制度	保護・補償の内容	保護・補償の範囲	対象外のもの
投資者保護基金	証券会社が破たんした場合に、合計1,000万円まで補償	国内及び海外で発行された ●株式 ●債券 ●投資信託 ●その他取引所取引における証拠金など ●上記取引に関する金銭	●有価証券店頭デリバティブ取引 ●外国取引される先物、オプション、CFD取引株式 ●クリック365取引 ●FX取引
生命保険契約者保護機構	生保会社が破たんした場合に、補償対象契約の責任準備金などの90％まで補償（高予定利率契約を除く）	加入するすべての生命保険会社	●各種共済制度 ●少額短期保険会社
損害保険契約者保護機構	損保会社が破たんした場合、保険金・解約返戻金が以下のように補償される ●自賠責保険、地震保険は100％を補償 ●自動車保険、火災保険は破たん後3カ月以内は100％、それ以降は80％を補償 ●疾病・傷害保険などは90％を補償	加入するすべての損害保険会社	●少額短期保険会社

でも、自賠責保険、地震保険は保険金・解約返戻金の100％を補償します。自動車保険や火災保険は、破たん後3カ月以内は保険金・解約返戻金の100％補償、その後は80％補償。疾病・傷害保険など人に対する保険は、保険金・解約返戻金の90％が補償されます。

解約返戻金
保険契約を途中で解約する際に契約者に払い戻されるお金。

リーマンショックはなぜ起きたのか？

サブプライムローンの流行が大きな理由

　リーマンショックと聞くと、リーマンブラザーズが破たんし、その結果、世界の金融危機につながった。このような理解をしている人は多いことでしょう。それでは、リーマンブラザーズはなぜ破たんしたのでしょうか。

　その大きな理由には、サブプライムローンの流行があります。サブプライムローンとは、通常の住宅ローンが組めないような人でも住宅が購入できるように組まれたローンのことです。審査が緩い代わりに金利が高いのが特徴でした。

　当時、米国では住宅価格が右肩上がりだったため、借りる側は住宅価格が上昇し売却すれば利益が出ると思いローンを組んでいました。また貸す側も返済が滞っても住宅の売却により資金回収できるとの思惑があったのです。こうして生み出された住宅バブルに乗って、サブプライムローンは急拡大します。さらに、金融機関はサブプライムローンを証券化し、多くの投資家にサブプライムローンなどを組み合わせた債務担保証券を販売。これによりさらにサブプライムローンが拡大することになります。

住宅バブルは崩壊し、不良債権と化す

　しかし、いつまでもこうしたバブルが続くわけもありません。不動産価格がいったん下落すると、売却してもローンを返済できない人が続出します。当然ながら、債務担保証券も支払いが滞れば不良債権化し、損失を被ることになります。こうして多くの投資家が売却へと走ったことで市場は混乱します。

　その後、サブプライム関連の商品がきっかけで、米国大手銀行であるニューセンチュリー・ファイナンシャルや大手証券会社ベアー・スターンズが破たんします。そして、サブプライム問題での損失により史上最大級といわれるリーマンブラザーズの破たんが生じます。リーマンブラザーズだけで負債総額は約6,130億ドル。救済できる余力をもった金融機関は現れず、世界的な金融危機を引き起こすことになったのです。

第 **4** 章

銀行業のしくみ

世界で最初に設立された近代的な銀行はイングランド
銀行です。日本であれば明治時代にまでさかのぼりま
す。ここでは銀行業がどのようにして利益を出してい
るのか、実際にどのような業務が行われているのかに
ついて、銀行の歴史とともに解説します。

Chaper4

01

銀行業界の構造

日本銀行のマイナス金利政策に伴い、民間銀行の利ザヤは縮小、収益力の低下が課題となっています。メガバンクを中心にある程度の利益は出しているものの、中長期的な収益拡大をどう行うかが今後の課題です。

中長期的な収益をどう稼ぐかが課題

　銀行業界全体として、収益力の低下が大きな課題となっています。これは、日本銀行の大規模な金融緩和による影響が大きく、そのなかでもマイナス金利政策の影響が大きいと考えられます。

　通常時は、日本銀行に民間の銀行が預ける当座預金は無利息または多少の利息がつくことになり、預金者への利子を支払っても融資などの利子から収益が得られるため何の問題もありません。一方で、マイナス金利政策の場合、日本銀行に預ける当座預金の一部は金利が取られることになるため、預金者への利息とともに銀行の収益を減らすことになります。企業への貸出金利も低下することから、そもそも本業で稼ぐ利益が減ることになります。

　こうした状況から、本来の融資を行ったとしても利益を出しにくい状況となっているのです。

　今後もこのマイナス金利政策や大規模な金融緩和が継続するのであれば、中長期的にみて銀行の収益拡大は期待薄となってもおかしくはありません。ましてや、地方銀行を軸に、地方では人口減少が始まっているため、預金も減り融資も減るという悪循環に陥りかねません。

　2章でみたように、地方銀行では経営統合によるコスト削減で生き残りを図っていく構図ができています（P.46参照）。近年、都道府県をまたがって銀行が統合することも珍しくありません。

国内市場の縮小を受けて海外市場へ

　一方、メガバンクをはじめ大手銀行では、海外の金融機関を買収したり、海外展開を行う企業への融資を強めたりするなど、国内の市場縮小に備えたアクションを起こしています。

マイナス金利
民間の金融機関が日本銀行に預ける一定の預金の利子をマイナスにすること。預金者の利息はマイナス金利の適用ではないため利息は受け取れるが、日本の預金金利はほとんどつかない状況となっている。

無利息
当座預金は普通預金でも無利息型のものもあり、振込などの決済手段として利用され、万が一の場合には預金保険制度により全額保護されるしくみとなっている。

海外展開
大手企業を中心に、日本国内だけの事業展開ではなく、海外への事業展開を拡大するケースが増えている。商習慣が異なるため、必ず成功するとはいいがたいが、新しい市場をとらえる必要性が高まっている。

▶ マイナスの金利が銀行の収益を圧迫している

● 通常の金利の場合

預金者　→ 普通預金 →　民間銀行　→ 当座預金 →　日本銀行

0.02%の利息　←　0.1%の利息　←

民間銀行にとって合計 0.08% の差益 となる

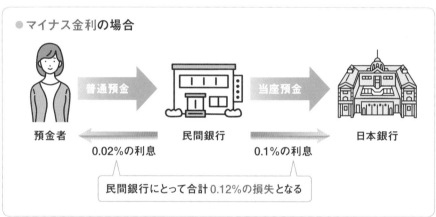

● マイナス金利の場合

預金者　→ 普通預金 →　民間銀行　→ 当座預金 →　日本銀行

0.02%の利息　←　0.1%の利息　←

民間銀行にとって合計 0.12% の損失 となる

物価が上がり、金利が上がる。そして実質的な経済成長を遂げ、資金ニーズもある。今後の日本銀行の金融政策次第では金利上昇により金融機関の収益が増加する可能性もでてきています。

　国内と異なり、アジア各国では人口増加による経済成長が期待できる国は数多くあります。そうした国では銀行の機能はまだまだこれから必要ということもあり、生き残りをかけて海外強化を図っているのです。中長期的な収益をどう稼ぐかがどの銀行にとっても課題です。

市場縮小
日本国内では、中長期的にみると、人口減少により高い経済成長は難しくなってきている。人口が減少すれば消費金額が減り、企業の設備投資も減ることが想定される。

銀行業界の歴史

Chaper4
02

世界で最初の近代的な銀行は、1694年設立のイングランド銀行です。一方、日本の銀行の歴史は明治時代にさかのぼります。第一国立銀行（現みずほ銀行）の設立に始まり、多くの銀行が当時の流れをくみ現在に至っています。

銀行の起源は紀元前3000年までさかのぼる

銀行の起源はいつでしょうか。世界を見渡すと紀元前3000年にすでに銀行に近いしくみができあがっていました。現在のイラク近辺に該当するバビロニア王朝では、神殿で財産を保管したり穀物などを貸すしくみが用いられていたようです。

近代的な銀行という意味では、1694年にイギリスで設立されたイングランド銀行が該当します。日本では、1873年の第一国立銀行（現みずほ銀行）が本格的な銀行の誕生といわれています。当時の国立銀行は、国が設立したものではなく、民間資本をもとに法律に基づいて設立された銀行でした。1879年までに153の国立銀行が設立され、現在でも第四銀行や十六銀行のように設立順の番号がそのまま残っている銀行もあります。当時はそれぞれの銀行で紙幣が発行されていました。

1882年にわが国の中央銀行である日本銀行が開設されたことに伴い、その後の紙幣発行は日本銀行のみで行われるようになりました。そして国立銀行は普通銀行に転換します。

戦後の復興を遂げるために政府は銀行を金融の中心に

現在の銀行のシステムは、主に第二次世界大戦後にできあがったものです。戦後、いち早く復興を遂げるために、政府は傾斜生産方式により当時の基幹産業である鉄鋼や石炭に資材・資金を重点的に投入しました。また、銀行を金融の中心に据え置き、競争制限的な規制を設けながら計画的な成長を遂げる循環をつくりあげます。

このほか、国として護送船団方式により、銀行が倒産するといったことがないように、監督官庁が金融業界全体を管理・指導し

イングランド銀行
イギリスの中央銀行。1694年に銀行としては世界最初の株式会社として設立された。18世紀になってから中央銀行としての地位を確立し、1833年にイングランド銀行券が法貨として認められた。

傾斜生産方式
1946年から49年まで、戦後の経済復興のために行われた経済政策。当時の基幹産業であった鉄鋼、石炭に資材、資金を重点的に投入し、循環的拡大を目指すことで日本経済の復興を図った。

護送船団方式
過度の競争を避け、金融機関全体の存続を保証するしくみ。規制強化により、国が金融機関に対して手厚い保護を行った。現在は、グローバル化やITの発展などにより護送船団方式は難しくなっている。

▶ イングランド銀行

近代的な銀行は1694年、イギリスのイングランド銀行から始まった。

▶ 第一国立銀行

日本の本格的な銀行は、1873年の第一国立銀行から始まった。現在のみずほ銀行である。

画像は丸の内にあった三代目本店。
出典：建築學會－建築雑誌 第45輯第543號
　　　（公表後50年経過により、著作権の保護期間が満了）

▶ 日本銀行

日本銀行は、1882年に業務を開始している。

ていきます。こうして銀行業界は安全という神話をつくり、人々は安心して預金し、そのお金を大企業中心に貸し出すサイクルができあがります。これが高度経済成長に一役買ったといわれています。

　ただし、バブル崩壊によりこうした神話やサイクルも崩れ、銀行は相次ぎ破たん、護送船団方式も崩壊することになりました。

高度経済成長
1955年頃から1973年までの日本の急速な経済成長のこと。当時、実質経済成長率が年平均10%を超え、米国に次ぐGNP（国民総生産）の規模をもつようになり、日本の生活水準が大幅に上昇した。

Chaper4 03

銀行は「融資」と「信用」で稼ぐ

銀行の基本的な収益構造の根源は、「融資」にあります。この背後には信用創造があり、銀行の信用をもとに預金されたお金が貸出に回り、それが経済成長をもたらすとともに銀行の利益にもつながっているのです。

お金はどのようなしくみで貸し出される？

　銀行の基本的な収益構造の根源は、「融資」にあります。お金を貸すことが銀行の本業であり、これが大きな収益源となっています。それでは、どのようなしくみをもとにお金は貸し出されているのでしょうか。

　その秘密のカギを握るのが「信用創造」にあります。信用創造とは、銀行が貸出を繰り返すことによって、銀行全体として最初に受け入れた預金額の何倍もの預金通貨をつくり出すことです（P.70参照）。

　例えば、民間の金融機関が日本銀行に預けなければならない預金の割合（預金準備率）を1％として考えてみましょう。仮に皆さんがA銀行に100万円を預金したとします。皆さんの通帳には預金額が100万円となります。この際、A銀行は、日本銀行の当座預金には1％に相当する1万円を預けなければなりません。逆にいえば、残りの99万円は貸し出しに利用することができます。そして、Hさんが99万円を借りたとします。Hさんは借りた99万円をB銀行に預けたとするとHさんの通帳には99万円の預金があることになります。B銀行は99万円の1％である9,900円を日本銀行に預け、残りの98万100円をIさんに貸し出すことができます。この繰り返しにより、このケースの場合100万円の預金をもとにして最大で9,900万円の貸出へと変貌します。実に99倍もの預金通貨を生み出し、貸出につながっているのです。

信用創造が経済成長をもたらす

　こうしたしくみができるのも、銀行に信用があってこそです。銀行の信用力が高いため、皆さんは安心して預金を行い、その預

預金準備率
銀行などの金融機関が日本銀行に無利子で預け入れる預金の比率。この預金準備率を引き上げたり引き下げたりすることにより、流通する資金量を変更する金融政策が以前は行われていた（P.64参照）。

当座預金
企業や自営業者が業務の支払いに利用する無利息の預金。手形や小切手を利用した支払いを決済する預金である。預金保険制度により、金融機関に万が一のことがあっても全額保護の対象となる（P.97参照）。

銀行は「融資」と「信用」で稼ぐ

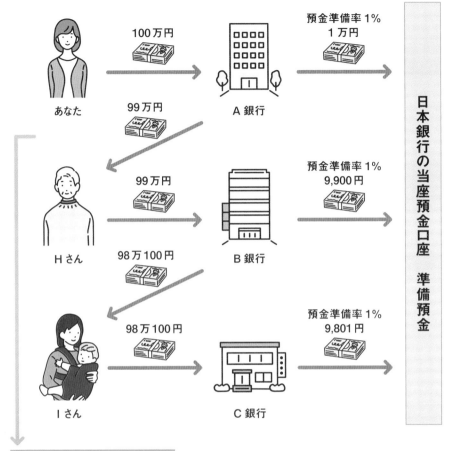

あなた　100万円　A銀行　預金準備率1% 1万円

99万円

Hさん　99万円　B銀行　預金準備率1% 9,900円

98万100円

Iさん　98万100円　C銀行　預金準備率1% 9,801円

日本銀行の当座預金口座　準備預金

全体で9,900万円まで貸し出せる

預金準備率1％の場合、100万円の預金をもとに合計で9,900万円の融資へとつなげられる。このしくみを信用創造という。

金が何倍もの貸出となり、その融資をもとに企業は投資を行い、家計は消費する。それが経済成長をもたらすことにつながっており、戦後の日本経済のけん引役となったのです。

　銀行も貸し出しが順調に増えれば、そこから得られる収益（利子）は増えることになります。こうして、銀行は「融資」と「信用」で稼いでいるのです。

信用力
日本の金融機関は、国際的にみても信用力が高いといわれているが、昨今のマイナス金利による影響もあり、金融機関の収益力、体力が低下している側面は否めない。

Chaper4 04

銀行の業務①
預金

銀行の業務は主に3つあります。1つめは、家計にとって最も身近な預金業務です。銀行口座を通して、顧客の預金を管理する仕事です。具体的には、銀行口座の作成や変更手続き、預金商品の勧誘を行います。

預金業務が銀行業務の根幹にある

誰しもがどこかの金融機関に預金を行い、家計の資金管理をしているはずです。私たちの生活上、預金することは当たり前となっており、銀行は家計にとっても資金管理をするうえでなくてはならない存在です。逆にいえば、銀行をはじめとした金融機関にとっては、預金業務があるからこそ資金が取り扱え、それがビジネスにつながります。つまり、預金業務が銀行業務の根幹であるといえます。

預金業務は、お金を預けたり引き出したりするお客様の銀行預金口座を管理する業務です。具体的には、銀行窓口でのお客様の銀行預金口座の作成に始まり、住所変更などの各種変更手続き、税金や公共料金の支払い、預金口座からの引落とし、各種預金商品の勧誘などを行います。法人向けには、企業経営者の預金管理を行ったり、その企業の従業員への給与支払いの口座設定などを行ったりします。

さまざまある預金の種類

預金とひとことでいっても、さまざまな種類があります。代表的なのは、いつでも自由に出し入れができ、「流動性預金」と呼ばれる普通預金もしくは通常貯金でしょう。普通預金には、法人や自営業者向けの、事業の支払い用である当座預金も含まれます。

これ以外にも、預入期間が決まっているうえに払戻期日前に引き出すことができない「定期性預金」として、一定期間まとまった資金を預ける定期預金（定期貯金）、毎月一定金額を普通預金口座から引落してお金を貯めていく積立預金、米ドルなど外貨で預金を行う外貨預金があります。

通常貯金
ゆうちょ銀行（郵便局）が提供する、いつでもどこでも出し入れ自由な貯金。都市銀行や地方銀行での普通預金にあたる、普段使いの貯金。

外貨預金
米ドルやユーロ、豪ドルなど外貨で預ける預金。外貨普通預金、外貨定期預金などがある。昨今の金利情勢を反映して、日本円で預金するよりは利息は高い傾向にある。

▶ 預金の種類

　流動性預金（要求払い預金）

- いつでも出し入れが自由な預金
- ⇒ 普通預金、貯蓄預金、当座
  預金（主に企業の決済口座に
  用いられる）など

　定期性預金

- 預け入れる期間が定まっており、期間中の引
  き出しが制限される代わりに、一般的に普通
  預金などに比べて金利が高い。計画的な貯
  蓄や余裕資金の預け入れなどに用いられる
- ⇒ 定期預金、積立定期預金など

● 利息比較

| 当座預金利息（無利息） | ≦ | 普通預金利息 | ≦ | 定期預金利息 |

▶ 普通預金金利の高い主な銀行

auじぶん銀行[1]	年0.20%
GMOあおぞらネット銀行	年0.11%
東京スター銀行[2]	年0.1%
楽天銀行[3]	年0.1%
UI銀行	年0.1%

2023年4月現在
[1]：auPAYアプリ、auPAYカード、auカブコム証券と口座を連動
した場合
[2]：給与振込や年金受取の口座を指定した場合
[3]：マネーブリッジを設定した場合

　以前はどの金融機関でも、同じ種類、同じ期間預ける預金であ
れば、受け取れる利息は同じでした。しかし、現在は自由化され、
各金融機関によって金利が異なっています。一般的には、定期預
金では預ける期間が長いものほど金利が高くなります。また、**イ
ンターネット専用の預金**のほうが、通常の店舗で預ける預金より
も金利が高い傾向にあります。金融機関によっては宝くじ付き定
期預金や懸賞金がつく面白い預金も存在します。

**インターネット専用
預金**
インターネットから
申し込む専用の預金。
定期預金が多い。通
常の窓口で申し込む
場合よりコストが低
いため、受け取る金
利が高めなのが特徴。

 ONE POINT

宝くじ定期預金ってなに？

　預けると宝くじがもらえる定期預金のことで、地方銀行や信用金庫などで行ってい
ます。利息がつくうえに宝くじがもらえるという面白いしくみです。1等など、実
際に高額の当選者も多数生まれています。

Chaper4
05

銀行の業務②
融資（貸出）

銀行の主な業務の2つめは、融資（貸出）です。個人には住宅ローンや教育資金を、法人には設備投資など事業拡大に必要な資金を融資しています。預金業務で集めた資金が融資に利用されます。

預金をもとに融資を行う

銀行業務の2つめとして、融資（貸出）が挙げられます。融資はお金を貸す仕事であり、銀行の本業といえばこの融資が該当します。個人向けには、住宅ローンや教育資金の融資、自営業者には事業資金の融資などが当てはまります。一方、法人向けには、設備投資など事業拡大に必要となる資金の融資を行っています。

こうした融資を行うための原資が、私たちが銀行に預けている預金です。ほかにも銀行同士の資金の融通により得た資金をもとに融資が行われています。

融資の申し込みから融資が実行されるまで

融資の基本的な流れは以下のとおりです。まず、銀行の融資を得るためには、必要書類を揃える必要があります。個人の場合には、源泉徴収票や確定申告書など年収を証明できるもの、現在の借入れ状況がわかるもの、預金通帳など現状がわかるものなどを用意します。

法人の場合には、過去の経営状況がわかるものとして決算書、現状を知るために月次試算表、資金繰り表、今後の事業計画、借入れ理由などの書類を用意する必要があります。

こうした書類を揃え、融資営業担当者に渡して状況を説明します。その後、銀行の支店内で、営業担当者と営業役席において融資が組めるかどうかを協議します。融資が組めそうとなれば、借入れ申し込み内容を記載した稟議書を作成し、融資役席に受付の承諾を求めます。

融資役席が受付を承諾し、さらにこれを支店長が承諾すれば、銀行本部にある審査部に稟議書を回し、承認を求めることになり

源泉徴収票
一般的に、従業員の給与から所得税や社会保険料を徴収し、事業者が代わりに納付する。1年間（1月〜12月）を通しどのぐらい給与を支払い、所得税や社会保険料を徴収したかがわかる書類のこと。

確定申告書
個人や法人が行う税金の申告のための書類。個人の場合、1年間に稼いだ収入やかかった費用をもとに、翌年2月16日〜3月15日の間に所得税がいくらになったかを申告、納税する必要がある。

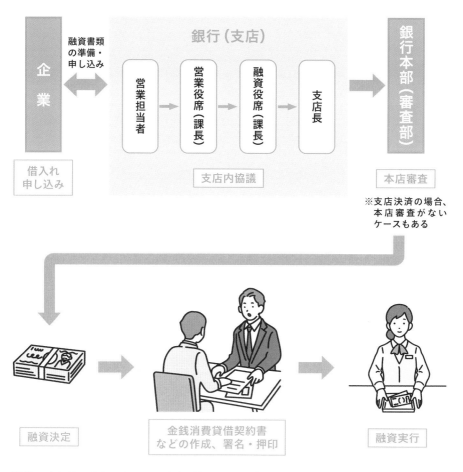

▶ 融資の申し込みから実行までの流れ

融資の申し込みを行ったあと、審査が行われる。審査を通過して晴れて融資を受けることができる。

ます。本部での審査が終了、承認となることで初めて融資が決定します。そして、借主と金銭消費貸借契約書などにより契約を締結し融資実行となります。

このような流れとなるのは、返済見込みが立つかどうか、提示された情報が正しいのかどうかを確認するためです。私たちが預けた預金が原資となるため、審査も厳しくなっています。

金銭消費貸借契約書
お金を借りるときに結ぶ契約書。銀行などの金融機関や消費者金融などの貸金業者からお金を借りるときに作成する。契約書には、貸付金額、利息、返済期限、保証人の定めなどが記載されている。

Chaper4
06

銀行の業務③
為替

為替には、内国為替と外国為替があります。内国為替は一般的に国内で日本
円で送金することを指し、外国為替は外国に外貨を送金するしくみが該当し
ます。ここでは内国為替を中心に解説します。

為替は安全かつ迅速な決済を可能にしている

銀行の主な業務の3つめは、為替です。為替とは、送金のこと
を意味し、内国為替と外国為替に区分けされます。内国為替は、
一般的には日本国内において金融機関を通じて日本円で送金する
ことを意味します。外国為替は、外国に米ドルなどの外貨を送金
するしくみが該当します。ここでは内国為替のしくみについて解
説します。

内国為替は、売買取引における代金の支払いなどで利用されま
す。以前は代金の支払いは現金主体でしたが、現在では為替での
送金を利用する人が増えています。これは、離れた場所に直接現
金を送る必要がなく、安全かつ迅速な決済が可能だからです。

為替の資金移動のしくみ

内国為替には、同じ銀行内での送金もあれば、違う銀行への送
金もあります。例えば、同じ銀行内での為替取引では、資金を送
る人の預金残高から引落としを行い、その金額を送金した側の口
座の残高に加えます。お金の移動をすることなく、通帳の数字の
書き換えのみで資金移動を完了させることができます。

違う銀行への送金の場合はどうでしょうか。この場合には、ど
こかで資金を移動させる必要があります。これを効率的に行うし
くみが全国銀行資金決済ネットワーク（全銀ネット）による決済
システムです。

例えば、X銀行からAさんがY銀行のBさんの口座に100万円
入金したいとします。この際に決済システムを利用し、日本銀行
の各銀行間の当座預金の資金を移動させることでお金の移動が完
了します。そして、振込指図によりAさんの預金口座から引落と

全国銀行資金決済ネットワーク
金融機関相互間の内国為替取引をオンライン処理する全銀システムの運営を行う。全銀ネットにより、迅速かつ安全に他の金融機関への振込などが可能となり、効率化を図ることができている。

決済システム
お金の受け払いや証券の受け渡しなどを円滑に行うためにつくられたしくみ。お金の受け払いを行うシステムを資金決済システムといい、株式など証券の受け渡しを行うしくみを証券決済システムと呼んでいる。

▶ 内国為替のしくみ

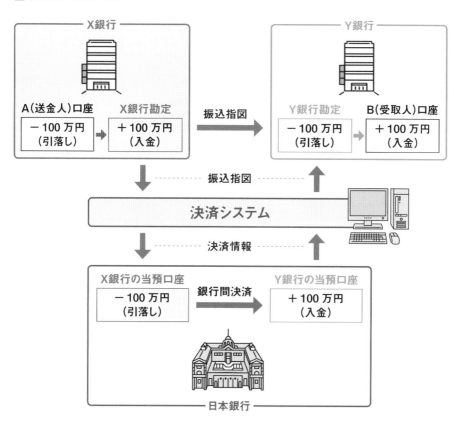

X銀行とY銀行の顧客間での振込取引に伴い発生する銀行間の債権・債務関係は、日本銀行の当座預金の振替によって決済されます。

され、Bさんの口座に入金されるしくみになっています。こうすれば、実際にお金の移動をしなくても異なる銀行間での決済も行えます。送金により、銀行は送金手数料（P.36参照）を得ることができます。

　ここまでみてきた預金、融資、為替。この3つが銀行の3大業務といわれ、銀行固有の業務に該当します。

Chaper4
07

銀行の業務④
付随・周辺業務

銀行は固有業務のほかに、銀行法により付随業務を行うことができます。付随業務にはクレジットカード、債務保証、貸金庫などの業務が該当します。周辺業務にはリース業が該当しますが、銀行自体は行うことができません。

付随業務は銀行も行うことが可能

　これまで、銀行の3大業務について解説してきました。銀行ならではの固有業務が該当しましたが、これ以外の業務は行うことができないのでしょうか。実はそういうわけでもありません。付随業務と呼ばれる、銀行が付随して行ってもよいとする業務があります。

付随業務のいろいろ

　付随業務は銀行法により認められており、クレジットカード、債務保証、貸金庫といった業務を行うことができます。例えば、銀行の窓口で「クレジットカードをつくりませんか？」と案内されることがあります。こうした勧誘は銀行でも行っています。

　また債務保証は、一般的には保証会社が行うものです。住宅ローンなど融資を行う際に、万が一返済ができなくなった場合に備えて、保証料を保証会社に支払うことがあります。ローン返済が難しくなった場合には、保証会社が銀行に返済を行います。そして保証会社は、本来ローン返済をするはずであった人から借入れの返済を求めることになります。こうしたしくみがあるため、銀行は融資がしやすいというメリットがあります。この保証会社が行う業務自体を銀行が行うこともあるのです。

　貸金庫は、盗難や火災などの災害から、貴重品を守るための金庫です。個人宅で保管するよりも銀行で保管するほうが安心、安全であるといったところから、特に重要なものを保管するのに利用されます。銀行の貸金庫のメリットは、厳重な警備がされていること、耐久性の高い金庫であることです。こうした付随業務は、本来の業務にも近く、多くの人が利用しています。

保証料
保証人として保証会社を利用する場合に支払う手数料のこと。保証料は、借入時に借入期間分を一括で支払うのが一般的であり、繰上返済を実行し、返済完了の場合には残存期間分の保証料が戻ってくる。

▶ 銀行が債務保証を行う場合

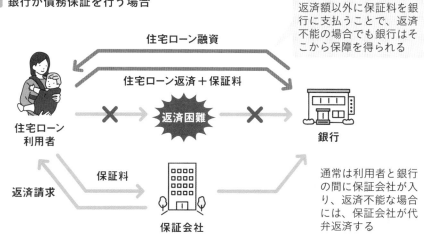

返済額以外に保証料を銀行に支払うことで、返済不能の場合でも銀行はそこから保障を得られる

住宅ローン融資

住宅ローン返済＋保証料

返済困難

住宅ローン利用者

銀行

保証料

返済請求

保証会社

通常は利用者と銀行の間に保証会社が入り、返済不能な場合には、保証会社が代弁返済する

▶ 周辺業務の一例

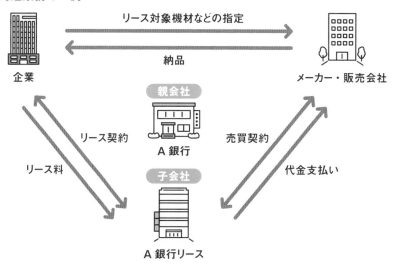

リース対象機材などの指定

納品

企業

メーカー・販売会社

親会社

Ａ銀行

子会社

Ａ銀行リース

リース契約

リース料

売買契約

代金支払い

リース業などが周辺業務に該当するが、銀行本体でなく子会社が行う必要がある。

　一方、周辺業務と呼ばれる業務があります。これは、銀行法により銀行本体では認められていない業務です。周辺業務には機械や機材などを貸すリース業（P210参照）が該当します。なお、銀行の子会社であればリース業を行うことは可能となっているため、銀行系のリース会社は多く存在します。

Chaper4
08

リテールの業務

銀行に限らず、金融機関の営業部門は個人向けか大手法人向けかに大きく分かれます。このうち、個人向けの営業のことをリテール営業といい、主に個人及び個人事業主のためのサービス提供を行っています。

金融業界の営業部門は2つに大別される

金融業界では、営業部門は個人向けと大手法人向けの2つに大きく分けることができます。個人向けの営業のことをリテール営業といい、大手法人向けの営業のことをホールセールと呼んでいます。

この営業の区分けは、銀行だけにとどまりません。証券会社などでも同様に分けて営業活動を行っています。

個人向けのサービスは多岐にわたる

リテール営業では、主に個人及び個人事業主（自営業者）を対象とします。例えば、住宅ローンを軸として、個人が必要な資金を貸す融資の仕事がリテール営業に該当します。もちろん、普段私たちがATMや窓口を利用して行う預金や振込といったサービスも該当しますし、個人に対して国債や投資信託、保険といった金融商品の販売を行うのもリテール営業です。

リテール営業では、こうしたローン、資産運用のほか、相続対策、事業承継など多岐にわたって営業を行います。その際に必要となるのが、コンサルティング力です。これは、いかに顧客の課題に対して解決内容が提示でき、わかりやすく説明できるかが問われます。コンサルティング力の向上に努めるため、銀行では行員に研修を行うなど積極的です。

リテール営業は法人に比べると売上高が小さいといったデメリットはあるものの、顧客に寄り添うことで着実に信用を得ることができ、長期的な取引にもつながります。

なお、日本銀行「2022年第3四半期の資金循環（速報）」によれば、日本には個人金融資産がなんと2,005兆円もあるとされて

保険
銀行でも数多くの生命保険が販売されている。相続対策向けの終身保険に始まり、ケガや病気に備える医療保険、老後資金対策に備える個人年金保険、学費に備える学資保険など多岐にわたっている。

資金循環
日本銀行では、四半期ごとに日本全体における資金循環を公表している。資金循環では、一定時点における、家計のほか、民間非金融法人企業、一般政府、金融機関の資産状況、負債状況を把握できる。

さまざまなリテールの業務

| 住宅
ローン | 各種
ローン | 預金や振込 | 国債
の販売 | 投資信託
の販売 | 保険
の販売 |

主に個人顧客を対象にした営業活動が該当する。常にお客様に寄り添い、課題を解決することでいろいろな商品の販売につなげることができる。

家計の金融資産（前年比）

		2020年	2021年				2022年			2022年9月末 残高（兆円） （構成比（%））
		12月末	3月末	6月末	9月末	12月末	3月末	6月末	9月末	
	残高（兆円）	1,930	1,959	1,982	1,989	2,014	2,004	2,007	2,005	
1	金融資産計	2.4	7.9	5.9	5.3	4.4	2.3	1.3	0.8	2,005（100.0）
2	現金・預金	4.9	5.7	4.0	3.7	3.4	2.9	2.8	2.5	1,100（ 54.8）
3	債務証券	3.1	▲0.4	0.2	2.5	▲3.0	▲4.4	▲5.8	▲5.3	26（ 1.3）
4	投資信託	4.5	30.8	26.3	22.3	19.4	10.4	▲0.2	▲1.7	86（ 4.3）
5	株式など	▲5.5	38.8	26.2	24.9	14.4	0.3	▲3.4	▲8.1	196（ 9.8）
6	保険・年金・定型保証	0.9	2.1	1.5	1.1	0.9	0.5	0.6	0.7	539（ 26.9）
7	うち保険	0.2	1.2	0.9	0.7	0.8	0.8	1.0	1.1	382（ 19.1）
8	その他	▲5.2	▲2.8	1.0	▲5.5	5.3	9.0	1.9	10.9	59（ 2.9）

（1～8は前年比（%））

出典：日本銀行「2022年第3四半期の資金循環（速報）」

います。顧客によっては、何十億円単位の資産を持っている人もおり、そういった人たちに金融商品を提案していかなければならないため、大きな責任が伴う仕事ともいえるでしょう。

 ONE POINT

個人金融資産は増え続けている

個人金融資産とは、現金や預貯金、投資信託、株式、国債など、家計がどのような資産を保有しているかを示すものを指します。日本全体の家計金融資産は、2022年9月末時点で2,005兆円ですが、そのうち1,100兆円が現預金とされています。資産は前年度よりも増えており、コロナ禍に伴う消費控えを背景とした現金・預金の増加が寄与しているといわれます。

ホールセールの業務

金融機関の法人業務をホールセールといいます。ホールセールでは、大企業や地方自治体、機関投資家などを対象として、融資などの資金調達の支援や経営支援、運用の側面などからサービス提供を行っています。

経営課題の解決に一役買うホールセール

銀行を中心に金融機関の法人業務のことをホールセールといいます。ホールセールは、大企業や中堅企業、自治体、機関投資家を対象とし、抱える経営課題を金融の側面から支援して、その解決に一役買う存在となっています。

一般的な預金、融資を主軸とした銀行の基本業務はもちろんのこと、従業員の給与の振込、法人税の納税などの支払いもホールセール部門の業務の一環です。複数の金融機関が協調してシンジケート団を組み、各金融機関同一条件で融資を行うシンジケートローンの提供も行っています。シンジケートローンは、設備投資資金のような長期資金の調達に利用されるなど、企業の成長のための資金借入れとして利用されています。

このほか、プロジェクトファイナンスによる融資も行っています。企業がこれから行うプロジェクトに対して融資を行い、そのプロジェクトから生み出される安定的なキャッシュフローをもとに資金回収と収益を上げるしくみです。借主としてはプロジェクト単位で価値を評価され、資金調達できる点が通常の融資とは異なります。

M&Aや企業再編のアドバイザリー、資産運用の手助けも

融資以外にも法人に対してさまざまなサービスを提供しています。例えば、M&Aや企業再編のアドバイザリーといった投資銀行業務を行うことがあるほか、企業が海外に進出する際の支援を行うなど多岐にわたっています。海外のトレンドに基づいてアドバイスを行ったり、資産運用などで海外資産の活用をアドバイスしたりと、場合によっては語学力が求められるほか、グローバル・

法人税
株式会社などの法人が事業を通して得た所得について課される税金。法人税のほか、法人が納税するものとして、法人住民税、法人事業税がある。法人税の税率は、原則として23.2％となっている。

プロジェクトファイナンス
特定のプロジェクトに対して行う融資を指し、その返済はプロジェクトから得られるキャッシュフローから行う。そのプロジェクトが魅力的であれば、企業そのものの信用力に関係なく融資が可能となる。

グローバル・スタンダード
金融システムなどにおける世界的な共通の基準を指す。企業活動や経営手法などにおいて、国際的に通用するルールのことであり、上場企業を中心にこの基準をもとに経営を行う企業も多くなってきている。

ホールセールとリテール営業の違い

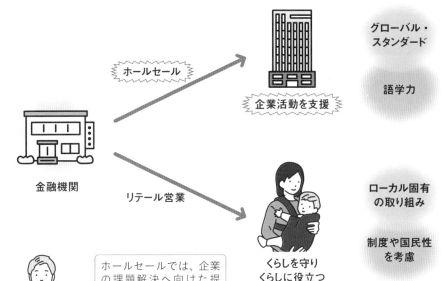

ホールセールでは、企業の課題解決へ向けた提案を行います。取り扱う金額も大きくなるため、創造的な仕事ができるところが特徴です。

スタンダードに沿った提案が求められることもあります。

　高い専門性とスキルを用いて、多額の資金を動かす役割がホールセールにはあります。案件ごとに独自の金融商品・サービスの提供を行い、ほかの金融機関との差別化を図ります。1つひとつが大きなビジネスになるため、個別に創造性の高い仕事が必要になる。それが法人業務です。

 ONE POINT

シンジケート団とは？

大規模な資金調達を行う際に、複数の金融機関がグループを組んで融資を行うことがあります。このグループをシンジケート団といい、「シ団」とも呼びます。主幹事金融機関と参加金融機関から構成されており、同一条件で融資を行います。

国際・市場の業務

Chaper4
10

法人業務において、特に海外に関連する業務（送金や進出支援など）を国際業務と呼んでいます。また、市場業務は、預金残高と融資残高のバランスをとる仕事や、企業の資産運用に関連する業務を行っています。

融資業務以外の業務

法人業務のなかで、特に海外に関連する業務を国際業務、企業の資産運用や資金調整を図る仕事を市場業務と呼び、融資業務などとは分けて行われています。ここでは、この国際業務と市場業務について解説します。

国際業務の役割

国際業務は主に法人向けに行っていますが、個人でも利用することができます。その業務とは、外国為替業務、海外進出支援、海外での資金調達です。外国為替業務は、海外への送金などが該当します。海外への送金は、通常、コルレス銀行と呼ばれる通貨の中継地点となる銀行を通じて行われます。そのため、内国為替と異なり時間と手数料が余分にかかるケースが多く、審査も厳しくなります。

海外進出支援や海外での資金調達は主に企業向けといえます。メガバンクをはじめ、海外支店や駐在事務所をもつ銀行では、現地の情報収集やアドバイスを行っています。海外の税制や法制度をもとに、現地法人の設立の支援などを手がけることもあります。すでに海外での事業展開を行っている企業などには、現地法人向けの資金調達なども行い、海外事業が円滑に進むような潤滑油のはたらきを銀行が担っています。

市場業務の役割

もう1つの市場業務では、預金残高と融資残高のバランスをとるための調整を行ったり、金融商品の売買などによる企業の資産運用の支援を行ったりしています。例えば、企業向けの短期貸出

コルレス銀行
海外に送金するにあたり、その通貨の中継地点となる銀行（Correspondent bank）。具体的にはSWIFT（国際銀行間通信協会）と呼ばれる国際的な銀行のネットワークを介し、送金を行うときの送金銀行と受取銀行の橋渡しとなる。日本では三菱UFJ銀行、アメリカではシティバンクなど。

駐在事務所
海外にある会社の事務所。あくまで本社の一部として機能しており、本社と顧客の連絡業務（情報収集、アテンドなど）を担う。現地法人と異なり、現地での商行為はできない。

インターバンク市場
金融機関など限られた市場参加者が取引できる市場。コール市場や手形市場があり、金融機関が相互に預金の受け入れや資金の貸借を行うなど、短期的な資金過不足を調整するために利用されている。

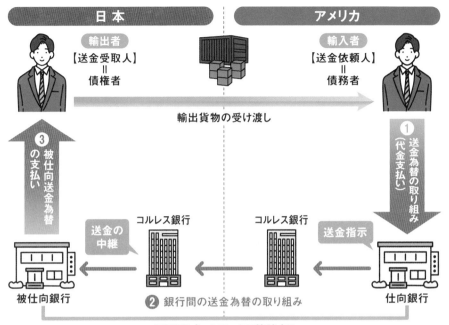

銀行為替による決済の流れ

日 本	アメリカ

輸出者
【送金受取人】
＝
債権者

輸入者
【送金依頼人】
＝
債務者

輸出貨物の受け渡し

❸ 被仕向送金為替の支払い

❶ 送金為替の取り組み（代金支払い）

コルレス銀行

送金の中継

コルレス銀行

送金指示

被仕向銀行

❷ 銀行間の送金為替の取り組み

仕向銀行

SWIFT ネットワークで接続する

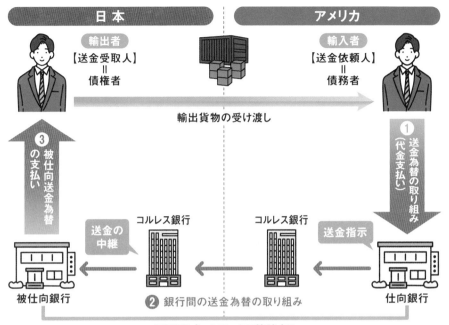

では、**インターバンク市場**を介して資金調達を行い資金を確保するなど調整を図っています。

今後、国内の市場が縮小する可能性があることは人口減少からも容易に想像できます。そのため、海外展開も視野に入れる企業が増加すると考えられることから、国際業務を中心に強化を図る銀行もありそうです。

仕向銀行
為替業務を行うときに、送金者（顧客）から送金や振込の依頼を受け、送金を行う金融機関のこと。送金先の金融機関は被仕向銀行と呼ぶ。

🐾 ONE POINT

現地法人は国内企業からみた子会社のこと

現地法人とは海外で設立される法人のことです。国内企業からみれば子会社の立ち位置に当たります。海外の法律・制度に基づいて設立されます。ただし、税制などの違いがあるため、金融機関やコンサルティング会社の支援を受けて設立するケースが多いのです。

当座預金の需要低下と
営業時間の自由化

民間の銀行が日本銀行に預ける当座預金。現在、この当座預金の一部にマイナス金利が適用され、収益悪化の要因となっています。その一方で営業時間が自由化され、今後過疎地域を中心に営業時間が変わる可能性があります。

日本銀行に預ける当座預金が銀行の収益悪化の要因に

民間の銀行は、何かあった場合の備えとして、日本銀行に預金の一部を預けています。これが日本銀行に預けている当座預金です。現在、この当座預金の一部にマイナス金利が適用されています。このマイナス金利により、預金をすると手数料がとられる状態が発生しています。

マイナス金利
P.100参照。

そもそもの目的は、日本銀行に貯まる当座預金を民間の銀行が貸出に利用することで資金を循環させ、投資や消費に利用されることで景気をよくしようという金融緩和の一環でした。その狙いに対する効果はあるものの、民間銀行にとっては、収益悪化の要因となっています。

実際のところ、日本銀行に預ける当座預金の残高は低下しています。とはいえ、すべてが貸出に回るわけでもないため、銀行の経営を苦しくしていることは事実でしょう。

この背景には、顧客に支払う普通預金の利子がプラスであることも忘れてはなりません。もしかしたら、民間銀行の預金の利子がマイナスになったり、別の形で手数料がとられたりする時代がくるかもしれません。

地域の実情に合わせて営業時間を自由化

営業時間の自由化
銀行の営業時間は原則として午前9時から午後3時までと決まっていた。現在は、自由化されたことに伴い、その地域の実情に合わせて、支店ごとに営業時間を変更する銀行も出てきている。

その一方で、地域の金融機関の要望に応じて、現在では営業時間が自由化されています。その地域の需要に合わせて営業時間が変更できるようになったため、極端なケースでいえば、午前中のみの営業といったケースなども今後店舗によっては出てくる可能性があります。

現在、すでに窓口の営業時間を変更している銀行もあり、支店

▶ 営業時間の自由化

┌─【営業時間が自由化】─┐
- 今後は、午前中は営業せず、午後１時から深夜０時までの営業などが可能に
- 営業時間の短縮も視野に入る

┌─【自由化によるメリット】─┐
- 労働力不足の解消
- 店舗の統廃合による地域住民の利便性の低下防止

> 過疎地域の銀行店舗を抱える地方銀行が金融庁に営業時間の自由化を要望しました。それによって当座預金を扱っていても、営業時間を自由に変更することが可能になりました。

▶ 昼休みをとる銀行の事例（窓口営業時間の変更）

┌─【窓口営業時間の変更】─┐
- 北海道銀行の一部店舗では、12時半から13時半まで休業としている
- 静岡銀行の一部店舗では、12時から13時まで休業としている
- 千葉銀行の一部店舗では、11時半から12時半まで休業としている

によっては12時から13時は窓口の取扱いを休止するといったケースが見受けられます。また、地域の実情に応じて、9時からの営業を10時からとする店舗も出てきています。

　こうした柔軟措置がとれるようになったことは、銀行にとってはありがたい話です。労働力不足への対応もできます。店舗の統廃合をせず営業時間を見直すことで地域住民の利便性の低下を防ぐことにもつながります。

店舗の統廃合
人口減少や高齢化に伴い、固定費がかさむ店舗を統廃合し、地域の金融サービスを維持する選択肢をとる銀行は増加している。

ITの活用による利便性の向上

銀行でもITの活用は積極的に行われています。モバイルやPCからの振込、入金確認はもちろんのこと、AIを活用したコールセンターの効率化、コストの削減、利便性の向上、マーケティングに役立てられています。

ITが労働力不足を補っている側面も

銀行業界でも、ITの活用は積極的に行われています。皆さんのなかには、銀行の窓口にはほとんど行かず、パソコンや携帯で入金や預金残高の確認を行う人も多いのではないでしょうか。紙の通帳をなくしてWeb通帳にする形態の銀行口座もあり、今やITにより振込や投資信託の購入などもすべて行えるようになりました。こうした側面は私たちにとって時間を有効活用できる点で大きなメリットとなっています。

IT活用は、私たちの利便性向上はもちろんのこと、銀行側の業務の効率化、コスト削減にも一役買っています。

例えば、**AI**による**店頭ロボット**の活用。店頭に来たお客様に対して質問を行い、それに応じた窓口の案内などを行うことで、人件費圧縮が進められます。また、海外のお客様に対して外国語で対応するロボットもいます。これらは労働力不足への対策となると同時に顧客サービス向上の側面もあるため、メリットが大きいといえます。

また、近年はRPAと呼ばれるソフトウェアロボットを利用して、バックオフィスにおける業務の自動化や効率化を図る銀行も増えました。例えば三菱UFJ銀行では手作業で行っていた伝票入力を自動入力に移行したり、各支店で行われていた同一の事務作業を、1つのところに集約して自動化ツールを導入し、業務の効率化を図っています。

利便性向上のためのクロスセルマーケティングの活用も

このほか、銀行の取引状況（入出金、取引履歴など）とさまざまなWebの**ログ情報**（PV、導線など）、その人の属性（業種、取

AI
人工知能（Artificial Intelligence）のこと。人間にしかできなかった知的で高度な作業や判断をコンピュータが代わって行えるようにした技術を指す。書類のチェックなどこれまで人がやっていたものをAIがとってかわる時代がきている。

店頭ロボット
銀行に限らず、人に代わって受付を行うロボットのこと。企業側からは人件費の圧縮につながるメリットがあり、利用者側からは店員の能力に左右されないサービスが期待できる。

ログ情報
利用者による操作や設定の変更、エラーや障害の発生、外部との通信などの内容を日時とともに時系列に記録したもの。システムの保守や管理に必須のものであり、トラブル時の原因究明などに利用できる。

▶ ITの活用

- 銀行へ行かずとも、入金や預金残高の確認ができる。また、振込や投資信託の購入も。顧客の利便性の向上につながっている

▶ AIの活用

- 店頭ロボットの試行により、銀行の労働力不足の解消や人件費の圧縮につながる
- 潜在成長企業マーケティングほかの提案ができる

▶ 非構造化データ（ログなどの）活用によるクロスセルマーケティングの高度化

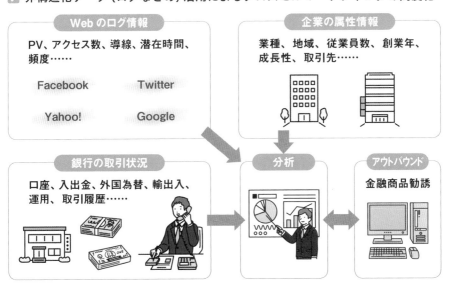

引先、地域など）を解析することで、その人の嗜好に合った商品の提供や、過去に購入した商品に関連する商品の販売などを促進できるクロスセルマーケティングの活用も期待されています。

　このように、銀行でのIT活用は、消費者の利便性、銀行のコスト削減のいずれの面からもメリットがあります。銀行の店舗は縮小傾向にありますが、ITの活用によって銀行に行かなくてもこれまで同様の銀行取引がすべて完結する時代になってきているのです。

クロスセルマーケティング
ある商品を考えている顧客に対して、それに関連する商品をすすめ販売するためのしくみづくり。銀行のケースでいえば、投資信託を複数購入してもらうといった資産運用などで活用が期待されている。

銀行業にまつわる法律

Chaper4
13

銀行の業務などについて定めた法律が「銀行法」です。1927年に施行されて以来、その時々の状況に合わせながら改正が行われています。銀行の信用維持や預金者保護を目的としてさまざまな規制が定められています。

銀行法があるからこそ預金者保護ができている

　銀行の業務などについて定めた法律は「銀行法」と呼ばれ、銀行業務の健全性、信用維持や預金者保護を目的にさまざまな規制が定められています。1927（昭和2）年に施行されましたが、その後も状況に合わせて改正が行われ、現在に至っています。

　銀行法では、銀行ができることに制限を設けているほか、そもそも銀行業の営業を行うためには内閣総理大臣の免許を受ける必要がある旨などが記載されています。資本金は原則として10億円を下回ってはいけません。商号に銀行とわかるように、銀行という文字を使用しなければなりません。逆にいえば、銀行ではない会社が銀行と商号につけてはいけません。資本金だけみてもなかなかハードルが高いことがわかります。

資本金
事業をスタートする際の運転資金のこと。株主が出資する金額の合計。

銀行ができることにも規制が定められている

　銀行法では、銀行ができることも制限がかけられています。例えば、銀行が国内の一般事業会社に出資する場合、議決権ベースで5%超の出資が原則として禁止されています（今後改正される見込み。IT会社などへの出資は5%超も認められるようになった）。また、銀行の子会社ができることも、債権回収や経営相談、リース業など法令で明記された銀行業務に関連するもののみに制限されています。なお、支店や営業所の設置、位置の変更や廃止には原則、届出が必要であり、勝手に設置や廃止をするわけにはいきません。

　もしこうした制限に違反するような行動を行った場合（法令違反）や、公益を害するような状況をもたらした場合には、内閣総理大臣は取締役の解任命令や免許取消ができるようになっていま

債権回収
金融機関に代わって、返済されないお金を返してもらうように請求し、資金を回収すること。支払督促から始まり、資産の差押えなどを行うことで、お金を回収していく。債権回収会社をサービサーという。

▶ 銀行法の目的（概要）

銀行の
信用維持

預金者
保護

▶ 銀行法の主な内容

銀行法

- 銀行業の営業には、内閣総理大臣の免許を受ける必要がある
- 法令違反や公益を害する場合、内閣総理大臣は取締役の解任命令や免許取消が可能
- 銀行が事業会社に出資する場合、上限は原則5％（今後改正される見込み）。IT会社などへの5％超出資は認められるようになった
- 商号に銀行という文字を使用しなければならない
- 資本金は原則として10億円を下回ってはならない
- 支店や営業所の設置、位置の変更や廃止には原則、届出が必要

す。それぐらい厳しい規制を課すことにより、銀行の信用を維持し、私たちの生活に支障がないようなしくみを構築しています。

預金の不正利用から利用者を守る「預金者保護法」

　また、預金者保護を目的に定められた預金者保護法（偽造・盗難カード預金者保護法）についても知っておきましょう。2006年2月に定められた法律で、キャッシュカードの不正利用に遭った利用者の預金を、金融機関が補填できるといった内容です。2008年2月からはインターネットバンキングの不正利用も補償の対象となりました。

　ただし、利用者の暗証番号の管理が不十分であったり、被害に遭った日から30日以降に届出をしたりした場合は、補償の対象外となります。補填金額も事例によって変わる場合もあります。

預金者保護法
偽造キャッシュカード、または盗難によって引き出された預金を金融機関が補填することを定めた法律。

定年延長で優秀な人材の
確保が進んでいる

多くの金融機関で定年延長が
実施されている

　労働力人口の減少や企業側の人材確保ニーズから、さまざまな企業で定年延長が検討されています。

　社会の流れを受けて、銀行業界でも定年延長や、定年退職後の雇用継続の動きがみられます。

　三井住友銀行では、2020年1月より正社員の定年を65歳へ延長しました。また、りそなホールディングスでは「マスター社員制度」を新設し、2019年10月から定年の上限年齢を70歳としています。さらに地方銀行でも成長戦略の1つとして、定年退職後の継続雇用の上限を65歳から70歳へと引き上げました。

　証券会社においても、大和証券グループ本社では、70歳だった営業職員の定年延長の上限を撤廃する動きもみられました。

　大手生命保険会社の太陽生命保険株式会社では、2017年に「65歳定年制度」を導入しました。それと同時に「役職定年制度」を廃止したことで、給与や処遇が60歳以前と変わらないまま働くことができ、意欲的に仕事に取り組める環境が整えられています。

人口減少のため新卒採用が
難しい時代に

　銀行のみならず、企業が定年延長に踏み切る理由はさまざまです。

　1つは人件費を抑えられることです。再雇用制度では、もともと正社員として雇用していた人を、定年退職後に正社員時代の半分程度の給料で雇うことが多いため、企業側にとってもメリットがあり、また雇用される側としても、老後の生活を安定させる意味で再雇用制度は有効とされています。

　もう1つは人口減少から新卒社員の確保が難しくなっていることです。人手不足が叫ばれる昨今ですが、銀行も例外ではありません。優秀な人材の確保が難しい今、シニア社員に残ってもらうことで、能力があり経験豊富な人材を確保できるといったメリットがあります。

　そういった背景から、定年延長や再雇用制度の上限年齢引き上げの流れは今後も加速していくでしょう。

証券会社のしくみ

1878年、東京株式取引所設立とともに誕生した証券会社。景気減速のあおりを受け、減少傾向にあった証券会社数も、近年は増加傾向にあります。株式取引の仲介業務を行う証券会社ですが、ここでは具体的な業務内容を紹介します。

Chapter5 01

2業態に分けられる証券会社

証券会社には、対面営業を主とする会社と、インターネットで取引を行う会社の2業態に分けられます。いずれも長所と短所があるため、今後は棲み分け、もしくはどちらも行う「融合」といった形態になっていくでしょう。

📍 対面証券会社とは

　証券会社は、大きく2つの業態に分けられます。対面証券会社とインターネット証券会社（通称：ネット証券）です。

　対面証券会社とは、対面営業を主に行う証券会社です。対面営業では、顧客ごとに営業担当者がつきます。そのため、株式など**資産運用**のアドバイスを受けることができるほか、売買の注文も担当者を経由して電話などですることができます。アドバイスが欲しい、自分で注文するのが不安という人が対面証券会社で取引を行うことが多いです。

　一方、対面証券会社の場合、営業担当者がつくと人件費などのコストがかかるため、どうしても株式の売買手数料などがインターネット証券会社に比べて高くなってしまう点はデメリットといえます。また、営業担当者の能力・資質に左右される側面もあります。もちろん、優秀な営業担当者であれば**顧客本位**の提案を行ってくれることでしょう。

　これらの点から、中長期的に付き合うことができる担当者かどうかの見極めが必要です。

📍 インターネット証券会社とは

　もう1つのインターネット証券会社とは、主にインターネットにより取引を行う証券会社です。営業担当者をつけないため、その分株式などの売買手数料が安いという特徴があります。その代わり、情報収集の面では劣ります。すべて自身で情報収集を行い、自分で投資する銘柄を決めなければなりません。このような特徴から、取引の仕方が自分でわかる人はインターネット証券を選択することが多いです。

資産運用
今後の必要となる資金を確保するために、株式や投資信託など複数の投資商品に貯蓄・投資し、効率的に資産を構築すること。そのためには、さまざまな運用に関する知識をもつ必要がある。

顧客本位
顧客主体で考え、提案する姿勢。顧客が希望する条件に沿った提案を行い、プランを設計していく。決して営業担当者の手数料主体（自分本位）としない。金融業界では顧客本位が求められている。

> ▶ 対面証券とネット証券のメリット・デメリット

大手・準大手・中小証券会社

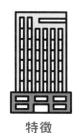

特徴

● 店舗あり

● 対面取引が主

● 手数料が高い

メリット
・相談しながら売買が
　できる

デメリット
・決まった時間にしか
　注文ができない

ネット証券

特徴

● 店舗なし

● オンライン取引が主

● 手数料が安い

メリット
・手数料を重視する人
　にはお得
・24時間いつでも注文
　ができる

デメリット
・取引はすべて自分で
　行わなければならない

　なかには両方の証券会社で口座を開設し、両方で取引を行う人もいます。例えば、対面証券会社ではさまざまな情報収集の窓口として活用し、取引する。一方、自分で決めた銘柄はインターネット証券で売買する。新しく上場する会社の株式を購入するIPO狙いで対面証券会社に口座をもつ人もいます。

　いずれも長所と短所があるため、今後も棲み分け、もしくはどちらも行う「融合」といった形態になっていくでしょう。

IPO
新規公開株のこと（Initial Public Offering）。上場前に経営者などが保有する株式の一部を証券会社を経由して投資家に売り出すことを示す。株式は証券取引所に上場させることで初めて公に株式売買が可能となる。

Chapter5 02

証券会社の歴史

1878年の東京株式取引所設立に伴い、注文を取り次ぐための証券会社が誕生しました。当時から存在する最古の証券会社はあかつき証券（旧黒川木徳証券）といわれています。2023年1月現在、273の証券会社が存在します。

証券会社の誕生

証券会社は、取引所が設立されたことで誕生します。1878年に東京株式取引所と大阪株式取引所が設立され、それをきっかけに株式注文を取り次ぐ証券会社が誕生しました。当時から今も存在する最古の証券会社は、あかつき証券（旧黒川木徳証券）といわれています。

1949年には、証券会社を会員とする**東京証券取引所**、大阪証券取引所（現在は大阪取引所）が設立されました。その後、名古屋、札幌、福岡、京都、広島、新潟といった地域にも証券取引所が設立され、それに伴い地方でも地域密着型の証券会社が誕生します。現在では、京都、広島、新潟の証券取引所が廃止され、東京証券取引所と大阪証券取引所は統合して日本取引所グループ（傘下に東京証券取引所、大阪取引所がある。大阪取引所は**現物取引**ではなく先物取引などを取り扱う）となっています。

大手証券会社と大手ネット証券会社

日本の証券市場で大きな役割を果たしてきたのが、4大証券会社です。4大証券会社とは、野村證券、大和証券、日興証券（現SMBC日興証券）、山一證券です。バブル崩壊による景気低迷などもあり、山一證券は自主廃業、その他の証券会社も倒産、合併を余儀なくされました。現在は大手証券会社というと、野村證券、大和証券、SMBC日興証券、みずほ証券、三菱UFJモルガン・スタンレー証券が該当します。

なお、昔からある対面営業の証券会社のほか、1998年以降インターネット証券が台頭してきたこともあり、株式取引が身近になってきている側面もあります。大手ネット証券というと、SBI

東京証券取引所
国内最大の証券取引所。東証一部、東証二部、マザーズ、JASDAQの4区分で株式の売買が行われていたが廃止。2022年4月より「プライム市場（グローバルな投資家向け）」「スタンダード市場（公開市場における投資対象として流動性とガバナンス水準を備えた企業向け）」「グロース市場（成長可能性のある企業向け）」の3つの市場区分がスタートした。

現物取引
通常の売買取引。手元にあるお金や株式の範囲内で売買する取引が該当する。手元にあるお金よりも多く取引できる方法に信用取引がある。信用取引はお金や株式を借りて売買することができる。

証券会社数（会員数）の推移

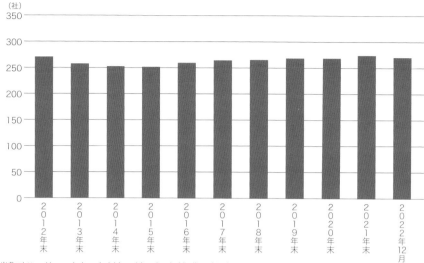

（社）

出典：https://www.jsda.or.jp/shiryoshitsu/toukei/kaiinsu.html

証券会社数（日本証券業協会の会員数）は、近年、景気減速のあおりを受け減少傾向に推移していましたが、アベノミクスによる株高もあり、2016年から増加に転じ、2022年12月には273社と2015年末から21社増加しています。

証券、楽天証券、マネックス証券、松井証券、auカブコム証券が該当します。

現在では、インターネットでの取引と対面営業の両方を行う証券会社も存在し、株式の売買手数料も大変安くなりました。今後も生き残りをかけ、さまざまな付加価値をつけたサービス展開や合併・買収などが予想されます。

 ONE POINT

大阪取引所から総合取引所へ

大阪取引所は、通常の株式売買ではなく、先物取引などデリバティブ取引と呼ばれる取引を行う取引所として機能しています（P.60参照）。東京証券取引所と並んで日本取引所グループの子会社です。2020年7月から、証券と商品先物を上場する総合取引所となりました。

Chapter5 03

証券会社の業務① ブローカー業務

証券会社の業務のメインは、ブローカー業務です。ブローカー業務とは、投資家が株式の売買ができるように、証券取引所などへ注文を取り次ぐ仕事です。売買が成立したときに、証券会社は売買手数料を得ることができます。

証券会社の主力業務は「ブローカー業務」

証券会社の業務は主に4つあります。「ブローカー業務」「ディーラー業務」「アンダーライティング業務」「セリング業務」です。このうち、多くの証券会社にとってはブローカー業務がメインの仕事といってよいでしょう。

ブローカー業務とは、ブローカレッジ業務ともいい、投資家から受けた売買注文を市場に取り次ぐ仕事です。**株式**などの買い手と売り手の間で売買が成立するように仲介をする役割が該当します。

株式は一般的に証券取引所で売買されるため、買い手も売り手も証券会社を通じて注文を証券取引所に出します。その注文を取り次ぐのが、証券会社の営業担当者です。実際に売買が成立した場合には、売買手数料を得ることができます。

証券会社の営業は、個人営業と法人営業の2つに大きく分けられます。

営業は個人営業と法人営業の2つに分けられる

個人や中小企業のお客様を中心として資産運用などの営業を行うことを「リテール」といいます。一方、大企業や保険会社・年金基金といった資産運用のプロである機関投資家向けの営業を「ホールセール」といいます。

いずれにおいても、ブローカー業務を行っており、顧客から株式売買などの注文が入り次第、市場に取り次ぎ売買をスムーズに行えるように、その役割を果たしています。

証券会社の営業では、株式のほか、**債券**、**投資信託**などの販売を行います。資産運用のプロとして、顧客の希望に沿ってさまざ

株式
企業が資金調達を行う手段の1つ。企業は、お金を出してくれる株主に株式を発行する。株主は株式を保有することで、配当金を得られるほか、株主総会に出席し経営方針などの決議に参加できる。

債券
お金を借りるために発行する、借用証書のようなもの。国が発行する場合は国債、地方自治体発行の場合は地方債、企業発行の場合は社債という。お金を貸す投資家は利子を受け取ることができる。

投資信託
投資家から資金を集め、プロが運用を行う金融商品。証券会社は投資家から資金を集め、投資信託委託会社（アセットマネジメント）が運用を担当し、国内外の株式や債券などに投資を行う。

ブローカー業務の流れ

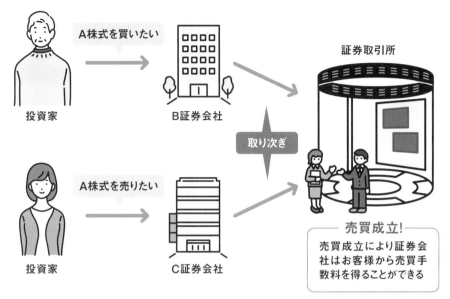

A株式を買いたい

投資家 → B証券会社

A株式を売りたい

投資家 → C証券会社

取り次ぎ

証券取引所

売買成立!
売買成立により証券会社はお客様から売買手数料を得ることができる

まな提案を行います。例えば、そのときの経済・金融情勢に応じて、個人であればその人の**ライフプラン**、法人であれば企業の経営戦略を考慮しながら、最適な金融商品の提案を行うことが営業担当者の使命といえます。

なお、銀行などの金融機関でも投資信託や個人向け国債といった一部の債券を売買することができますが、株式や社債といった債券は証券会社でしか取り扱えないため、証券会社は総合的な運用の提案を行うことが可能です。

ライフプラン
人生設計。特に金銭面からの生活設計を指すことが多く、今後どういった仕事に就くか、住む場所、結婚、子どもの教育などさまざまな希望をもとに、10年、20年後を見据えた設計を行っていく。

👆 ONE POINT

ブローカー業務からアセットマネジメント業務への移行が進む？

売買手数料は証券会社の主な収入源の1つですが、インターネット証券会社が台頭する昨今、手数料が下がり、大手証券会社は大きく打撃を受けています。そのため大手証券会社では、売買ごとに手数料を得るブローカー業務から、資産運用を行うことで長期的に安定して手数料を得られるアセットマネジメント業務（P.190参照）に力を入れているところもあります。投資銀行業務として行われるアセットマネジメント業務ですが、今後、証券会社のメイン業務となる可能性もあるかもしれません。

証券会社の業務② ディーラー業務

ディーラー業務は、証券会社のお金を使って株式などを売買し利益を稼ぐ仕事です。個人投資家ではなかなか出せない多額の資金を利用して売買が可能なため、大きな収益を稼ぐこともできますが、実力が問われる世界です。

ディーラーは証券会社の利益になるよう売買益を稼ぐ

証券会社のディーラー業務とは、証券会社のお金を使って株式や債券、為替などに投資し、売買益を稼ぐ仕事です。

個人投資家はあくまで自己資金での投資ですが、ディーラーは証券会社のお金で投資ができるため、金額が大きくなります。顧客からの取引注文をもとに売買することを委託売買、ディーラーが売買することを自己売買と呼んで区別しています。

新卒でもディーラーに採用される場合もありますが、経験を積んでディーラーになる人もいます。また、営業からディーラーへ転身するケースもあります。

また、実力がつき、実績を上げれば上げるほど任される資金も多くなります。数億円あるいは10億円以上など、目にしたことがないような大金を動かすことも可能です。

もちろん、こうした会社の資金を利用し、収益を上げることが求められるため、ある程度の覚悟が必要です。ディーラー業務は完全に実力勝負の世界のため、株価の動きやクセなどをとらえて収益を上げなければなりません。

景気がよく、株価上昇などで相場環境がよいときには多く稼げることでしょう。一方、株価が低迷している時期などにどう稼いでいくのか。そこで実績が問われます。だからこそ、年齢も入社年次も関係ないのです。

成果が上がれば青天井、実力勝負の世界

ディーラーとして成功するには、日々の経済・金融情報をいかに的確にとらえて売買に活かすかです。ディーラーは、世界経済全体はもちろんのこと、日本経済全体、個別の会社の状況などさ

ファンダメンタルズ分析

経済指標や各企業の財務状況・企業業績をもとに株価が割安かどうかを判断する分析手法。中長期投資の場合にはファンダメンタルズ分析を重視することが多い。

チャート

株価や為替、債券価格の値動きをグラフに示したもの。分単位、時間単位などさまざまにある。将来の値動きを予測するための分析道具として利用される。相場のトレンドをつかみ、売買に活用される。

テクニカル分析

過去の値動きをチャートで示すことで、そこから傾向をつかみ、今後どのような動きになりそうかを想定する分析。短期売買で重視されるため、どちらかといえばディーラーはテクニカル分析を重視する。

▶ ディーラー業務の流れ

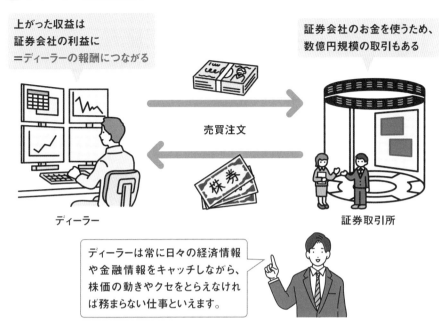

上がった収益は
証券会社の利益に
＝ディーラーの報酬につながる

証券会社のお金を使うため、
数億円規模の取引もある

売買注文

株券

ディーラー

証券取引所

ディーラーは常に日々の経済情報や金融情報をキャッチしながら、株価の動きやクセをとらえなければ務まらない仕事といえます。

まざまな情報をもとにする**ファンダメンタルズ分析**のほか、日々のチャートから値動きをつかむ**テクニカル分析**などさまざまな分析を行って売買しています。また、損失が発生した場合には、損切りのタイミングの見極めも重要です。

精神的にも大変な仕事ですが、実績を出せば報酬は青天井です。いかに自分のやり方を確立し、周りの影響を受けず淡々と**トレード**をこなせるかがポイントといえます。

トレード
売買の取引のこと。ディーラーは日々のトレードでいかに収益を上げるかが問われている。

 ONE POINT

ディーラーはどこで情報を収集しているのか

ディーラーとして成功するためには情報収集は欠かせない業務の1つです。では世の中のディーラーはどこから情報を集めているのか？ 具体的には、①証券各社が配信する株式関連のニュース、②業界新聞や業界誌、③Twitter、④投資家同士の飲み会や投資セミナーなどが主です。パソコンの前に座ってただ画面を見ているだけでなく、自分の足、手、そして頭を使い、世の中の流れをキャッチすることを心がける必要があります。

資本金基準を満たした会社だけが投資家への売り出しができる

証券会社の業務③
アンダーライティング業務

アンダーライティング業務は、引き受け・売り出し業務が該当します。企業が発行する株式や債券などを新しく、もしくはすでにあるものを売り出すことを目的に、証券会社が全部または一部を引き受け、投資家へ販売します。

企業の株式や債券の引き受け・売り出し業務

アンダーライティング業務とは、証券会社が行う「引き受け・売り出し業務」のことをいいます。

企業が発行する株式や債券などを新たに発行し、証券会社がいったん、全部もしくは一部を買い取り、その後投資家に販売します。これを「引受業務」といいます。一方、「売り出し業務」とは、すでに発行されている株式や債券を証券会社がいったん、全部もしくは一部を買い取り、その後投資家に販売する業務が該当します。

アンダーライティング業務では、証券会社が企業から株式や債券を買い取って販売するため、万が一売れ残った場合には証券会社が責任をもって引き取ります。

株式や債券を、全部または一部を買い取り販売することを「買取引受」といい、買取引受の売れ残り分を証券会社が引き取ることを「残額引受」といいます。

万が一、売れ残った場合でも、証券会社が売れ残り分を引き取り資金を負担することになるため、企業としては投資家にすべてが売れようが売れまいが計画どおり資金を得ることができます。企業は得られた資金をもとに、さらなる成長のために投資を行うことができます。

その他のアンダーライティング業務

アンダーライティング業務で最も有名なものはIPOです（P.129参照）。IPOは新しく上場する場合に、新規に上場する企業の株式を投資家に販売することを示します。

アンダーライティング業務では、証券会社は資金を調達したい

買取引受
株式や債券を売り出す目的で、いったん企業から全部または一部を証券会社が買い取ったうえで、投資家に販売すること。引受業務を行える証券会社は内閣総理大臣から認可を受けたものに限られる。

残額引受
買取引受して売れ残った分を証券会社が引き取ることを指す。引受シンジケート団を組織して発行される社債は、ほとんどがこの方法を利用して発行されている。

アンダーライティング業務の流れ

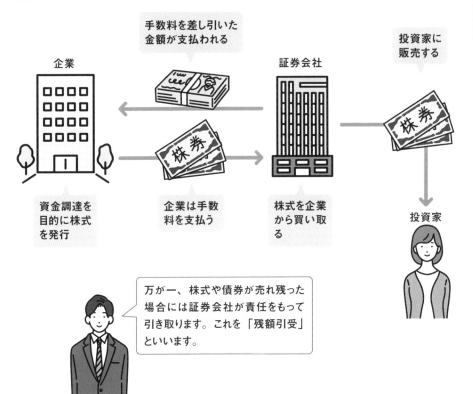

手数料を差し引いた金額が支払われる

企業

資金調達を目的に株式を発行

企業は手数料を支払う

証券会社

株式を企業から買い取る

投資家に販売する

投資家

万が一、株式や債券が売れ残った場合には証券会社が責任をもって引き取ります。これを「残額引受」といいます。

企業から手数料を得ることができます。手数料を差し引いた金額で企業から株式や債券を買い取り、手数料を含んだ金額で投資家に販売するのです。

　こうしたしくみは直接金融と呼ばれ、証券会社ならではの企業の資金調達方法となっています（P.48参照）。

アンダーライティング業務を行う基準

　なお、アンダーライティング業務はどの証券会社もできるわけではありません。例えば、IPOにおける**主幹事証券会社**などには**資本金基準**があり、その基準を満たしていないと投資家への売り出しができないことになっています。

主幹事証券会社
新規に企業が上場を目指す場合、上場準備や上場審査対応、そのアドバイスを行う証券会社。主幹事証券会社のほかに幹事証券会社もあり、主幹事証券会社を中心にIPO時の株式の販売を行う。

資本金基準
IPOでは、主幹事証券会社となるためには資本金が30億円以上と定められている。

売れ残った株式や債券を返品できる

証券会社の業務④ セリング業務

セリング業務とは、企業が発行する株式や債券などの販売を行う業務です。新規に発行する株式や債券の販売を「募集」、すでに発行されている株式や債券の販売を「売り出し」といい、売れ残りは引き取る必要がありません。

企業からの委託で株式や債券を販売する

セリング業務では、証券会社は企業などから委託を受けて株式や債券の販売を担当します。新しく発行する株式や債券などを投資家に販売することを**「募集」**といい、すでに発行されている株式や債券などを投資家に販売することを**「売り出し」**といいます。いずれも通常は50人以上の不特定多数に販売するケースが該当します。

これだけみると、アンダーライティング業務と同じようにみえます。しかし、セリング業務ではあくまで委託販売のため、売れ残った分を証券会社が引き取ることはしません。売れ残った分は返品することができます。このしくみは書店と出版社の関係と同じです。そして、売れた分に相当する手数料を証券会社は受け取ることができます。

売れた分だけ販売するので負担が少ない

では、なぜセリング業務が存在するのでしょうか。これは、多くの証券会社で株式や債券を販売できるしくみだからです。アンダーライティング業務の場合、引き受けた証券会社がすべてを自社で販売するとなると、金額が大きい場合には売れ残る可能性があります。そうした場合に備えて、募集・売り出し業務を行ってくれる証券会社に販売の手伝いをお願いします。こうすることで、**中小の証券会社**でも新規上場の株式や債券の販売の手伝いをすることが可能となります。

中小の証券会社では、売れ残った場合の負担がないため、協力しやすいというメリットがあります。もちろん、大手の証券会社でもセリング業務を行っています。

募集
新しく発行された株式や債券を50人以上の不特定多数の一般投資家に販売する業務。アンダーライティング業務を行う証券会社の下請けとして募集業務を行うことになる。公募とも呼ばれる。

売り出し
すでに発行されている株式や債券を50人以上の不特定多数の一般投資家に販売する業務。企業やアンダーライティング業務を行う証券会社の委託を受けて販売を行う。販売した分だけ収益が得られる。

中小の証券会社
中小の証券会社では、地域密着型の地場証券が多く、営業範囲が限られている。海外にまで進出しているケースはそう多くない。顧客層は一般の個人のほか、医者や中小の経営者といった地元の名士が多い。

▶ セリング業務とは？

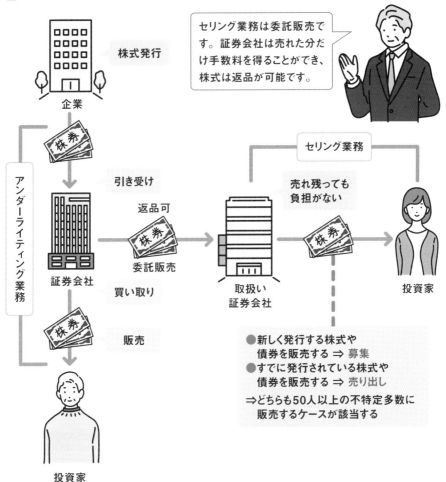

セリング業務は委託販売です。証券会社は売れた分だけ手数料を得ることができ、株式は返品が可能です。

株式発行
企業

アンダーライティング業務

引き受け
返品可
委託販売
買い取り

証券会社

販売

投資家

セリング業務
売れ残っても負担がない

取扱い証券会社

投資家

● 新しく発行する株式や
　債券を販売する ⇒ 募集
● すでに発行されている株式や
　債券を販売する ⇒ 売り出し
⇒ どちらも50人以上の不特定多数に
　販売するケースが該当する

📍 証券会社によって業務は異なる

　証券会社の主な業務として、「ブローカー業務」「ディーラー業務」「アンダーライティング業務」「セリング業務」を解説してきましたが、これら4つの業務をすべて行い、主幹事証券といった役割を担う資本金100億円以上の証券会社のことを「総合証券会社」と呼んでいます。逆にいえば、証券会社だからといって、4つのすべての業務を行っているというわけではないのです。

Chapter5
07

証券会社の業務⑤
ストラクチャリング、調査／分析

その他の業務にストラクチャリング、調査／分析があります。ストラクチャリングは、既存の商品を組み合わせる、新しい商品を開発・提供することを指します。金融市場や企業の調査／分析はアナリストが行います。

商品を開発、提供するストラクチャリング業務

　証券会社では、4大業務以外にもストラクチャリングや調査／分析といった仕事があります。ストラクチャリングとは、通常の株式や債券といった、金融商品を組み合わせることでつくられる金融商品を開発、提供する仕事です。また、投資家や販売を担当する金融機関のニーズに合う新しい商品を開発、提供する役割も担っています。

　こうした商品は**デリバティブ**と呼ばれるものであり、金融派生商品と訳されます。複雑な数式や数理モデルを使って商品を構築するため、高度な数学的知識が求められます。ストラクチャリングによってつくられたもので、私たちが一般にみかけるものといえば、証券会社、金融機関で販売されている**仕組債**がよい例かもしれません。

調査／分析とはアナリストの仕事

　また、調査／分析もアナリストの仕事です。

　企業の財務内容や企業の成長性を調査・分析し、投資価値があるかどうかを判断するアナリストを、リサーチ・アナリストといいます。一方、市場全体の動きを分析するアナリストを、マーケット・アナリストと呼んでいます。いずれも広くいえば証券アナリストの仕事です。

　証券アナリストは、各種情報の分析を行うとともに、企業の株式や日本全体の株価指標である**日経平均株価**などの投資価値の評価を行います。そして、今投資すべきかどうかといった投資のアドバイスを行う専門家の役割を果たしています。

デリバティブ
P.220参照。

仕組債
デリバティブの高度な金融技術をもとにつくられる債券。株価が上がると通常の債券よりも利子を高く受け取れるなど投資家や債券の発行者のニーズに合わせてつくられている。

日経平均株価
日本を代表する株価指標の1つ。東京証券取引所プライム市場に所属する企業から225社をピックアップし、それらの株価をもとに米国ダウ・ジョーンズ社が開発した計算式により求められている。

▶ ストラクチャリング業務と調査／分析業務

── ストラクチャリング ──

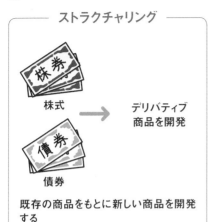

株式

債券

→ デリバティブ
商品を開発

既存の商品をもとに新しい商品を開発
する

── 調査／分析 ──

市場動向、個別企業の株価、財務分析
を行い、割安かどうかを判断する

▶ 調査／分析は証券アナリストの仕事

── 証券アナリスト ──

【業務】
企業の財務内容
や成長性を調査・
分析し、投資価
値を判断する

リサーチ・アナリスト

【業務】
市場全体の動きを
分析する

マーケット・アナリスト

👍 ONE POINT

CMA資格を取得して実績を積む

CMAとは日本証券アナリスト協会認定アナリストのことをいいます。証券アナリストは、一般的に日本証券アナリスト協会が実施するCMA資格を取得し、さらなる実績を積んでいきます。通信講座により学習し、第1次試験、第2次試験を合格、かつ証券分析の実務経験が3年以上と認定された人がCMAを取得することができます。第2次試験に合格し、実務経験が3年未満の場合には、日本証券アナリスト協会検定会員補に登録することでCMA並みのサービスを受けることも可能です。

Chapter5
08

証券取引所の業務とは？

証券取引所は、投資家が株式などの売買取引を安心して取引できるしくみをつくっています。また、上場企業が資金を調達するための市場づくり、証券会社がルールどおりに営業などを行っているかのチェックもしています。

証券取引所は大きく6つの役割を果たしている

証券取引所では、投資家が株式などの売買をしやすくするための売買ルールや、上場企業が資金を調達するための市場づくりなど、証券取引に欠かせない役割を果たしています。大きく分けると6つの役割があります。

1つめが、「市場の安全性や信頼性を守る」仕事です。間違った注文（誤発注）がないかどうかを日々監視しています。仮にそうした注文があった場合には、売買を停止し、確認を行います。これは株価に大きな影響を与えるような情報が発表された場合にも行われることがあります。

2つめが、「取引ルールのチェック」です。例えば、株価を意図的につりあげようとする注文を出したり（株価操縦）、まだ公表されていない情報をもとに株式を売買しようとしたりする人がいます。こうした行動は違法であるため、証券取引所は監視を厳しく行っています。

3つめが、「上場審査」です。これは、上場を希望する企業に対して、業績などで不正なことはないか、成長性なども考慮して、上場するに値するかどうかを審査するものです。

こうした厳しい審査があるため、日本国内には企業が100万社あるともいわれるなかで、上場企業数は4,000社以下となっています。

4つめが、「システムづくり」です。現在、証券取引所での売買取引のほとんどがコンピュータにより行われています。

東京証券取引所だけでも、1日に1億件もの売買が行われる日もあります。数多く行われる取引をうまく進めるための土台づくりを行っています。

誤発注
株式などの売買注文で数字を間違えるなどの注文ミスをすること。2005年に当時の東証マザーズに上場したジェイコム株の取引で、「61万円1株売り」を「1円61万株売り」とした誤発注が有名である。

株価操縦
意図的に株価を操作する行為。売買する気もないのに大量の注文を出す、あたかも売買が活発なように見せかける行為が該当する。こうした行為は法律で禁止されており、罰則が科されることがある。

上場審査
株式を上場させるための審査。市場ごとに審査基準が異なり、株主数、時価総額などさまざまな基準がある。こうした上場審査は、証券取引所だけではなく、主幹事証券会社による審査もある。

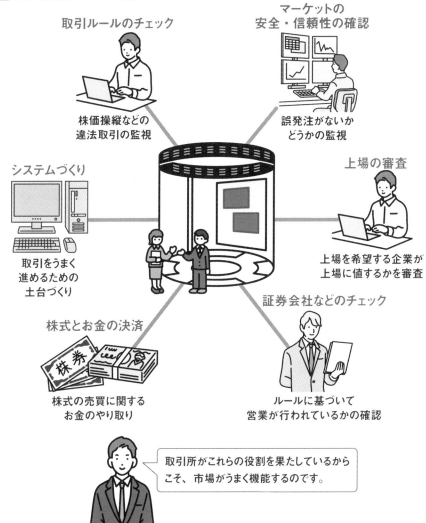

▶ 証券取引所の6つの業務

取引ルールのチェック
株価操縦などの
違法取引の監視

**マーケットの
安全・信頼性の確認**
誤発注がないか
どうかの監視

システムづくり
取引をうまく
進めるための
土台づくり

上場の審査
上場を希望する企業が
上場に値するかを審査

株式とお金の決済
株式の売買に関する
お金のやり取り

証券会社などのチェック
ルールに基づいて
営業が行われているかの確認

取引所がこれらの役割を果たしているからこそ、市場がうまく機能するのです。

　5つめが、「証券会社のチェック」です。証券会社がルールに基づいて営業を行っているか、管理体制に問題はないかなどをチェックする仕事も行っています。

　6つめが、「株式とお金を交換するサービス」です。これを**決済**サービスと呼び、日々の売買に関連するお金のやり取りがうまく進むようなサービスを提供しています。

決済
株式などを買った人
は代金を支払い、売
った人は代金を受け
取る。このときのお
金と株式などの交換
を決済と呼ぶ。具体
的には、日本証券ク
リアリング機構とい
う機関を通して決済
が行われる。

Chapter5
09

ネット取引口座数は10年で2,000万口座以上増加している

個人株式投資の主流は
オンライントレード

インターネット取引の口座数は3,900万口座と、オンライントレードが当たり前になりました。オンライントレードを最も活用しているのは40〜50代ですが、70歳以上でも口座数は631万口座に上ります。

📍 インターネット取引口座を持つのは当たり前に

　日本証券業協会の「インターネット取引に関する調査結果（2022年9月末）について」によれば、インターネット取引の口座数は、2022年9月末段階で個人及び法人などを合わせて3,900万口座。2013年3月末には1,816万口座であったことを考慮すると、実に9〜10年で2,000万口座以上増加したことになります。

　また、同調査によれば、インターネット取引ができる証券会社は2022年9月末時点で33.7％（91社）であり、2013年3月末には22.4％（57社）であったことから、**オンライントレード**を重視する証券会社が増加していることがわかります。しかし、証券会社数からいえば、まだまだ地場証券を中心に対面営業で頑張っている会社も多いといえます。

📍 年代別インターネット取引口座

　インターネット取引のことをオンライントレードといいますが、40〜50代で株式売買取引に活用する人が多くなっています。2022年9月末時点で、40代のインターネット取引口座数は840万口座、50代が799万口座、60代が567万口座となっており、どちらかといえば多くの人がインターネットを利用していると考えられる60代以下で口座数が多いのが特徴です。

　とはいえ、意外かもしれませんが、70代以上の人でも631万口座がインターネット取引口座であることから、インターネット取引はどの年代層でも今では当たり前になっていることがわかります。ただし若年層では、資金に余裕がない、そもそも年代的に人口が相対的に少ないといった理由からか、30代では662万口座、30才未満では378万口座となっています。

日本証券業協会
証券会社や金融機関によって組織される業界団体。内閣総理大臣の認可を受けた法人であり、証券取引をスムーズに行えるようなしくみづくりのほか、投資者保護のための規制づくりといった役割がある。

オンライントレード
株式や通貨、投資信託などの金融商品をインターネットを経由して売買することを指す。オンライントレードのみで行う証券会社もあれば、対面営業どちらも行う証券会社もある。

地場証券
地域密着型の営業活動を行う証券会社。主に地元に住む個人投資家や中小企業の経営者などが顧客層である。地元だからこその情報を得ることができるなど、地元の投資家に好まれることもある。

▶ インターネット取引口座数（年代別口座及び口座比率）

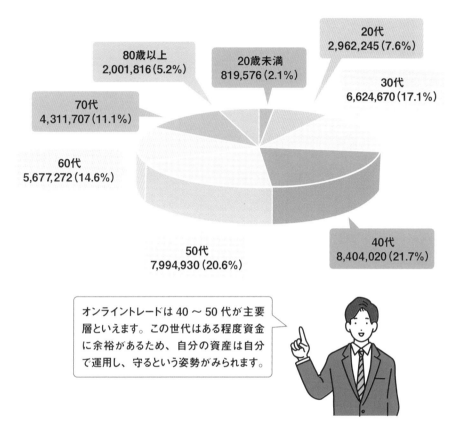

20代
2,962,245（7.6%）

30代
6,624,670（17.1%）

80歳以上
2,001,816（5.2%）

20歳未満
819,576（2.1%）

70代
4,311,707（11.1%）

60代
5,677,272（14.6%）

40代
8,404,020（21.7%）

50代
7,994,930（20.6%）

オンライントレードは40〜50代が主要層といえます。この世代はある程度資金に余裕があるため、自分の資産は自分で運用し、守るという姿勢がみられます。

出典：日本証券業協会「インターネット取引に関する調査結果（2022年9月末）について」

ONE POINT

売買代金からみるとさほど大きな変化はない

インターネット取引の売買代金（株式の売買が成立した金額。売買代金が増加するほど、取引が活性化していることを示す）からみると、インターネット取引が占める割合は2022年9月末に22.9%となっており、この10年でさほど大きな変化はありません。インターネット取引はどちらかといえば個人が主体であり、金額は大きくはないと想定できます。ただ、それでも口座数を考慮すると個人の主流はオンライントレードであると考えられます。

「時間優先の原則」と「価格優先の原則」のもと取引が行われる

株式の売買と流通のしくみ

上場株式は、証券会社を通じて証券取引所で売買されます。株式市場には発行市場と流通市場があり、私たちが普段株式の売買を行うのは流通市場です。発行市場は、新しく株式を発行して販売する場合などに該当します。

上場株式は証券取引所で売買される

私たちが株式の売買を行うことができるのは上場株式のみです。上場株式とは、証券取引所に上場する株式を指します。上場していない、いわゆる未上場株式に関しては、基本的に誰でも売買できるしくみにはなっていません。上場するためには、株主数や利益などさまざまな基準をクリアする必要があり、上場して初めて誰でもその株式を売買できるようになります。

上場株式は、証券会社を通じて証券取引所で売買されます。証券会社は、顧客からの売買の注文を証券取引所に取り次ぎ、証券取引所では買いたい人と売りたい人がうまく取引できるようにマッチングを行います。そして金額や注文株数などがマッチすることで初めて売買が成立します。この際に株式取引では大きく2つのルールに基づいて売買がなされます。

時間優先と価格優先、2つの原則

2つのルールとは、「時間優先の原則」と「価格優先の原則」です。時間優先の原則とは、先に注文を出した人が優先されるしくみです。価格優先の原則とは、買い注文であれば値段が高い人の注文が優先され、売り注文であれば値段が低い人の注文が優先されるしくみとなっています。

また、株式の売買ができる時間は決まっており、東京証券取引所の場合、前場（ぜんば）が9時から11時30分、後場（ごば）が12時30分から15時です。この時間内で通常は売買取引が行われます。ただし、証券会社によっては証券取引所を介さずして株式を売買できる私設取引システム（**PTS取引**）を利用して売買を行うことも可能です。PTS取引を利用することで、昼間は仕事で忙しい会社員でも

時間優先の原則
証券取引所の株式の売買において、同じ条件の売買注文がある場合に、先に注文を出したほうを優先するルール。同時に注文が発生した場合には、一般的に数量の多い注文が優先されることになる。

価格優先の原則
値段を指定しない成行注文は、価格を指定する注文よりも優先される。

PTS取引
Proprietary Trading System。夜間取引などが該当する。夜間取引の場合、夕方以降に発表される決算情報などをもとに売買できる。

▶ 株式の売買と流通のしくみ

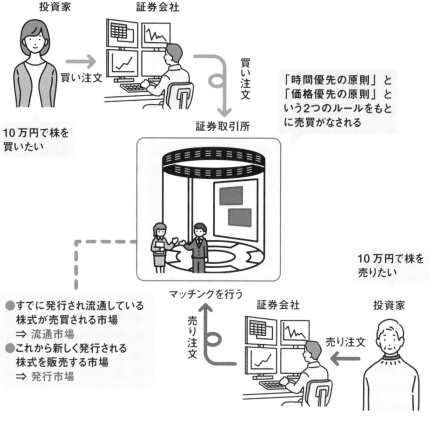

投資家　証券会社

買い注文

10万円で株を
買いたい

買い注文

証券取引所

「時間優先の原則」と
「価格優先の原則」と
いう2つのルールをもと
に売買がなされる

10万円で株を
売りたい

マッチングを行う　証券会社　投資家

売り注文

売り注文

●すでに発行され流通している
　株式が売買される市場
　⇒ 流通市場
●これから新しく発行される
　株式を販売する市場
　⇒ 発行市場

証券取引所では、証券会社からの注文を
マッチングさせ売買の成立を図ります。

夜間に売買することが可能です。

　こうした、すでに発行され流通している株式が売買される市場
を流通市場と呼びます。また、これから新しく発行される株式な
どが販売される市場を発行市場と呼び、2つは区別されています。

　なお、株式を買って保有し株主となり、配当金や**株主優待**を目
当てとする投資家も多くいます。

株主優待
株式を所有する株主
に、自社商品やサー
ビスなどの優待品を
提供するサービス。
任意の制度だが、個
人投資家はこれを魅
力とする人も多い。

Chapter5

11

証券投資の入門に最適な投資信託

もう少し気軽に投資したい人、運用に不安な人、プロに任せたい人などは、投資信託を利用する方法があります。投資信託はプロが運用するため、細かい運用の知識まで覚えなくても投資が可能です。

投資信託から第一歩を踏み出す人は多い

証券会社といえば、株式による運用がメインといえます。とはいうものの、ほかの金融商品も扱っており、その代表例が投資信託です。

投資信託は、銀行や郵便局などの金融機関でも販売されています。投資が初めてという人や、運用はプロに任せたい人にとっては、投資信託はうってつけの運用商品といえます。実際に投資の第一歩を投資信託から始める人は少なくありません。

投資信託は、多くの投資家から資金を集め、その資金をもとに専門家が株式や債券、金などで運用します。運用が好調であれば、投資金額は増えます。また、**分配金**が支払われる投資信託もあり、老後の年金代わりに受け取る人もいます。

投資信託のしくみ

投資信託に関連する企業は、販売会社、運用会社(投資信託委託会社)、信託会社(信託銀行)の3つです。

販売会社は、証券会社や銀行、郵便局などの金融機関であり、投資信託を投資家に販売します。そして、集めた資金をもとに、運用会社(投資信託委託会社)が運用します。運用は**ファンドマネージャー**を中心に行われます。

運用資金の管理に関しては信託会社(信託銀行)が行います。なお、販売時にかかる販売手数料は販売会社が受け取ります。また、運用時には**信託報酬**が差し引かれ、投資信託を換金するときには**信託財産留保額**がかかる場合があります。このうち、信託報酬は、販売会社、運用会社、信託会社で分けられます。

投資信託で運用するメリットは、①少額から運用できること、

分配金
売買による利益や配当金などをもとに、投資信託で支払われるお金。投資信託の分配金は、年1回、毎月などさまざまな支払われ方があるほか、分配金をそもそも出さない方針のものもある。

ファンドマネージャー
P.190参照。複数のファンドマネージャーで1つの投資信託を運用することもある。

信託報酬
投資信託の運用管理費用。投資信託の種類によって異なり、年0.5～2.0%程度が一般的。日経平均株価に連動するような指数連動型の投資信託(インデックスファンド)は信託報酬が低い傾向にある。

▶ 投資信託のしくみ

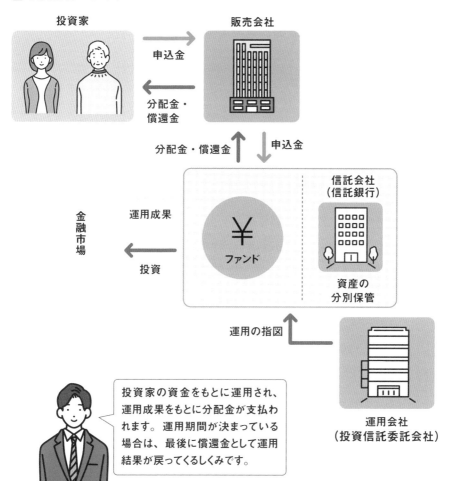

投資家の資金をもとに運用され、運用成果をもとに分配金が支払われます。運用期間が決まっている場合は、最後に償還金として運用結果が戻ってくるしくみです。

②専門家による運用が行われること、③分散によるリスク軽減が図れることです。投資信託は、1万円前後からの投資が可能です。プロは集めた資金をもとに複数の株式などへ投資を行うため、万が一投資する企業の1社が倒産したとしても、運用資金がゼロになるといったことはありません。

　このように証券投資の入門として、投資信託は最適な運用商品といえます。

信託財産留保額
投資信託を解約（換金）する際にかかる費用。これは、その投資信託を保有し続けるほかの投資家に迷惑がかからないようにするための費用といえる。なかには、信託財産留保額がかからないものもある。

Chapter5
12

証券業にまつわる法律

証券業に関連する法律には、金融商品取引法、金融サービス提供法、犯罪収益移転防止法といったものがあります。いずれも取引や売買に関連する法律であり、経済の健全な発展と顧客を守るためのしくみができあがっています。

法律で厳しい規制を課すことで投資家を守る

証券業は、厳しく法律で規制されており、誰でもできるわけではありません。また、投資家である顧客を守るため、さまざまなしくみ・取り決めが法律で定められています。それらの主な法律は、「金融商品取引法」「金融サービス提供法」「犯罪収益移転防止法」です。

金融商品取引法とは株式などの取引に関する規制

金融商品取引法とは、株式の売買など取引を中心に規制する法律です。例えば、**インサイダー取引**などの不正取引を防いだり、排除するための規制を行ったりします。また、一定割合の株式をまとめて取得し買収するといった場合には、**公開買い付け**を行う必要があるなどの取引の規制を設けています。ほかにも、証券会社が守るべきルールとして、顧客の経験や知識、財産の状況などに照らして勧誘や販売を行う「適合性の原則」、顧客との取引において損失を補てんしてはならない「損失補てんの禁止」などが課されています。こうしたルールをもとに、証券会社の営業や顧客の売買取引は行われています。

金融サービス提供法とは商品販売時のルール

金融サービス提供法は、その名のとおり、証券会社などが株式や債券、投資信託といった金融商品を販売、提供する際のルールを課した法律です。例えば、顧客に重要事項の説明を行わずに金融商品を販売し、損失が生じた場合には販売した証券会社、銀行などが損害賠償責任を負うことになります。つまり、投資家を悪質な業者から守るための法律です。

インサイダー取引
会社の重要事実を知り、公表前にその事実をもとに株式を売買すること。上場企業の役職員や大株主、顧問弁護士はもちろんのこと、役職員などから情報を聞いて売買した人も罰則の対象となる。

公開買い付け
上場企業を買収するときに不特定多数の株主から株式を買い付ける方法。買付株数、買付期間、買付価格などを公表し、賛同した株主から株式を買い付ける。市場価格より高めに設定されることが多い。

重要事項
株式や投資信託を購入する際に説明する必要がある内容。投資するにあたり、価格の変動があること、倒産などの場合には資金が戻ってこない可能性があることなどを販売会社が説明する必要がある。

▶ 証券業にまつわる主な法律

金融商品取引法
株式など金融商品の取引に関する規制・しくみをつくる法律

金融サービス提供法
金融商品の販売時のルールを決めた法律

犯罪収益移転防止法
犯罪や不正取引などにより得た資金隠しを防ぐための法律

インサイダー取引の規制対象者

①：発行会社の
役員・従業員

⑤：契約先の
役員・従業員

②：株主

①〜⑥の者から
重要事実の伝達を
受けた者

発行会社

⑥：①〜⑤でなくなって
1年以内の者

④：公認会計士・
顧問弁護士

③：法令に基づく
権限を有する者

🔵 犯罪収益移転防止法とは資金隠しを防ぐ法律

　犯罪収益移転防止法では、**マネーロンダリング**などの犯罪に利用されることを防ぐため、またテロリズムの資金隠しに利用されないようにするために、口座開設などを行うときに証券会社や銀行などに本人確認を義務付けています。口座開設後も、他人になりすましたという疑いがあった場合や、過去にウソの申告をしていた場合などには、再度取引時に本人確認をしなければなりません。

　こうした規制により投資家を守り、経済の健全な発展を目指すしくみがつくられているのです。

マネーロンダリング
犯罪や不正取引により得たお金を、複数の証券会社、銀行などの口座に移動させて資金の出所をわからなくすること。資金洗浄ともいわれる。

ペーパーレス化が進む株券や債券

紙で見ることはもはやない？

株式や債券を購入するときに、紙で受け取ったことはあるでしょうか？　今や紙で保有している人はほとんどいないといってよいでしょう。これは、ペーパーレス（電子）化が進んでいるからです。

2009（平成21）年1月5日から、株券の電子化が実施されました。これは、社債、株式などの振替に関する法律に基づき、上場株式の株式などに係る株券をすべて廃止し、電子的な管理に統一するものです。インターネット証券などでは、ホームページ上で何株買ったかを確認することができます。これが電子化です。

株券電子化により、株主にとっては、株券を手元で保管することによる紛失、盗難、偽造といったリスクを排除することができます。また、会社の商号が変更した場合に、株券の交換のため、いちいち発行会社に株券を提出する必要がなくなります。企業においても、株券の発行に伴う印刷代や印紙税などのコスト削減につながっています。

こうしたしくみが取られているため、現在では、インターネット上で何株持っているかを確認するのみで、まず紙で見ることはないでしょう。

株券が手元にある場合は？

それでは、電子化される前から自宅に株券がある、という人はどうなるのでしょうか。この場合でも、株主名簿上の名義人の名前で、株式発行会社により特別口座が開設されており、権利は保全されています。

ただし、このままでは株式の売却はできません。取引を行うためには、株主が証券会社に口座を開設し、特別口座から株式の振替手続きを行う必要があります。なお、未上場の株式に関しては、電子化の対象とはなっていないため、株券を発行するかしないかは未上場の会社自身に任されています。

私は証券会社勤務時代に、株券を見る機会はほとんどありませんでした。若い世代は見る機会がないかもしれません。このような流れで、現金もペーパーレス化し、見ることがなくなっていくのかもしれません。

第 6 章

保険業のしくみ

保険とは、万が一のときに、金銭的な損失を皆で支え合うしくみです。社会保険には医療保険や公的年金保険、雇用保険などがあり、民間保険には生命保険や損害保険があります。ここではさまざまに存在する保険のしくみについて、また、保険と銀行の関係などについて解説します。

Chapter6
01

保険とは何か

保険とは、人生で起こりうる不測の事態に備える制度のことを指し、金銭的な損失を皆で支え合うしくみです。具体的には、リスク発生時に必要となるお金を保険会社などに負担してもらう移転という手法が該当します。

貯蓄は三角、保険は四角

保険は、「相互扶助」により成り立っています。相互扶助とは、お互いに助け合うことを意味し、いつ、誰が、どこで何が起きるかわからない万が一のときに、金銭的な損失を皆で支え合うことを保険により対応できるようにするものです。この「相互扶助」を実現するための保険をつくる土台となるのが「大数の法則」と「収支相等の原則」です。

生命保険は、死亡、病気、ケガなどの人に対する保障をお金で備えていくものです。保険のメリットは、契約した時点から必要な保障をすぐに得ることができるようになること。保障額は契約当初から契約満了（満期）まで同じ額を得ることができるため、「保険は四角」と呼ばれています。

仮に貯蓄で必要な保障を同じだけ得ようとすると、時間がかかることになります。貯蓄は貯めるのに時間が必要となるため、保険の四角に対して「貯蓄は三角」と呼ばれています。もし必要な保障を貯めることができずに亡くなった場合などには、その後の家族の生活に支障をきたす恐れがあります。そのような事態に備えて、いつ何が起きても対応できるようにするために保険が存在するのです。

保険には社会保険と民間保険がある

保険には、公的機関が運営を行い、要件にあてはまる人は強制加入となる「社会保険」と、民間の保険会社が運営を行い、加入は任意（自助努力）となる「民間保険」があります。

社会保険には、医療保険（健康保険など）、公的年金保険、雇用保険、労災保険、公的介護保険の５種類があります。

大数の法則
１つひとつの出来事の発生では特に法則はみられないものの、数多くの出来事を集めると一定の法則を見出すことができる。この法則を用いて、男女別、年齢別の死亡率をまとめた「生保標準生命表」がつくられている。

収支相等の原則
保険契約者全体が支払う保険料の総額と、保険会社が支払う保険金と費用の総額が等しくなるように保険料を算定する原則。保険料とその運用益が保険金と費用の合計額に等しくなるように保険料が計算される。

自助努力
自分のことは自分でやるという意味。特に老後資金面や病気・ケガへの備えにおいて、自助努力による早めの対策が求められている。

▶ リスク発生時に必要な資金

移転

リスク発生時に必要となるお金を他者（保険会社など）に負担してもらう手法

例 地震に備えて地震保険に加入する

保有

リスク発生時に必要となるお金を自分自身で用意する手法

例 病気になった場合に備えて貯蓄する

▶ 貯蓄は三角、保険は四角

貯蓄金の場合

積立金額

必要なお金

期間

この時点でもしものことが起きたら……？

保険の場合

万が一のときに受け取れる保険金額

必要なお金

期間

この時点でもしものことが起きても大丈夫

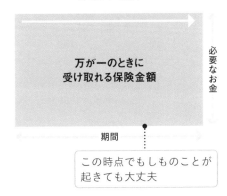

貯蓄は目標金額を貯めるまでにコツコツ貯めていく必要があり、時間がかかります。それを図で示すと三角になります。一方、保険では、保険期間中の保障期間は同じ金額で設定できるため、図で示すと四角で表すことができるのです。

　一方、民間保険は、こうした社会保険で不足する部分を補う役割を担います。

　民間保険は、人の生死を主な対象とする生命保険と、偶然な事故による損失の補てんを主な対象とする損害保険、病気やケガ、介護などを主な対象とする第三分野の保険といった3つから構成されています。

Chapter6 02

保険の歴史

保険の考え方自体は古代ギリシャ時代からすでにあり、14世紀頃にイタリアの商人のアイデアから海上保険ができあがります。生命保険は、17世紀のイギリスの積立制度が起源といわれています。

保険の考え方は古代ギリシャ時代からあった

保険の歴史は損害保険から始まります。古代ギリシャ時代の海上輸送ではすでに損害保険の考え方ができあがっていました。海上輸送時に、嵐や海賊などの予期せぬ事態に遭遇した場合に、積み荷に損害があれば荷主と船主で負担するという習慣ができていました。これが保険のそもそもの始まりと考えられています。

保険業はイタリア人のアイデアが始まり

保険業としての最初は、イタリア商人のアイデアからです。14世紀のイタリアでは、航海が成功した場合には金融業者に手数料を支払う代わりに、航海が失敗した場合には金融業者が積み荷の代金を支払うしくみができあがり、これが海上保険へと発展したといわれています。さらにいえば、1666年に、ロンドン大火を契機に火災保険が登場し、火災発生率や建物数から保険料を設定するなど現代に近いものとなっていきます。

日本でも保険の始まりは損害保険からです。もともとは16～17世紀頃の朱印船の海難事故リスクをもとに、抛金という制度が考え出されました。その後、1869年に神奈川県の税関が、倉庫の貨物に火災損傷の請負を行ったことが損害保険業の最初とされ、1879年には日本初の海上保険会社である東京海上が、1887年には日本初の火災保険会社である東京火災保険が設立されます。

日本初の生命保険は明治時代に誕生した

生命保険は、17世紀にイギリスで始まった葬儀費用の積立制度が最初といわれています。皆で貯蓄を始めて貯まったお金から葬儀費用を出す、いわば互助のしくみができあがっていたのです。

海上保険
航海により発生した事故の損害を補償する保険。沈没や火災、座礁、衝突といった海上危険はもちろんのこと、盗難、海賊、襲撃、拿捕、ストライキなど航海上の危険を包括的に引き受ける保険が一般的。

抛金
金融業者が1航海ごとに証文に基づきお金を貸し、無事に航海できれば利子（3割～11割）と元金を徴収する。一方で、航海が難破などで失敗した場合には利子も元金も支払わなくてよいとする制度。

▶ 保険の歴史

世界最初の
生命保険の成り立ち

17世紀、イギリスの
葬儀費用の積立制度
が始まり

日本最初の
生命保険の成り立ち

福沢諭吉門下の阿部
泰蔵により、明治生命
が設立される

世界最初の
損害保険の成り立ち

古代ギリシャの海上輸
送、14世紀のイタリ
ア商人による航海の手
数料が始まり

日本最初の
損害保険の成り立ち

江戸時代の抛金に始
まり、1879年に東京
海上保険が設立される

　日本では、1881（明治14）年に福沢諭吉の門下生であった阿部泰蔵（あべたいぞう）が明治生命（現明治安田生命）を設立したのが生命保険の先駆けです。その後、帝国生命（現朝日生命）、日本生命が設立されましたが、これらの会社は現在でも活躍する老舗の保険会社です。

　この3社により、1911（明治44）年に日本三会社生命表が作成されました。これはわが国最初の経験生命表といわれています。

経験生命表
実際に生じた死亡統計などに基づいて、生命保険会社などが作成するもの。具体的には、現在の各年齢での死亡率をもとに、今年生まれた一定数の人のうち、各年齢で生き残っている人数の期待値を表現したものである。

🖐 ONE POINT
日本初の火災保険会社「東京火災保険」は現在の損保ジャパン

東京火災保険は1887年に設立された日本初の火災保険会社です。現在の損保ジャパンが該当します。損保ジャパンは、全部で9つの損害保険会社が母体となっています。その後、1891年に明治火災保険、1892年に日本火災保険が設立されました。

Chapter6 03

生命保険会社の組織と業務

生命保険会社には、根拠法や構成員が異なる相互会社と株式会社の2形態があります。また、生命保険会社の業務は大きく3つあり、営業、アンダーライティング、資産運用に分かれます。

相互会社は保険会社独自の形態である

生命保険会社には、相互会社と株式会社の2つの形態があります。相互会社とは、助け合いの精神に基づき行われる会社形態であり、保険契約者同士が支え合うためにつくられた、日本では保険会社のみに認められている会社形態です。かつては大手生命保険会社の多くが相互会社の形態をとっていました。

相互会社の根拠法は、保険業法です。保険料を支払う保険契約者が構成員となり、社員と呼ばれます。通常の会社の正社員などとは概念が異なります。また、株式会社でいう株主総会に当たるものを社員総会と呼び、保険契約者に剰余金から配当を支払うことができます。

一方、株式会社の根拠法は、会社法です。一般的な株式会社と同様、保険会社も株式会社の形態が認められています。株式会社では株主が出資者であり、保険契約者だけではなく株主にも配当が支払われるしくみとなっています。

2000年に保険業法が改正されてから、相互会社から株式会社へ移行がスムーズに行えるようになり、株式会社化が進みました。特に第一生命保険が株式会社化し上場したことは大きなインパクトとなり、競争により保険料の低価格化や新たな商品の提供などにつながっています。

生命保険会社の業務は大きく分けて3つ

生命保険会社の業務は、営業、アンダーライティング、資産運用の3つに大別できます。

営業は、個人営業、法人営業、代理店営業に分けられます。保険会社が保険を販売するほか、販売するための教育を行い、代理

剰余金
保険金支払いに備えて保険料から積み立て、運用を行う資金のうち、保険会社の費用や運用益、支払う保険金などを考慮した結果、残った資金を指す。

会社法
会社の設立、組織、運営、管理などを定めた法律。会社法では、株式会社のほか、合名会社、合資会社、合同会社の4種類が規定されている。相互会社は、保険業法によって認められ、日本生命保険などが採用している。

第一生命保険
1902年に日本で初めて相互組織の生命保険会社として創立した。保有契約ランキングなどで日本生命に次ぐ業界二位。「一生涯のパートナー」が経営理念である。

▶ 生命保険会社の組織形態（相互会社と株式会社）

	相互会社	株式会社
性　質	保険業法に基づく非営利法人	会社法に基づく営利法人
構成員	社員（保険契約者）	株主
資　本	基金（基金拠出者が拠出）	資本金（株主が出資）
意思決定機関	社員総会（総代会）	株主総会

▶ 生命保険会社の業務

生命保険会社

営業
- 個人営業
- 法人営業
- 代理店営業

アンダーライティング
- 新規契約業務
- 契約サービス関連業務
- 支払い業務

資産運用
- 株式
- 債券
- 不動産　など

店に販売してもらう形態も増えています。

　アンダーライティングは、審査から契約までを行う新契約業務、保険の見直しによりニーズにマッチした保険へ変更する契約サービス関連業務、保険金や給付金の支払いを行う支払い業務に分けられます。

　もう1つが資産運用です。生命保険会社は機関投資家としての顔ももち、預かった保険料を運用する役割も担っています。

機関投資家
生命保険や年金など資金を運用する法人投資家。運用額が大きく、市場への影響力が強い。株式以外にも債券、為替、不動産など多方面で運用を行い、収益を獲得する。中長期的な資産運用方針を策定し実行している。

Chapter6

04

生命保険の収益のしくみ

生命保険の収入は保険料をもととし、利益の源泉は死差益、利差益、費差益の3つから構成されます。この3つをもとにした剰余金から、毎年保険契約者に契約者配当金を支払い、残りを内部留保として企業内に蓄積します。

生命保険の収益は三利源がもととなる

生命保険会社の主な収入は私たちが支払う保険料です。この保険料をもとに、保険金の支払いに充てたり、資産運用を行ったりしています。そして、利益は「三利源」と呼ばれる死差益、利差益、費差益から得られます。

死差益とは、予定死亡率により見込まれた死亡者数よりも、実際の死亡者数が少なかった場合に生じる利益です。亡くなる人が想定よりも少ない場合、保険金支払いも少ないため生じます。

利差益とは、予定利率により見込まれた運用収益よりも、実際の運用収益が多かった場合に生じる利益です。保険会社は増やす・守るの両面から多額の資金を運用し、将来の保険金支払いに備えています。つまり、想定よりも運用がうまくいくことで利差益は発生します。

費差益は、予定事業費率により見込まれた経費よりも、実際の経費が少なかった場合に生じる利益です。保険会社ではたらく社員などの給料や家賃といったものをカバーするために毎年いくらぐらい費用がかかるかを見積もり、想定よりも費用が少なければ費差益として計上します。

利益が配当金として契約者に還元される

保険料は、3つの予定基礎率（予定死亡率、予定利率、予定事業費率）をもとに算出されますが、これはあくまで将来に対する予測で求められたものです。一般的には余裕をもって算出がなされているため、死差益、利差益、費差益が生じます。これらから生じる利益をまとめて「剰余金」と呼んでいます。

決算により剰余金が発生した場合には、一定の条件に従って契

予定死亡率
将来の保険金支払いのために必要な保険料の計算に用いられる死亡率。過去の統計から年齢別・性別の死亡者数を予測し、将来の保険金支払いなどに充当する場合の必要額を算出する際に利用する。

予定利率
生命保険会社が保険契約者に約束する運用利回り。予定利率が高いほど保険料は安くなり、予定利率が低いほど保険料は高くなる。

予定事業費率
保険会社の必要となる経費を見積もったもの。

▶ 生命保険の収益のしくみ

三利源	死差益	予定死亡率により見込まれた死亡者数よりも、実際の死亡者数が少なかった場合に生じる利益
	利差益	予定利率により見込まれた運用収益よりも、実際の運用収益が多かった場合に生じる利益
	費差益	予定事業費率により見込まれた経費よりも、実際の経費が少なかった場合に生じる利益

剰余金

契約者配当金　　　内部留保

死差益、利差益、費差益から生じる利益を剰余金と呼びます。決算により剰余金が発生した場合は、一定の条件に従って「配当金」として契約者に還元されます。

約者に還元されます。これを「配当金」といいます。配当金は、契約後1年以上経過した保険に、経過年数、保険期間などによって公平に割り当てられ、一般的には契約後3年目から支払われることになります。なかには配当金が支払われない無配当保険と呼ばれるものもあります。剰余金から支払われる配当金を除いた残りは、内部留保として保険会社内に蓄積されます。

内部留保
企業が獲得した利益のうち、社外に分配せずに企業内に蓄積するものを指す。内部留保が多いほど、資金繰りは楽になり、経営は安定するものの、株主からその活用方法が求められることもある。

👉 ONE POINT

保険会社でかかる経費は保険料に組み込まれている

予定事業費率とは保険会社の必要となる経費を見積もったものです。「必要となる経費」とは、保険料の集金、新契約の募集、契約の管理にかかる人件費や家賃などの事業費を指します。保険会社は、あらかじめ保険料のなかに、これらの費用を組み込むことができるように設計しているのです。

Chapter6
05

さまざまな生命保険

生命保険は大きく分けて3つのタイプがあります。死亡保険、生存保険、生死混合保険です。死亡に備えるのか、老後に備えるのかを検討し、その時々に合わせて見直しと加入を考えるのがよいとされています。

死亡保険とは

　生命保険には、どのような時に保険金が支払われるかといった側面から、以下の3つの種類（死亡保険、生存保険、生死混合保険）に分けることができます。

　死亡保険とは、被保険者が保険期間中に死亡または高度障害状態になった場合に、保険金が支払われるものです。具体的には、定期保険、終身保険、定期保険特約付終身保険といったものがあります。

　定期保険は、一定の死亡保障期間を定め、その期間内に死亡または高度障害となった場合に保険金が支払われます。終身保険とは、死亡または高度障害となった場合の保障が一生続く保険です。貯蓄性のある保険となるため、同じ保障額の定期保険と比べて保険料は高くなります。定期保険特約付終身保険は、終身保険にオプションとして定期保険が追加されている保険です。

生存保険とは

　生存保険とは、被保険者が保険期間満了日まで生存していた場合に保険金が支払われる保険です。個人年金保険やこども保険が該当します。個人年金保険は、老後に備えて自助努力でお金を貯めていく保険であり、こども保険は子どもが高校生や大学生となったときの教育資金を貯めるために加入する保険です。契約者である親に万が一のことがあった場合には、以後の支払保険料は免除されます。

生死混合保険とは

　生死混合保険とは、死亡保険と生存保険を組み合わせた保険で

被保険者
保険の対象となる人。保険契約を締結し保険料を支払う人は契約者と呼ばれ、契約者と被保険者が同じ場合もあれば異なる場合もある。

高度障害
両眼の視力を永久に失う、中枢神経系・精神または胸腹部臓器に著しい障害を残し、終身常に介護を要するものといった状態を指す。具体的には、保険会社の約款に定義が定められている。

保険期間満了日
保険の保障期間が終了する日。満期ともいう。一般的に、保険期間満了日を1つの区切りとして、その後の保険の見直しを検討していく。養老保険などでは、保険期間満了日を向かえると満期保険金が支払われる。

主な生命保険の形態

定期保険

死亡保険金

一定期間、同じ死亡保障が続く

- 必要な期間や一定年齢まで死亡保障を割安に確保したい人
- シンプルな保険のため、状況に合わせて見直しがしやすい

終身保険

死亡保険金

一生涯、死亡保障が続く

- 一生涯の死亡保障を得たい人
- 死亡保障を確保しつつ、必要時には解約することで解約返戻金を老後資金などに充てたい人

収入保障保険

年金受取総額

経過時期に応じて、年金受取総額は減少

- 子どもが成人するまでの死亡保障を得たい人
- できるだけ安い保険料で、当面は大きな死亡保障を得たい人
- 一括受け取りよりも年金で家族の生活保障を得たい人

※このほか、生死混合保険として、養老保険などがある

年金保険

- ▶主に定額型と変額型の2パターンあり
- ▶定額型は年金額が確定している半面、予定利率が低い

- 老後資金の準備をしたい人（若い世代では住宅費や教育費などを除いたうえで余裕のある人）

こども保険

- ▶受取額と保険料総額を比較
- ▶子どもが2人以上の場合、子どもごとに教育費の準備が可能

- 教育資金を強制的に貯めたい人
- 親が亡くなっても子どもの教育資金をある程度確保できるようにしておきたい人

す。具体的には、養老保険が挙げられます。養老保険では、保険期間中に死亡または高度障害となった場合に死亡保険金か高度障害保険金が支払われます。保険期間満了日まで生存していた場合には、死亡・高度障害保険金と同額の満期保険金が支払われます。

これらの生命保険は、その時々の状況に応じて、追加で加入したり減額したりといった見直しを図ります。必要のないものは削り、必要なものは加入することが望ましいといえます。

減額
保険金を減らすこと。家族環境が変わるなどして、加入する保険の保険金額が必要以上に多くなった場合には減額を検討する。一方、保険金額が少ない場合には保険金額を増やす増額を検討する。

Chapter6
06

損害保険会社の組織と業務

損害保険会社の組織形態はすべて株式会社であり、相互会社は現在存在しません。営業部門以外に、新しい損害保険商品の開発などを行う商品開発部門、契約審査や販売促進などを担当するサービス部門などから構成されています。

損害保険会社の組織はすべて株式会社

生命保険会社には、相互会社と株式会社の形態がありますが、損害保険会社は現在株式会社のみの形態となっています。そのため、保険契約者は契約者配当金を受け取る権利がありますが、保険契約者だけでなく株主も利益から配当を受ける権利があります。

営業部門、商品開発部門、サービス部門がある

損害保険会社は、主に営業部門、商品開発部門、サービス部門から構成されます。営業部門では個人向けの営業のほか、法人営業、さらには保険代理店に対する教育やサポートを行っています。

商品開発部門では、日々進化するテクノロジーの変化に伴い、新しいニーズが生まれるため、顧客のニーズを調査、分析しながら、新しい商品の開発・提供を行います。また、すでにある損害保険商品の見直し、改定なども行います。保険料の設定や金融庁の認可申請などにも携わります。

サービス部門では、生命保険同様、機関投資家として資産運用を行う部署があります。このほか、契約審査、販売促進などの営業サポート部署もあれば、リスク管理を行う部門もあります。リスク管理では、損害保険会社自身が取り得るリスクがどの程度か、またリスクを軽減するための策を検討したりします。

損害保険では、再保険というしくみがあります。これは、大災害などで予測を超えるような事態が発生した場合でも、保険金支払いの対応を行えるようにするために、別の保険会社に責任の一部または全部を引き受けてもらうものです。つまり、保険会社が何かあった場合に備えて保険に加入するのです。こうすることで、リスク分散を図る業務もあります。

保険代理店
保険会社と保険契約者の間に入り、必要な保険の提案や契約手続き、各種保険サービスを提供する事業者。損害保険代理店には、保険販売を専業とする専業代理店と、金融機関や不動産業者などが保険販売も行う副業代理店がある。

リスク管理
損失発生の可能性、つまりリスクを低減させるための策や措置について決定、実施すること（P.220参照）。

▶ 損害保険会社の組織

現在すべての組織が株式会社形態であり、相互会社は存在しない。
保険契約者が契約者配当金を受け取れるだけでなく、株主も利益から配当
を受け取る権利を有する。

▶ 損害保険会社の業務

損害保険会社

営　業	商品開発	サービス
・個人営業 ・法人営業 ・代理店営業	・新商品開発 ・保険料設計	・契約審査 ・営業サポート ・資産運用 ・リスク管理

✋ ONE POINT

日本で有名な再保険専門の会社は
トーア再保険株式会社と日本地震再保険株式会社

世界的に有名な再保険専門の会社は、イギリスにあるロイズ保険組合です。一方、
日本では損害保険各社が共同出資したトーア再保険株式会社があります。日本唯一
の総合再保険専門会社で、日本だけではなく、世界各国の損害保険会社、生命保険
会社などから再保険の引き受けを行っています。また、地震保険の再保険の受け手
として日本地震再保険株式会社があります。国内で唯一の家計地震保険の再保険専
門会社であり、地震リスクの地域的時間的な平準化の機能を担っています。

Chapter6
07
損害保険会社の収益のしくみ

損害保険会社の収益は、資産運用収益と保険引受損益の合計からなります。資産運用収益は機関投資家として運用を行った収益。保険引受損益は収入保険料から支払保険金及び経費を差し引くことで求められます。

収益は資産運用収益と保険引受損益からなる

損害保険会社は、現在すべて株式会社であることからもわかるように、利益を追求しつつ何かあったときの備えとして社会的な役割も担っています。

損害保険会社の収益は、資産運用収益と保険引受損益の合計からなります。資産運用収益は、機関投資家として保険契約者から預かった保険料や、これまで積み立てた内部留保をもとに運用を行い収益を得るものです。

一方、保険引受損益は、契約者が支払う保険料をもとにした収入保険料から支払保険金、支払経費を差し引くことで求められます。保険料は、純保険料と付加保険料から構成されており、純保険料は損害発生時の保険金支払いに充てる部分です。付加保険料は、保険会社の経費に充てるものです。資産運用収益と保険引受損益の合計が損害保険会社の収益になり、いずれも黒字という場合もあれば、どちらかが赤字、もしくは両方とも赤字となるケースも年によってあります。

損害率と事業費率とは

損害保険会社の収益を確認するうえで、損害率と事業費率の考え方を知っておきましょう。

損害率とは、保険料に対して保険金などがどのくらい支払われたかを示す指標です。数値が高いほど保険料に占める保険金の支払割合が高いことを示します。

事業費率は、保険料に対して保険の販売や保険の維持管理のための費用をどの程度支出したかを示す指標です。数値が低いほど経営効率がよいといえます。

純保険料
保険金、給付金の支払いのために使用される保険料。損害保険会社では、過去のデータから事故の件数や補償額などを分析し、保険料収入のなかから保険金支払いに必要な原資を確保している。

付加保険料
保険会社の事業運営に必要となる経費をまかなう保険料。具体的には、保険会社の人件費、代理店手数料、広告費などに充てられる。一般的に、ネット保険ではコストを抑えることができるため、付加保険料は安くなる。

損害率
保険契約者などから受け取った保険料収入などに対して、支払った保険金と損害調査費用がどの程度の割合を占めるかを示した指標。大災害などが発生すると、損害率が急激に高くなることがある。

▶ 損害保険の収益のしくみ

損害保険会社の収益 ＝ 資産運用収益 ＋ 保険引受損益

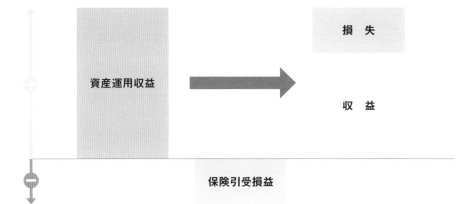

資産運用収益とは…
資産の運用によって得られた収益
【運用資金】
・保険契約者から預かった保険料
・積み立てた内部留保

保険引受損益とは…
保険引受業務から発生した損益
【計算法】
保険引受収益＝
収入保険料－（支払保険金＋支払経費）

いずれもプラスになるときもあれば、マイナスになる場合もあります。

ONE POINT

2021年度は損害率が上昇

損害保険会社を会員とする一般社団法人日本損害保険協会の「ファクトブック2022日本の損害保険」によれば、2021年度の損害率は前年度比1.3ポイント増の59.3％、事業費率は営業費などの増加に伴い、前年度比0.2ポイント上昇の32.9％となっています。2021年度は、自動車保険の支払いの反動増など、保険金支払額が増加したため、損害率が上昇しました。その後の保険料引き上げにもつながる可能性があります。

さまざまな損害保険

損害保険は実損払いで、損害額に応じて保険金が支払われます。主に、物に対する保険、人に対する保険、賠償責任保険、その他の保険の4つのグループに区分けでき、経済的な面でリスクをカバーします。

給付・反対給付均等の原則
保険加入者が負担する保険料は、損害の発生確率（危険度）に基づいて決定される原則。

利得禁止の原則
保険金を受け取ることによって利益を得てはいけないという考え方を指す。実損払いである損害保険は、原則として保険の対象となる物の評価を上回る保険金は支払われない。あくまで損害額を補償の上限とする。

自動車保険
自動車保険には、強制加入となる「自動車損害賠償責任保険（自賠責保険）」と、任意で加入する民間の「任意保険」がある。

飛来
強風にあおられて路上に巻き上がった物体が、車体に向かって飛んできたことにより損傷を受けるといった状況や、石やボールが投げ込まれ窓ガラスが割れるといった場合が該当し、車両保険や火災保険などで補償される。

損害保険には4つのグループの保険がある

損害保険とは、不慮の事故や災害により被った損害を経済的な面からカバーする保険です。生命保険では1日いくらといった定額での支払いになりますが、損害保険では実際の損害額が支払われる「実損払い」となります。

損害保険も、生命保険と同様、保険料の算定には「大数の法則」や「収支相等の原則」が土台となっているほか（P.154参照）、給付・反対給付均等の原則、利得禁止の原則に基づいてつくられています。物に対する保険、人に対する保険、賠償責任保険、その他の保険の4つのグループに分けることができ、特に物に対する保険が柱となっています。

火災保険、地震保険、自動車保険

具体的には、火災保険、地震保険、自動車保険が物に対する保険として有名です。火災保険とは、一般的に火災による建物や家財の損害を補償する保険ですが、保険対象や補償内容により保険種類が分かれます。

火災のほか、落雷、爆発、破裂、風災、雪災、ひょう災などによる損害を補償するほか、水災や水漏れ、盗難、飛来などを補償するものもあります。

地震保険は、火災保険では補償の対象とならない「地震・噴火・津波」による損害を補償します。地震保険の対象となるのは、居住用建物と家財で、明記物件は補償の対象外となります。また、地震保険だけの単独での契約はできず、火災保険（住宅火災保険・住宅総合保険）に付帯して加入します。

▶ 火災保険・地震保険の補償内容

火災保険

火災・風災

落雷

水災・水漏れ

爆発・破裂

物体落下

雪災・ひょう災

騒擾行為（そうじょう）

盗難

地震保険

損害の程度	支払われる保険金額	認定基準	
		建物	家財
全損	地震保険金額の100%（時価額が限度）	土台・柱・壁・屋根などの損害額が時価額の50%以上	家財の損害額が時価額の80%以上
		焼失・流失した床が述床面積の70%以上	
大半損	地震保険金額の60%（時価額の60%が限度）	土台・柱・壁・屋根などの損害額が時価額の40%以上50%未満	家財の損害額が時価額の60%以上80%未満
		焼失・流失した床が述床面積の50%以上70%未満	
小半損	地震保険金額の30%（時価額の30%が限度）	土台・柱・壁・屋根などの損害額が時価額の20%以上40%未満	家財の損害額が時価額の30%以上60%未満
		焼失・流失した床が述床面積の20%以上50%未満	
一部損	地震保険金額の5%（時価額の5%が限度）	土台・柱・壁・屋根などの損害額が時価額の3%以上20%未満	家財の損害額が時価額の10%以上30%未満
		全損・大半損・小半損に至らない建物が床上浸水	

🔵 傷害保険、賠償責任保険、所得保障保険

　人に対する主な保険として、傷害保険があります。傷害保険とは、急激かつ偶然の外来の事故によって、入院や通院、死亡した場合などを補償する保険です。賠償責任保険とは、日常生活の偶然な事故により他人に損害を与え、法律上の損害賠償責任を負った場合に補償される保険です。このほか、国内外を問わず、傷害もしくは疾病により就労不能状態となった場合に、所得を補償する所得補償保険などがあります。

明記物件
1個30万円を超える貴金属や美術品、宝石、骨董品、通貨、有価証券などのこと。火災保険ではこれらも補償を受けることができるが、地震保険では補償の対象外となる。

Chapter6
09

新たな収益源である
第三分野の保険

第三分野の保険とは、第一分野である生命保険、第二分野である損害保険の
いずれとも明確に区分されにくい保険が該当します。以前は外資系の保険会
社と中小の保険会社に販売が限られていました。

生保、損保いずれも販売が可能

保険は3つに分野が分かれます。第一分野は生命保険が該当し、
第二分野は損害保険が該当します。第三分野は、生命保険・損害
保険いずれにも属する、もしくはいずれにも属さない保険が該当
します。具体的には、医療保険、がん保険、民間の介護保険など
です。

医療保険

第三分野の主な保険といえば、医療保険です。医療保険は、病
気やケガが原因で入院した場合や手術をした場合などに給付金が
支給されます。給付金には、入院日数に応じて支払われる「入院
給付金」、手術の種類に応じて支払われる「手術給付金」があり
ます。保障期間には、終身タイプや更新タイプがありますが、い
ずれも入院給付金の1入院当たりの支払限度日数や通算支払限度
日数があります。

終身タイプ
一生涯保障を受ける
ことができる医療保
険のタイプ。一般的
に早く加入するほど
月々支払う保険料は
安くなる。

更新タイプ
10年単位で更新す
るなど、保障期間を
更新できる保険のタ
イプ。終身タイプと
異なり、更新ごとに
保険料が上昇する。

がん保険

がん保険は、がんにかかったときの入院や手術などを保障しま
す。入院時には「入院給付金」が、所定の手術を行った場合には
「手術給付金」が支払われるほか、がんと診断された場合には「が
ん診断給付金」が一時金で支払われます。また、通院時には「通
院給付金」が支払われます。入院給付金は初日から支払われ、支
払日数に限度はありません。

なお、契約から保障開始までに90日間（または3カ月間）の
待期期間があり、待期期間中にがんの診断を受けた場合には保障
を受けることができません。

▶ 第三分野の保険とは？

生命保険会社　　　　　　　損害保険会社

第一分野	第三分野	第二分野
・死亡保険 ・学資保険 ・養老保険	・医療保険 ・介護保険 ・障害保険	・自動車保険 ・火災保険 ・賠償責任保険

生命保険
（第一分野）

両方に属する
または属さない
（第三分野）

損害保険
（第二分野）

死亡に対する遺族保障、老後の生活保障、子どもの教育に備える

病気・ケガ・介護による入院・通院に備える

自動車事故、火災などの災害、法律上の賠償責任に備える

📍 民間の介護保険

　民間の介護保険では、寝たきりや認知症などで保険会社が認める所定の要介護状態となった場合に、介護一時金や介護年金が支払われます。一時金などの支給要件が公的介護保険の要介護基準に連動しているものもあります。

　ほかにも第三分野の保険はさまざまあります。もともとは外資系と国内中小の保険会社に販売が限られていましたが、2001年から第三分野に属する保険商品の販売は自由化され、生命保険会社も損害保険会社も参入し、新たな収益源となっています。

要介護状態
身体または精神上の障害により入浴・排泄・食事など日常生活の基本的な動作について継続的に介護を必要とする状態。

公的介護保険
市区町村が主体となり、40歳以上の人が加入する社会保険の種類。介護が必要と認定された場合に給付を受けることができる。

Chapter6

10

生保と銀行の親密な関係

2007年12月に、銀行による保険の窓販が全面解禁され、今や銀行による保険の販売は当たり前になりました。生命保険文化センターの調査からも、年を追うごとに銀行窓販の影響力が強まっていることがわかります。

銀行の保険販売は2001年4月から徐々に解禁へ

　今や銀行が保険を販売する時代であり、生命保険文化センター「2021（令和3）年度『生命保険に関する全国実態調査』」（右図）を見ても、保険販売において銀行窓販の力が強まってきていることがよくわかります。保険販売においては、銀行窓販はなくてはならない存在となっているのです。

　保険を銀行が販売するようになったのは、2001年4月からです。2000年6月に保険業法の改正が行われたことで銀行でも保険販売ができるようになりました。第1次解禁として2001年4月に住宅ローン関連の信用生命保険や海外旅行傷害保険などの販売が認められました。その後、第2次解禁で2002年10月には個人年金保険、財形保険などの販売が認められました。この個人年金保険などの販売が可能になったことで、銀行窓販は急速に伸びたといわれています。

　第3次解禁として、2005年12月には一時払終身保険、一時払養老保険、個人向け賠償責任保険などが銀行での販売解禁となりました。そして、2007年12月には第4次解禁として、これまで解禁されてきたもの以外の保険商品（定期保険、医療保険、自動車保険など）の販売が解禁されたことで、銀行による窓販の全面解禁に至っています。

銀行窓販の先導役は地方銀行

　銀行窓販が解禁された初期から、保険販売の先導役となったのは地方銀行です。これは、1998年度における投信販売の窓販開始に伴い、地方銀行の窓口で金融商品を販売する態勢が整備されてきていたことが理由の1つとして考えられます。地方銀行の販

銀行窓販

銀行の窓口で保険商品や投資信託商品などを販売すること。1998年12月に投資信託の銀行窓販が解禁され、保険商品は以降、段階的に全面解禁された。銀行窓販は保険販売のチャネルとして重要な役割を果たしている。

信用生命保険

通常、団体信用生命保険（団信）と呼ぶ。住宅ローンを借りた人が返済期間中に死亡または高度障害になった場合に、残りのローンを保険金で返すことができる。

財形保険

財形貯蓄制度に基づき、勤労者の財産形成を支援するための保険が該当する。財形基金保険、財形年金保険、財形住宅貯蓄積立保険、財形貯蓄積立保険、財形給付金保険といったものがある。

▶ 直近加入契約（民保）の加入チャネル

(%)

	2009年調査 （2004〜 2009年に 加入）	2012年調査 （2007〜 2012年に 加入）	2015年調査 （2010〜 2015年に 加入）	2018年調査 （2013〜 2018年に 加入）	2021年調査 （2016〜 2021年に 加入）
生命保険会社の営業職員	68.1	68.2	59.4	53.7	55.9
家庭に来る営業職員	52.5	53	47.5	43.2	44.5
職場に来る営業職員	15.7	15.2	12	10.5	11.5
通信販売	8.7	8.8	5.6	6.5	6.4
インターネットを通じて	2.9	4.5	2.2	3.3	4.0
テレビ・新聞・雑誌などを通じて	5.7	4.3	3.4	3.3	2.5
生命保険会社の窓口	1.9	2.5	3.1	2.9	3.2
郵便局の窓口や営業職員※	2.9	2.1	3	4.2	2.6
銀行・証券会社を通して	2.6	4.3	5.5	5.4	6.2
銀行を通して	2.6	4.2	5.3	4.9	6.0
都市銀行の窓口や銀行員（ゆうちょ銀行を含む）※	1.1	1.9	2.3	2.7	1.7
地方銀行、信用金庫、信用組合の窓口や銀行員	1.1	2.3	2.7	1.8	3.9
信託銀行の窓口や銀行員	0.4	0.1	0.3	0.4	0.4
証券会社の窓口や営業職員	0	0.1	0.2	0.5	0.2
保険代理店の窓口や営業職員※	6.4	6.9	13.7	17.8	15.3
保険代理店（金融機関を除く保険ショップなど）の窓口	—	—	4.7	7.8	6.6
保険代理店（金融機関を除く）の営業職員	—	—	9	9.9	8.7
勤め先や労働組合などを通じて	3	3.2	4.8	3.4	3.6
その他	4.9	3.2	4.1	5.6	6.1
不明	1.3	0.8	0.7	0.6	0.6

※かんぽ生命を除く
出典：生命保険文化センター
　　　「2021（令和3）年度『生命保険に関する全国実態調査』（2021年12月発行）」

売額は当初の5,000億円から着実に増加してきており、いかに保険会社と銀行が手を取り合い親密な協力関係を築いてきたかがうかがえます。銀行窓販市場は今や年間4〜6兆円ともいわれています。

　なお、こうした市場拡大により、顧客への説明が不十分といったトラブルも発生しており、銀行と保険会社にはトラブル防止の連携が求められています。

個人向け賠償責任保険

日常生活のなかで他人にケガを負わせてしまった場合や、他人のモノを壊してしまった場合の損害を賠償する保険。

生保再編は今後どうなる？

2016年に日本生命が業界8位の三井生命保険を買収し子会社化したことで、
生保でもにわかに再編ムードが高まりました。銀行ではすでに合併など再編
が進んでいますが、今後保険会社でも再編が進む可能性はあります。

国内の市場が縮小され、今後再編が起こりえる

今後の日本は人口が減少し、国内市場が縮小する可能性が高まっています。これは、保険業界においても同様です。人口減少に伴い、今後保険に加入する人数は減少していくでしょう。また、第三分野の保険なども考慮すると、生命保険会社同士の競争だけではなく、損害保険会社、共済、さらには少額短期保険会社などとも競争が激化しているため、いかに体力をつけ生き残りを図っていくかが問われる時代となってきています。

2016年に日本生命が業界8位の三井生命保険を買収、子会社化したことは記憶に新しいところです。三井生命保険は現在、大樹生命保険へと社名変更しています。日本生命と第一生命が業界内での覇権争いを行うなかで、こうした国内生保同士の買収・合併は体力の強化、市場シェア争いの両面から進んでいくものと想定されます。

海外へ活路を見出す動きも

また、国内市場が縮小していく可能性が高いことから、海外へと活路を求める動きも今後さらに想定されます。2016年にMS＆ADグループがイギリスの損害保険会社アムリンを買収し、損害保険業界では国内でのシェア争いのほか、海外での売上拡大を図る動きも出てきています。自動車の自動運転などが当たり前の時代になると、自動車保険にも大きな影響が出かねません。生保、損保ともに国内だけでの再編ではなく、海外も含めた再編は十分起こりえます。

現在、損害保険業界は、国内では東京海上ホールディングス、SOMPOホールディングス、MS＆ADホールディングス、AIG

共済

保険会社は保険業法が根拠法令であり、共済は消費生活協同組合法や農業協同組合法などにより規定されている。共済は組合員の相互扶助を目的とし、営利を目的とせず、割安な掛金で保障を得ることができる。

買収

ある会社が他の会社を支配する目的で、株式を買い取ること。買収される側の同意がある買収は友好的買収、同意がない場合の買収は敵対的買収と呼ばれる。買収により、規模拡大などメリットを活かした経営が可能となる。

合併

2つ以上の企業が1つの会社になること。合併前の会社はそれぞれ消滅し、新しい会社を作りそこに移行する形を新設合併という。1つの会社を残し、そこに他の会社が移行する形を吸収合併という。

▶ 生命保険会社の保有契約件数

【個人保険の新契約件数と保有契約件数】

生命保険会社	新契約件数	対前年比	保有契約件数	対前年比
日本生命	4,211 千件	89.3%	30,487 千件	104.7%
アフラック生命	803 千件	68.2%	23,359 千件	96.7%
第一生命	3,842 千件	83.0%	21,642 千件	117.1%
かんぽ生命	173 千件	26.9%	14,740 千件	85.9%
明治安田生命	1,059 千件	91.8%	10,213 千件	102.9%
メットライフ生命	565 千件	85.5%	9,325 千件	101.6%
住友生命	681 千件	113.1%	8,069 千件	97.2%
ソニー生命	407 千件	80.0%	7,860 千件	102.0%
朝日生命	724 千件	97.7%	7,372 千件	101.4%
太陽生命	1,142 千件	130.7%	6,855 千件	102.8%
ジブラルタ	286 千件	80.1%	5,743 千件	98.5%

※各保険会社の2021年度の決算状況をもとに作成

ジャパンホールディングス、ソニーフィナンシャルグループなど
に統一されています。なお、損害保険業界は2000年代に再編が
進みましたが、生命保険業界は各銀行がらみのグループはあれど
も統合が必ずしも進んでいるわけではありません。そのため、次
は生保で国内再編が進むのではないでしょうか。

 ONE POINT

少額短期保険会社が販売する「ミニ保険」

少額短期保険会社とは、保険業法上の保険業のうち、一定事業規範の範囲内で少額
かつ短期の保険のみを販売する会社です。少額短期保険は、最近では「ミニ保険」
と呼ばれています。医療保険では入院給付金などが上限80万円、病気による死亡
は上限300万円、傷害による死亡は上限600万円と決まっています。

Chapter6

12

保険業にまつわる法律

保険に関連する法律には、主に「保険業法」と「保険法」があります。保険業法は、保険を取り扱う保険会社を金融庁が監督するための法律です。保険法は、契約当事者間のルールについて定める法務省が管轄する法律です。

保険業法とは

保険会社が守るべき法律に保険業法があります。保険業法は、「保険業の公共性にかんがみ、保険業を行う者の業務の健全かつ適切な運営及び保険募集の公正を確保することにより、保険契約者等の保護を図ること」を目的として制定されています。具体的には、保険会社に対する監督と、保険募集に対する監督が規定されています。

保険会社に対する監督では、保険会社は経営形態が株式会社か相互会社に限定されており、監督官庁である金融庁に一定の書類を提出し、審査を受け、内閣総理大臣の免許を受ける必要がある旨が記載されています。

また、業務範囲、保険会社が破たんした場合の契約者保護、保険会社の健全性維持のための措置などさまざまな規定も設けられています。

保険募集に関する監督では、保険募集の際の不公正・不当な行為の禁止に関する事項、金融庁の検査やクーリング・オフ制度に関する事項などの規定が設けられています。

2016年には保険業法の改正により、意向把握義務や情報提供義務が導入されるなど、保険募集の際のルールが細かく規定されました。

保険法とは

保険に関する主な法律にはもう1つあります。それは保険法です。保険法は、2010年4月から施行された法律であり、保険契約の際のルール、保険契約者と保険会社の権利・義務などを定めています。保険金の支払い方、保険に関する用語の定義（保険者、

クーリング・オフ制度
契約の申し込み後に一定の期間であれば、無条件に契約の申し込みの撤回や契約解除ができるしくみ。保険契約も原則としてクーリング・オフの対象となるが、保険期間が1年以内の保険などは対象外となる。

告知義務
保険に加入する場合に、現在の健康状態や過去の病歴などを保険会社に伝える必要がある。この義務を告知義務という。告知書に記入する、医師の診査を受ける、面接士の問診を受けるといった方法がある。

▶ 保険業法改正により主に変わったこと

① 意向把握義務

アンケートなどで保険加入の意向を把握、個別プランを提案する。取り扱う商品や募集形態を踏まえたうえで、適切な意向把握を行うための体制整備が求められる。

② 情報提供義務

積極的な情報提供義務を課し、内容と範囲と履行方法を具体的に定める。

● 比較推奨販売を行う場合、複数の所属保険会社を有する乗合代理店が、比較可能な同種の保険契約のなかから、顧客の意向に沿った保険契約を選別して提案する。その際に、比較可能な同種の保険の概要、提案理由について情報提供を行う。

● 比較推奨販売を行わない場合、提案理由を説明する必要がある。

保険契約者、被保険者、保険金受取人など）、保険契約者などの義務に関する事項（告知義務など）といったことを定め、保険契約におけるトラブルを防ぐ役割を担っています。

このほか、保険に関連する法律として、民法や商法、消費者契約法、金融サービスの提供に関する法律、個人情報の保護に関する法律などを挙げることができます。さまざまな規制があることで安心して保険に加入できるしくみになっているのです。

消費者契約法
消費者と法人などの事業者の間の契約におけるトラブルから消費者を保護する法律。買ってもらうまで帰らないといった不退去、利益のみ強調し不利益をいわない不告知などの場合、契約の取消が可能となる。

 ONE POINT

保険会社の健全性を維持するための措置

保険会社の健全性をみる指標としてソルベンシー・マージン比率があります。保険会社の自己資本額をもとに、保険金の支払い能力を判断する数値です。大災害の発生など通常の予測を超えて発生するリスクに対応できるかどうかの余力を示します。これが200%を下回ると金融庁により早期是正措置がとられることになります。

1990年代末に始まった金融ビッグバン

金融制度改革から始まった

金融ビッグバンとは、1990年代末から始まった日本の大規模な金融制度改革です。ビッグバンは、もともとイギリスのサッチャー政権時代に行われた証券制度改革に基づいたものであり、区分けするために日本版ビッグバンといわれることもあります。

金融ビッグバンでは、大きく2つのことを行いました。1つは金融制度改革による金融市場の開放、もう1つは日本の金融市場を国際化したことです。自由、公正、国際化。この3つの原則に基づき、改革が行われました。

まず、外為法の改正です。これにより、今では当たり前となっている外貨取引が自由に行えるようになりました。自由に取引ができるようになったことで、外貨預金やFXといった金融商品が登場します。

次に、業種ごとの棲み分けの撤廃です。それまでは、銀行と証券、生命保険会社と損害保険会社で取り扱う商品は棲み分けられ、異なっていました。それが棲み分け撤廃により、銀行でも投資信託や保険の販売ができるようになりました。同様に、証券会社でも保険販売ができるなど自由化が進みます。株式売買手数料も自由化され、ネット証券の台頭により手数料の引き下げが大きく進みました。その結果、中小の証券会社の倒産も生じました。

外資系の参入が進んだ

もう1つ、外資系企業の日本参入が進んだ点も忘れてはなりません。世界基準の取引ができるようになったことで、外資系の参入も進み、新しい金融商品の普及のほか、競争が進みます。これにより、生き残りをかけた金融業界の再編も進みました。護送船団方式は崩壊し、北海道拓殖銀行の破たんなども発生しました。みずほ銀行、三井住友銀行、UFJ銀行（現三菱UFJ銀行）などメガバンクが誕生したのもこの頃からです。

金融ビッグバンにはよし悪しがありますが、私たち消費者の金融の選択肢を増やしたのは事実です。株式売買などの手数料も下がり、資産運用を身近なものへと変えていったのです。

第 **7** 章

投資銀行のしくみ

預金や融資を主業務とする一般的な銀行と違い、投資
銀行は、事業法人などを相手に株式や債券の引き受け
といった資金調達業務などを行っています。ここでは
投資銀行のしくみについて詳しく解説します。

Chapter7 01

投資銀行とは

投資銀行は、主に事業法人などを相手に、株式や債券の引き受けといった資金調達業務、M&Aのアドバイザリー業務などを行う金融機関です。通常の銀行は商業銀行に区分けされ、業務内容も投資銀行とは異なります。

投資銀行と商業銀行の違い

ゴールドマン・サックス、モルガン・スタンレーと聞いて、皆さんはどのようなイメージを思い浮かべますか。なんだか難しそうなことをしていると思う人もいることでしょう。このような**外資系金融機関**では、高度な知識と技術を背景に投資銀行業務が行われています。では、私たちがよく知る銀行業務と投資銀行業務とは何が違うのでしょうか。

投資銀行は通常の銀行である**商業銀行**とは業務内容が異なります。投資銀行は、個人相手ではなく、主に**事業法人**や機関投資家などを相手に、株式や債券の引き受けといった資金調達業務、M&Aのアドバイザリー業務、トレーディング業務などを手がけます。業務内容はどちらかといえば、証券会社に近いといってよいでしょう。

日本では証券会社や外資系金融機関の一部門が中心

日本では、投資銀行という形態（名称）で存在するというよりは、証券会社や外資系金融機関の投資銀行業務部門であったり、M&Aなど特定の分野に特化した専門のブティック型（専門分野のみを取り扱う企業のこと）の企業として存在します。

ブティック型では、会計事務所から派生したM&A企業であったり、もともと金融機関出身の人が立ち上げたM&A専門の会社などがあります。M&A専門の会社として上場する企業も複数社あります。

傾向として、大手証券会社や外資系金融機関を中心とした投資銀行業務では、大企業同士のM&Aや大企業の株式・債券の引き受けなど規模の大きいケースが多く見受けられます。

外資系金融機関
経済産業省では、資本の3分の1以上に外国資本が入っている企業を外資系企業としている。外資系金融機関は、投資銀行業務を行う企業もあれば、クレジットカード系、生損保系など複数の業態に区分けされる企業もある。

商業銀行
預金をもとに貸付けを行う通常の銀行が該当する。日本では、諸外国に比べて設備資金など長期資金の貸付けを行う側面が強い。本来は、短期資金を集め、短期資金の貸付けで運用を行う銀行という意味である。

事業法人
株式会社だけではなく、合名会社、合資会社、合同会社など事業を行っている法人が該当する。自営業者である個人事業主と比較して、社会的信用度は高く、金融機関からの融資も受けやすい。

M&A
P.192参照。

▶ 投資銀行と商業銀行の違い

投資銀行

事業法人や機関投資家など
を相手に、資金調達業務、
M&Aアドバイザリー業務、
トレーディング業務などを行う

商業銀行

個人や会社を相手に、
預金や融資を中心に
業務を行う

▶ 国内M&A公表案件ランキング

順位	会 社 名	金額（億円）	件数
1	三菱UFJモルガン・スタンレー証券	36,521	40
2	野村證券	27,435	95
3	三井住友フィナンシャルグループ	24,208	112
4	UBS	20,866	13
5	JPモルガン	19,849	15

※M&A公表金額ベース、2022年
出典：「M&Aリーグテーブル」（リフィニティブ）

▶ 日本企業のM&A例

順位	被買収側	買収側	金額（億円）
1	ニンバス・ラクシュミ	武田薬品工業	8,259.6
2	日立物流	HTSK	7,686.0
3	エビデント	BCJ-66	4,276.7
4	バンジー	ソニー・インタラクティブエンタテインメント	4,263.9
5	NTT	NTT	3,602.7

※2022年5月12日のNTTは自己株式取得によるものである
出典：https://univis.co.jp/wp-content/uploads/2023/01/RefinitivDealsIntelligenc2022.pdf

　一方、中小企業向けの投資銀行業務は、ブティック型の企業で
さかんに行われているほか、地域金融機関といえる地方銀行や信
用金庫などでも行われています。

　両者に棲み分けがあるわけではありませんが、地域性などを活
かして、それぞれがもつ強みをもとに、投資銀行業務はさかんに
行われているといってよいでしょう。

Chapter7 02
投資銀行は資金調達や
コンサルティングで稼ぐ

投資銀行は主に何で稼いでいるのでしょうか。具体的にいえば、資金調達の提案・実行と、M&Aなどのコンサルティングで稼いでいます。資金調達では調達額に応じて、M&Aは売買金額などに応じて収入を得ることができます。

資金調達の提案と実行

投資銀行の手数料は、資金調達やM&Aの実行が完了した場合に得られる成功報酬と、実際に行う際に事前に約束された着手金といったものが該当します。こうした手数料は、実行する金額が大きいほど高額になる傾向にあります。

投資銀行では、主に資金調達の提案・実行とM&Aなどのコンサルティングが稼ぎ頭です。資金調達といえば、金融機関からの借入れ、つまり間接金融を思い浮かべる人が多いでしょうが、投資銀行では、間接金融ではなく、主に直接金融による資金調達を支援、実行します。

例えば、株式や債券による資金調達が挙げられます。設備投資に利用するほか、M&Aなどの資金獲得のために増資する場合もあります。中長期における事業資金調達として、社債を発行する場合もあります。また、不動産など保有する資産をもとに資金調達するといった**アセットファイナンス**の方法もあります。

短期資金調達では、**CP**や**新株予約権付社債**といった方法で行う場合もあります。不特定多数から資金調達を行う公募のほか、少人数など限定して資金調達を行う私募の場合もあります。

コンサルティングで稼ぐ

もう1つの稼ぎ頭であるコンサルティングは、M&Aも1つの選択肢として、企業の成長につながる、あらゆる戦略の提案をしていきます。その結果、M&Aの一連の流れをすべて実行するケースもあります。将来の設備投資計画や売上計画なども想定し、それをもとにさまざまな付加価値向上のための提案を行います。このほか、企業価値の算定も行います。

アセットファイナンス
保有する資産の信用力を用いて資金調達を行うこと。不動産や売掛金、知的財産権など資産が将来生み出す利益を裏付けとして融資を受けることができ、資金調達を多様化できる。

CP
コマーシャルペーパーのこと。大企業や銀行などに限定される、短期の運転資金を調達する場合などに発行される有価証券。無担保の約束手形であり、譲渡可能な債券である。通常期間は1年未満、金額は1億円以上。

新株予約権付社債
発行時に決めた条件で、いつでも株式に転換することができる社債をいう。社債として保有すれば半年あるいは1年ごとに利子を受け取ることができ、途中で株式に転換することで株式として売却することもできる。

▶ 資金調達の方法

資金調達の方法

内部資金による資金調達

資本金、資本準備金、利益準備金などの活用・取り崩し

投資銀行では、株式や債券による資金調達のアドバイスや引受先を探す仕事も行っています。

外部資金による資金調達

新株発行
による資金調達

新株発行

債務
による資金調達

社債の発行、金融機関からの借入れ

　資金調達にせよ、コンサルティングにせよ、実行する企業にとってはその後の経営を左右する一大事となる内容です。そのため、投資銀行ではいかに経営者の考えを把握し、よりよい成長戦略のためにサポートできるかが問われます。

　これら資金調達の提案や実行、戦略提案などは、主に投資銀行内の4つの部門で行われています。「投資銀行部門」「マーケット部門」「リサーチ部門」「アセットマネジメント部門」です。各部門で行われている具体的な業務内容については次ページから解説していきます。

企業価値の算定
企業の保有する資産や収益力から算定される価値。M&Aでは企業価値を算定し、それを基準に買収価格を決定する。企業価値算定には、将来の収益、類似企業の価値、純資産をもとにベースを考える3パターンがある。

👆 ONE POINT

M&Aのための資金調達を募ることも

投資銀行では、M&A実行のアドバイスを行うほか、M&Aを行うための資金調達のアドバイスを行うこともあります。企業買収の際に買収対象企業の資産を担保として、資金を借りるLBO（Leveraged Buyout）という買収手法を提案することもあります。

第7章 投資銀行のしくみ

183

新事業の提案などで巨額の資金を動かす

投資銀行の４大部門①
投資銀行部門

投資銀行のメインは、やはり投資銀行部門。皆さんがイメージしやすいM&Aのアドバイスや支援、株式や債券の引き受けを行う仕事を担当します。具体的には、カバレッジとプロダクトの2部門から構成されます。

巨額の資金が動く 投資銀行部門

投資銀行といえば、M&A。華やかな業界とイメージする人も多いことでしょう。知的頭脳派による、経済合戦というイメージもあるかもしれません。こうしたイメージを思い浮かべる部署がまさに投資銀行部門です。

投資銀行部門では、主にM&A、株式や債券の引き受け、資産を担保に資金を調達するアセットファイナンスを行います。M&Aでは、株式を取得する買収のほか、事業譲渡、合併などさまざまなやり方があります。資本移動を伴わない業務提携なども仕事とします。

カバレッジとプロダクトの2部門で業務に当たる

こうした業務を行うに当たって、投資銀行部門は「カバレッジ」と「プロダクト」という2つの部門に区分けされています。カバレッジとは、営業担当の部署です。投資銀行部や金融法人部と呼ばれています。カバレッジでは、顧客にM&Aによりマーケットシェアの拡大を提案したり、株式を発行してその資金をもとに新事業の領域拡大を目指す提案を行ったりします。その企業にとって今後望ましいと思える提案を行い、多くの契約を得られるように営業を行うのです。営業担当者が提案書の作成を行い、よりよい提案ができるように日々訓練します。

これで進めようと決まり、契約を締結したあとはプロダクト部に業務が引き継がれます。プロダクト部では、M&Aアドバイザリー、ECM（エクイティ・キャピタル・マーケット）、DCM（デット・キャピタル・マーケット）、アセットファイナンス（P.182参照）に分かれ、提案内容に応じてどの部署が担当するかが決ま

事業譲渡
P.192参照。

ECM
株式の引き受けを行う部門。企業からみれば、株式を発行し資金調達を行う際の支援をしてくれる部門といえる。買収資金や設備投資資金の確保のため、その規模に応じて国内外での株式販売などを行う。

DCM
債券（主に社債）の引き受けを行う部門。債券の流通市場の状況を踏まえて、起債を提案する。発行の手軽さから、平時では債券での資金調達が好まれている。2週間～1カ月程度で引き受けが行われる。

▶ 投資銀行部門

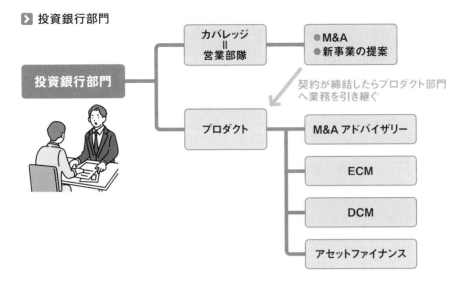

▶ 2003年以降のマーケット別M&A件数の推移

出典：「グラフで見るM&A動向」（MARR Online）

ります。その後は計画・提案どおりの支援・実行ができるように担当していきます。

M&Aアドバイザリーでは、M&Aの対象となる候補探しから実行、**クロージング**まで支援します。ECMは株式を、DCMでは債券の引き受けを行います。アセットファイナンスでは、資産をもとに資金調達を行います。巨額の資金が動く部門、これが投資銀行部門なのです。

クロージング
最終契約書に基づき、M&Aが実行され、株式譲渡などの手続き及び譲渡代金の支払い手続きが完了し、経営権が移転されること。M&Aの一連の手続きがすべて完了することを指す。1年以上かかることもある。

コミュニケーション能力が試される部門

投資銀行の４大部門②
マーケット部門

マーケット部門では銀行などの機関投資家に株式や債券などの販売を行います。トレーダーやストラクチャーなど、マーケット部門に属する3つの部門について解説します。

セールス部門

マーケット部門は、主にセールスとトレーディング、ストラクチャリング／クオンツの3つの部署に区分けされます。

セールスとは、銀行や保険会社などの機関投資家に、その時々の状況に合わせて株式や債券などを販売します。例えば、機関投資家に「この株式が期待できる」と提案を行い、売買注文を取り付けます。基本的にどの投資銀行でも販売する金融商品に大きな差はありません。そのため、人当たりのよさや実績、説得力のある説明、柔軟性など営業力がものをいいます。セールス部門は一般的に、銀行、生損保、アセットマネジメント、年金などのジャンルに区分けされ、1つのジャンルを1人が担当します。

トレーディング部門

トレーディングでは、会社の資金をもとにトレーダーが債券など金融商品の売買を行います。多額の資金を動かし、瞬間に売買を行い利益を稼ぐため、スピードはもちろんのこと、瞬間的な判断力が求められます。なお、最近ではコンピュータによる自動売買によりトレーディングを行うケースが増えてきています。

また、自社の収益獲得目的のみではなく、市場での売買活性化を図る役割も担っており、大口の相対取引なども取り扱われます。セールスとのコミュニケーションをとる能力も求められます。

ストラクチャリング／クオンツ部門

ストラクチャリングでは、金融派生商品の設計などを行います。これは、株式や債券などの金融商品をもとにつくられるもので、高度な数式や数理モデルをもとに設計されます。数学はもちろん

自動売買
プログラムに基づき、システムが自動で売買を行ってくれること。自動売買により、機械的に、迷うことなく売買ができるしくみが構築されてきている。一方で、高速売買により市場での影響力も大きくなっている。

相対取引
証券取引所を介さずに、売買の当事者同士で取引を行う方法。取引価格や数量、期日は売買の当事者双方の合意により決定される。大量の株式や債券などをまとめて売買するときのほか、金融機関の窓口での販売にも利用される。

金融派生商品
P.60、220参照。

▶ マーケット部門

マーケット部門

トレーディング部門

トレーダーは、投資銀行
（証券会社）の資金を元
手に債券など金融商品
の売買を行う

セールス部門

セールスは、機関投資家
など大口投資家に投資
運用の提案を行う

**ストラクチャリング／
クオンツ部門**

ストラクチャリングは、金
融派生商品を組み込んだ
金融商品の設計を行う。
クオンツは、高度な金融工
学の手法を
用い、分析
を行う

のこと、顧客のニーズに沿った金融派生商品の開発ができるかど
うかがカギを握っています。具体的には、金利、為替、クレジッ
ト関連の仕組債の商品設計などを行っています。また、商品をわ
かりやすく伝える能力、ニーズに合わせた商品を組成する力、商
品企画案を通すためのコミュニケーション能力が必要です。

仕組債
P.140参照。

　一方、クオンツは金融工学などの知識を駆使し、マーケットの
動向などをもとに市場や金融商品の分析を行っています。

🖐 ONE POINT
マーケット部門では営業力が試される

マーケット部門では、銀行や保険会社などを顧客とし、いかによい提案を、プレゼ
ンをもとに行うかが求められます。また、金融機関によって環境は変わりますが、
本社から派遣された外国人社員が多い企業では、英語でのやりとりも頻繁に行われ
ます。日本支社独自の文化は弱いため、風通しがよいといえます。

Chapter7 05

投資銀行の４大部門③ リサーチ部門

リサーチ部門では、機関投資家へのアドバイスや投資判断を行ううえで必要なレポートを作成します。財務分析や為替・株式動向などについて高い分析能力が求められます。

投資銀行の分析部門、それがリサーチ部門

投資銀行の顔が投資銀行部門やマーケット部門とすると、その背後には、地道な分析を行う頭脳にあたる部門があります。それがリサーチ部門です。後述するアセットマネジメント部門にもリサーチ担当が存在します。さまざまな分析を行い、投資に役立つレポートを提供しています。

リサーチ部門の具体的な業務

リサーチ部門では、株式市場、債券市場、為替市場といった各市場の動向はもちろんのこと、世界情勢の把握、その後の展望などの調査・分析を行い、機関投資家や社内の投資銀行部門、セールス部門へ情報提供を行います。

例えば、「この企業は新規ビジネスが順調であり、市場拡大も見込めるため株価が上昇する可能性がある」といった情報をレポートとして発行します。そして、そのレポートをもとに、セールス部門では営業を行います。レポートは社外向けに販売されるケースもあります。

一般的には、業界・業種ごとに、**株式リサーチ、クレジット・リサーチ、マクロ・リサーチ**など担当が分かれます。こうすることで、より専門性が高く、かつ質の高いレポートが完成します。

リサーチ部門には、アナリスト、エコノミスト、ストラテジストといった職種があります。詳細は次項のアセットマネジメント部門で解説しますが、いずれも、今後の見通しを分析し、**投資戦略をアドバイスする職種**です。これをもとにセールス部門では、どのような運用配分にすればよいのか顧客とともに考え、その後の資産配分を検討していきます。

株式リサーチ
上場企業の取材を重ね、投資分析を行う専門家。一般的には業界ごとにアナリストを配置し、どの企業の株価が割安か割高かをレポートとして発行し、これをもとに機関投資家などと投資判断についてディスカッションを行う。

クレジット・リサーチ
国内外の債券を発行する企業の分析や投資判断を行う専門家。また、金利動向にも目を配り、債券においてどのような投資方法が望ましいといえるのか、戦略立案を考える。企業の信用力の評価も行う。

マクロ・リサーチ
国内外の経済、政治、社会、金融動向などを分析し、どの国・地域が現在はよいのか、また将来的によさそうなのかを分析する専門家。マクロ経済分析は、機関投資家の投資配分変更などに影響を与える。

▶ リサーチ部門

リサーチ部門とは

投資銀行部門とマーケット部門へ情報提供を行う部門

業務内容

● 株式市場、債券市場、為替市場の動向リサーチ
● 世界情勢の把握
● 展望などの調査・分析

↓

リサーチした情報をレポートとして発行する

▶ 業務の詳細

リサーチ部門

株式リサーチ

上場企業の投資分析を行う専門家

● 企業株価のレポートを発行する
● レポートをもとに機関投資家とディスカッションを行う

クレジット・リサーチ

債券を発行する企業の分析や投資判断を行う専門家

● 債券における投資の戦略立案を行う
● 企業の信用力の評価を行う

マクロ・リサーチ

国内外の経済や金融動向を分析する専門家

● マクロ経済分析のレポートを発行する
● 現在経済状況がよい国、今後成長が見込める国を分析する

担当を分けることで質の高いレポートを発行することができる

投資戦略

経済動向から、産業や企業の動向など幅広く分析し、投資環境として現状どうなのか、どう資産を配分していけばよいのかを検討した結果の対応方法。ストラテジストが投資戦略を立案し、投資家などに提供する。

　このように、リサーチ部門では専門性が求められ、時間をかけて専門能力を高めていきます。縁の下の力持ちの存在ですが、レポートに名前を記載する機会が多く、評価が高ければさまざまなオファーが来る可能性もあります。

法人や個人の資産運用を行う

投資銀行の４大部門④ アセットマネジメント部門

アセットマネジメント部門とは、法人や個人の資産運用を行う部門のことをいいます。ファンドマネージャーやアナリスト、エコノミストが在籍し、投資判断や分析などを分担して行います。

運用目的に応じて資産運用を行うアセットマネジメント部門

投資銀行の４つめの主要部門として、アセットマネジメント部門を取り上げることができます。ただし、現在では投資銀行（証券会社）とは完全別会社である、アセットマネジメント会社（資産運用会社）として稼働する会社もあります。

アセットマネジメント部門では、法人や個人の資産運用を行います。**ファンドマネージャー**と呼ばれる運用責任者が投資判断を行っています。**アナリスト**は個別企業の分析を行い、**エコノミスト**は地域・国ごとの経済分析を行うなど役割分担があります。

アセットマネジメント会社には投資信託と投資顧問がある

一般的に、投資銀行では、成功報酬などのフィーを得ますが、アセットマネジメント会社では顧客から預かった資産の残高に応じてフィーを得ます。そのため、いかに顧客から信用され、中長期的な関係をつくることができるかが重要です。

また、アセットマネジメント会社では、短期的な利益追求よりは中長期的な利益追求が求められます。顧客の運用目的に応じて資産運用を行い、目的達成を図ります。

アセットマネジメント業務は大きく「投資信託」と「投資顧問」の２つに分けることができます。

投資信託は、主に個人または中小企業などのリテール用の運用商品です。銀行や証券会社などで販売され、顧客から預かった資金をもとに国内外の株式や債券などでアセットマネジメント会社が運用します。

投資顧問は、年金基金などの機関投資家を主に相手とし、専門性の高い運用提案を行います。どちらかといえばプロ向けに商

ファンドマネージャー
資産運用の責任者。一般的にはアセットマネジメントに所属している。顧客から預かった資金の運用計画を立て、投資信託などの目的に沿って、その時々の市場動向に応じて株式などの売買を行う。

アナリスト
企業の財務内容などを調査・分析し、投資するにふさわしいかどうかを検討する専門家。企業分析・評価は、ファンドマネージャーや機関投資家に提供される。アセットマネジメントのほか、証券会社などで働く。

エコノミスト
アナリストは企業分析を行い、エコノミストは経済全般、国・地域といったマクロ経済の調査・分析を行う。投資環境の調査・分析を行う専門家はストラテジストと呼ばれ、それぞれ役割が異なる。

▶ アセットマネジメント会社の業務

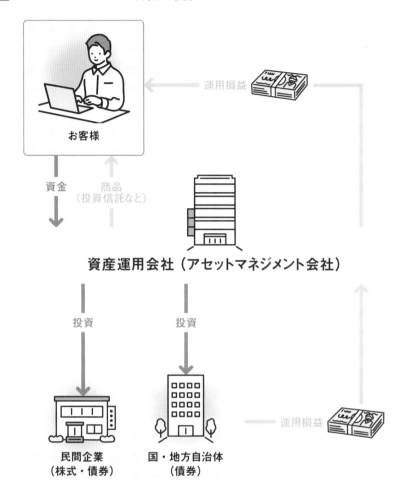

品・サービスを提供しています。投資助言と投資一任業務の2つ
があります。

　投資助言は、運用のアドバイスを行い、投資判断は顧客自身が
行います。投資一任業務は、顧客に代わって投資判断や投資を行
います。有価証券の価値の分析をはじめ、銘柄選定、売買の執行、
資産管理まで請け負って運用を行っていきます。

Chapter7

07

M&A とは

M&Aとは、企業の合併・買収を意味します。実際には、合併や買収だけではなく、業務提携や資本提携など幅広く企業の戦略を描くものを指しており、広義には経営課題解決に必要な手段といってよいでしょう。

M&A とは何か

　M&Aとは、Mergers & Acquisitionsの略で「合併と買収」を意味します。目的は企業の成長のため、生き残りのため、経営課題を解決するためなどさまざまです。複数の企業を1つに統合したり、株主から株式を買い取って子会社にしたりするなど多様な形態があります。

　昨今では、海外の企業が日本の企業を買収することや、その逆のケースも珍しくなくなりました。ニュースになるような大企業だけでなく、中小企業の事業承継でもM&Aは行われています。これらは、後継者不足の解決や、特許やノウハウを受け継いで事業を発展させるといった目的のためです。同業同士で行われる場合もあれば、異業種によるM&Aもあります。

　では、M&Aを行うことでどのような効果が期待できるのでしょうか。その1つに事業を補完し合い、コスト面などで優位に立てる**シナジー効果**の発揮が考えられます。同業とのM&Aであれば、事業所の統合、設備面でのコストカットが期待できます。また、商品の品揃えが豊富になれば既存顧客への魅力が向上し、他社との競争で有利になることも大きな効果です。異業種によるM&Aでは、新規事業として会社の規模拡大を図ったり、既存事業の将来性があまり見込めない場合に、すでに魅力的な事業を行っている企業を買収して生き残りをかけたりすることも考えられます。

業務提携や資本提携も広義のM&Aの1つ

　合併と買収だけでなく、利害の一致する企業がお互いのもつノウハウを活用し、業務提携を図ることも広義ではM&Aの1つになります。例えば、同じ場所に共同で出店することで双方の売上

シナジー効果
複数の企業が合同で事業に取り組んだり、経営統合を行ったときに発生する効果を指す。M&Aにおいては特に「売上シナジー」「コストシナジー」「経営シナジー」「投資シナジー」という4つの効果が挙げられる。

吸収分割
会社の事業の全部または一部を既存の他の会社に承継させる手法。事業譲渡と異なり、M&Aの対価を現金のみならず株式でも支払いができる。経営管理のスリム化を図る目的でグループ内再編でも利用される。

▶ M&A と業務提携

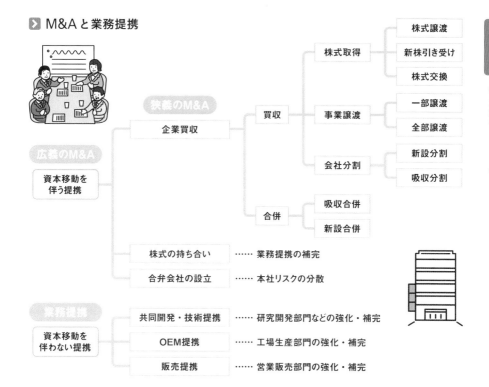

増加が見込める場合などです。さらに強い結びつきを求めるなら、両社で資本提携をすることもあります。

　これら広義のM&Aは、構造不況の金融機関自身にも起こることが十分考えられます。今後、生き残りをかけた金融機関のM&Aはさらに進むでしょう。

新設分割
新しく会社を設立し、その会社に既存企業の事業の一部または全部を包括承継する手法を指す。合弁企業の設立の際に利用するほか、グループ内の再編で用いられることもある。

 ONE POINT

M&Aの手法、株式譲渡、事業譲渡、会社分割

M&Aのなかでも特に利用される方法に、株式譲渡、事業譲渡、会社分割があります。株式譲渡は株式の売買により企業を買収する方法です。事業譲渡は企業の一事業を譲渡するといった形態であり、買い手からみれば欲しい事業のみを買収できます。会社分割には、**吸収分割**と**新設分割**があり組織再編で利用されたりしています。

Chapter7
08

3つのフェーズを経て行われる

M&Aの一般的な流れ

投資銀行には、M&Aに必要なアドバイスや、交渉、アフターフォローなどの役割を担うフィナンシャルアドバイザーがいます。ここでは実際にM&Aがどのように行われるのかを解説していきます。

フィナンシャルアドバイザー

M&Aに必要なアドバイスから、対象企業の選定、弁護士や会計士などの専門家によるデューデリジェンスの選定、M&Aの交渉、M&A後のアフターフォローなど幅広くサポートする専門家。高度な知識、経験を必要とする。

独占業務

資格をもつもののみが行える業務。M&A業務は特に何か資格がないとできないわけではないため、証券会社のほか、銀行、信用金庫などの金融機関で行っているほか、ブティック型のM&A専業会社などで行われている。

基本合意

最終合意前に締結される、契約締結する意思があることを取り交わす合意。他の買い手との接触を禁じる独占交渉権を確立したり、譲渡価額や譲渡日などを決定、契約交渉に関する内容が盛り込まれる。

M&Aにおける投資銀行の役割

一般的に、投資銀行では、M&Aのアドバイスを行い、交渉の仲介や株式の売買契約など、案件組成からクロージングまでを行います。こうした役割を**フィナンシャルアドバイザー**（Financial Adviser）と呼んでいます。M&Aは、証券会社の**独占業務**ではないため、銀行などの金融機関が行う場合もありますし、ブティック型のM&A会社が行う場合もあります。

M&Aの戦略立案から合意まで

M&Aのプロセスは、（1）M&A戦略立案、（2）ターゲットの選定、（3）候補との交渉、（4）**基本合意**の締結、（5）買収等実行のための監査、（6）最終合意といった流れで行われます。

M&A戦略立案では、買い手につく場合には経営戦略上、どのような企業を買収したいのか、またどのように企業を発展させたいのかという戦略を描いていきます。それに適合した候補を選定し、アプローチします。相手が売る気がある、交渉する気があるとなれば、条件交渉を行います。それぞれの企業のトップ面談なども実施し、ある程度合意ができたら基本合意を締結します。

その後、売り手側の財務状況や法務などの確認を行うために監査（デューデリジェンス）を行います。監査では、回収できない売掛金や不良在庫がないか、また、合併結果として市場独占になってしまい独占禁止法に抵触しないかどうかなどを調査します。その結果を踏まえて価格交渉など最終的な調整を図りますが、調査の内容、合併リスクによってはM&Aの続行が困難になったり、実行が延期になることもあります。

そして問題がなければ最終合意に至り、買収するといった経緯

▶ 一般的なM&Aの流れ

フェーズⅠ	M&A戦略の策定と候補先への打診（期間：1〜3カ月）	【実施事項】 ● M&A戦略の策定 　打診候補先の選定 　提示条件の策定 　企業価値算定 など ● 候補先への打診	【契　約】 ● アドバイザリー契約 ● 候補先との秘密保持契約
フェーズⅡ	候補との交渉（期間：1〜3カ月）	【実施事項】 ● 基本条件の交渉 　取引スキーム 　スケジュール 　価格 　人事処遇 など ● トップ面談の実施 ● 独占交渉に関する覚書締結 ● 基本合意内容の詰め	【契　約】 ● 覚書・基本合意書

基本合意の締結

| フェーズⅢ | 実　行（期間：1〜3カ月） | 【実施事項】
● デューデリジェンス
　（買収監査）の実施
● 詳細条件の最終交渉
● 監督官庁への届出
● 最終合意内容の詰め | 【契　約】
● 最終合意（売買）契約書 |

最終合意（売買）契約の締結・クロージング

M&Aはターゲットを絞って行う場合と、提案された案件ごとに精査する方法などがあります。早ければ数カ月ほど、長いと数年かかるケースもあります。あくまで上記は一般的な流れのため、実際の流れは案件によって異なります。

で行われます。

　この流れに沿って交渉を進めていくのが投資銀行です。買い手企業側につく場合もあれば、売り手企業側につく場合もあります。どちらか片方につく場合をアドバイザリー型、両方の間に入る場合を仲介型と呼び区別しています。アドバイザリー型のほうが依頼企業の希望に沿う結果になる可能性が高いといえます。

デューデリジェンス
M&Aを行うに当たって、買収予定先の企業の価値やリスクを調査すること。due diligenceは「相当の注意義務」という意味。財務内容からリスクを把握するファイナンス・デューデリジェンス、法務面からはリーガル・デューデリジェンスなどが行われる。

地域金融機関では投資銀行業務が通常業務の一環

地域金融機関では、普段から取引先の状況を把握し、さまざまな相談にのっています。そのなかで、事業承継の相談や資金繰りの相談なども多く、金融機関を経由して事業承継などが行われることも多くなっています。

地域金融機関が核となり事業承継が進む

地域金融機関
特定の地域を主な営業活動基盤とする金融機関のこと。具体的には、地方銀行、第二地方銀行、信用金庫、信用組合、農業協同組合などが該当する。地域経済活性化のために必要不可欠な存在である。

　地域金融機関では、通常の銀行業務の一環として実は投資銀行業務を行っている側面があります。例えば、取引先の事業承継に関与するのはよくあることです。融資を行う取引先などから、事業承継をしたいといった希望があり、引き受け先を探してくる。そのマッチングを地域金融機関が行う。こうした案件は、今後高齢化や人口減少が進むことでさらに出てくると予想されます。

　また、M&A専門の会社と手を組んで、地域金融機関が仲介することで、継承先探しからM&A実行までを専門会社がノウハウを生かして行うケースも増加しそうです。自社の取引先が買収されることで、その仲介手数料を地域金融機関が得られるほか、買収する側にその資金を融資することで融資額を減らさないといったメリットもあります。

　地域内での事業承継により、顧客や融資額を減らさずに済むだけではありません。買収された企業経営者が株式を手放すことで得られる資金の運用に関する相談を受けたり、その後の相続対策などを含めたコンサルティングを請け負うなど、ビジネスチャンスも秘めています。通常業務から派生した投資銀行業務が通常業務にまた返ってくるという**相乗効果**をもたらすのです。

相乗効果
シナジー効果とも呼ばれる（P.192参照）。

地域金融機関だからこその事業承継のあり方

　事業承継は必ずしも円満にいくとは限りません。なかにはうまくいかず、見込んだ売上が立たないことや、従業員が大量に辞めていくケースもあります。普段から接している地域金融機関がいかにスムーズな事業展開の計画をアドバイスできるかと同時に、事業承継後のアフターフォローも特に重要となってきています。

中小企業の事業承継した経営者と後継者の関係

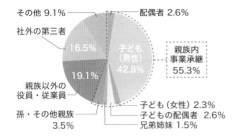

その他 9.1%
配偶者 2.6%
社外の第三者 16.5%
子ども（男性）42.8%
親族内事業承継 55.3%
親族以外の役員・従業員 19.1%
孫・その他親族 3.5%
子ども（女性）2.3%
子どもの配偶者 2.6%
兄弟姉妹 1.5%

※資料：「中小企業・小規模事業者の次世代への承継及び経営者の引退に関する調査」
（みずほ情報総研株式会社、2018年12月）

※引退後の事業承継について「事業の全部が継続している」「事業の一部が継続している」と回答した者について集計している。

出典：「中小企業白書第2-1-5図」（2019年版）

地域金融機関の投資銀行業務

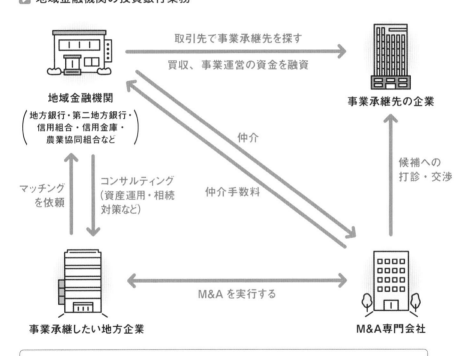

取引先で事業承継先を探す
買収、事業運営の資金を融資

地域金融機関
（地方銀行・第二地方銀行・信用組合・信用金庫・農業協同組合など）

事業承継先の企業

仲介

候補への打診・交渉

マッチングを依頼

コンサルティング（資産運用・相続対策など）

仲介手数料

事業承継したい地方企業

M&Aを実行する

M&A専門会社

＜地域金融機関のメリット＞
● 買収する資金の融資を行うことができる
● 買収された企業経営者が手にする資金の運用などを銀行が手がけられる
● 仲介手数料を得ることができる
● 地域内での事業承継により、顧客や融資額を減らさずに済む

中小企業にとって地域金融機関は力強い味方であることは今も昔も変わりません。今後、地域金融機関における投資銀行業務の役割はさらに拡大するでしょう。

Chapter7
10

投資銀行業の歴史と日本での規制

アメリカで生まれた投資銀行は1933年の米国銀行法で商業銀行と投資銀行が分離され、1940年投資会社法によりSECの監督下に置かれます。日本でも金融商品取引法などを遵守し業務が行われています。

📍 投資銀行の成り立ち

投資銀行は、もともとアメリカ独自の金融機関形態であり、政府証券の投資や売買を主要な業務としていました。その後、大口預金を扱いつつ株式や社債の引き受け、企業の合併などの仲介といったことも行っています。

1929年の大恐慌をきっかけとして、連邦証券規制が制定され、1933年に制定された銀行法（**グラス・スティーガル法**）により、商業銀行と投資銀行が分離されました。そこから投資銀行は商業銀行とは別の道を歩み、証券の発行・引き受けを中心に、企業の資金調達のコンサルティング業務に力を入れるようになります。投資信託や投資顧問業なども行うようになり、1940年に制定された投資会社法によりアメリカの**SEC**の監督下に置かれています。

📍 日本の投資銀行は金融商品取引法などで規制される

一方、日本では投資銀行という形態を取らず、多くは証券会社や銀行の業務の一部として行われています。そのため、特に投資銀行を対象とした法律の規制があるわけではありません。証券会社や銀行に求められるのと同様のコンプライアンスが、投資銀行業務を行う企業には求められます。

特に、M&Aや資金調達の引き受けといった内容は、上場企業の場合には株価などにも影響を与える可能性があります。そうした機密情報を一部でも漏洩して、それをもとに**インサイダー取引**が生じた場合は、金融商品取引法違反となることがあります。

金融商品取引法では、例えばTOBによる買収といった情報をもとに株式売買を行った場合、インサイダー取引規制違反となります。ほかに大株主の異動なども重要情報にあたります。これら

グラス・スティーガル法
1933年にルーズヴェルト大統領のもとで成立した、銀行規制を強化する法律。商業銀行と投資銀行を分離したほか、連邦準備制度の強化、預金者保護のための連邦預金公社の設立などが行われた。

SEC
株式や債券などの証券取引を監督・監視する米国連邦政府の機関（Securities and Exchange Commission）。日本でも同様の機関として、証券取引等監視委員会がある。市場分析審査、証券モニタリングなどを行うほか、差押えといった強制調査を行うこともできる。

インサイダー取引
P.150参照。

▶ アメリカの投資銀行と日米の銀行の関係

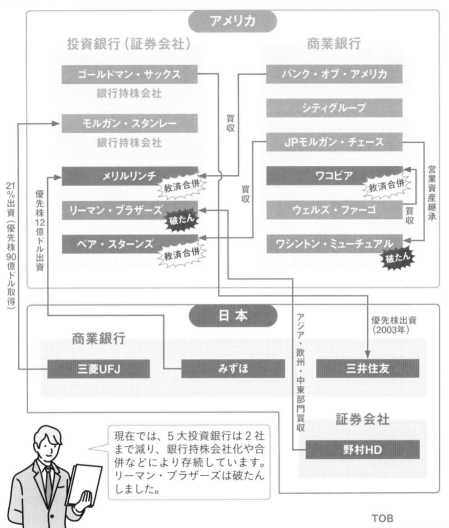

現在では、5大投資銀行は2社まで減り、銀行持株会社化や合併などにより存続しています。リーマン・ブラザーズは破たんしました。

のインサイダー情報を他人へ伝達して、株式などの取引を推奨する行為も禁止されています。こうした規制に違反した場合には、刑事罰や課徴金の対象となることから、投資銀行業務の部門は企業内でも別部署に情報を漏らさないように、情報管理が徹底されています。

TOB
株式公開買い付けのこと（takeover bid）。買収する会社の経営支配を目的とし、株式数や価格、期間などをあらかじめ決定、公表したうえで、市場外で不特定多数の株主から株式を買うこと。市場価格より高く買い付けることが多い。

貯蓄から投資へってどういうこと？

国が直接金融を後押ししている

　「貯蓄から投資へ」。このフレーズを幾度となく聞いたことある人も多いのではないでしょうか。実は2000年代前半から金融庁が使っています。わが国の金融資産に偏りがあるため、それを是正していこうというキャッチフレーズと考えることができます。

　日本銀行「資金循環の日米欧比較（2022年8月31日）」によれば、日本の家計の金融資産2,005兆円のうち、現金・預金が54.3％、リスク資産といえる株式などはわずかに10.2％、投資信託は4.5％です。

　一方、米国では、現金・預金の比率は13.7％、リスク資産である株式などは39.8％、投資信託12.6％となっています。

　ユーロエリアは、現金・預金の比率が34.5％、株式などが19.5％、投資信託が10.4％です。あくまで日米欧のなかでの比較になりますが、明らかに日本の家計は預金といった安全性を重視した配分となっており、欧米のようなリスク資産の比率が少な

いことがわかります。家計の貯蓄が企業の新規事業への融資に回ることが期待されますが、人口減少や企業数の減少を考慮するとなかなか難しい状況です。

リスクマネーが日本経済の成長に貢献する

　今後、直接金融の役割は拡大することでしょう。銀行ではなかなかリスクをとった融資を行うことが難しいからです。そのため、家計からベンチャー企業など資金を必要とするところに供給し、企業の成長を後押しするしくみが重要となってきています。それがひいては日本経済の成長に貢献することになります。

　国も、そうした直接金融の拡大のため、NISAなど非課税投資のしくみをつくり、投資を後押ししています。今後、公的年金などだけに頼るのではなく、自助努力で資産形成を図り、老後資金対策なども行う必要があります。

　自分のことは自分で守る。そうした意味でも、資産運用の必要性は日に日に高まってきています。

第**8**章

ノンバンクのしくみ

ノンバンクとは、お金を貸すなど与信業務を中心とした金融機関のことを指します。代表的なものは消費者金融やクレジットカード会社、信販会社などです。ここでは、銀行などの金融機関とノンバンクの違いなどについて詳しく解説します。

Chapter8 01

ノンバンクとは何か

ノンバンクとは、お金を貸すなど与信業務を中心とした金融機関です。銀行・信用金庫・信用組合などの金融機関とは異なり、預金の預け入れや振込など決済機能をもたず、金利は銀行に比べて高めという特徴があります。

ノンバンクの主な業務：融資

ノンバンクとひとことでいっても、さまざまな企業が該当します。消費者金融が代表例ですが、**クレジットカード会社**など含め、多岐にわたります。それらの企業に共通するのは、お金を貸すなど与信業務を中心として行う点です。銀行などの金融機関とは異なり、お金を預かる預金業務や、振込などの決済機能はもちません。そのため、預かったお金をもとにお金を貸し出すのではなく、銀行などから資金を借りて、その資金をもとにお金を貸すスタイルをとっています。銀行に対する金利を支払う必要があるため、ノンバンクではどうしても銀行からお金を借りる場合に比べ金利が高くなります。これもノンバンクの特徴です。

ノンバンクの主な業務：立替

ノンバンクは、お金を貸す融資のみを行っているわけではありません。このほかにも、立替や保証といった業務を行う企業もあります。例えば、買い物時に現金がなくても、クレジットカードがあれば買い物をすることができますが、これはクレジットカード会社が資金の立替を行っているからです。お店に買い物代金を立て替えて支払うことで、私たちは後払いが可能となっています。3回払い以上の支払いでは消費者が手数料を支払う必要がありますし、クレジットカード会社はお店から手数料をとることでビジネスが成り立っています。

ノンバンクの主な業務：保証

もう1つの保証は、お金を貸すときに保証をつける業務です。例えば、消費者金融などの保証がつくことで、銀行の**カードロー**

消費者金融
個人への金銭の貸付けを無担保で行う貸金業者。誰でも借りられるわけではなく、20歳以上であること（一部18歳以上）、安定収入があることといった条件がある。当日借入れが可能なのは消費者金融のみとなっている。

クレジットカード
P.206参照。

与信業務
個人や企業に対して、お金を貸すときの信用を供与すること。融資や融資枠、クレジットカード会社の利用可能枠（ショッピング枠、お金が借りられるキャッシング枠）の供与などが該当する。

▶ ノンバンクに含まれる企業

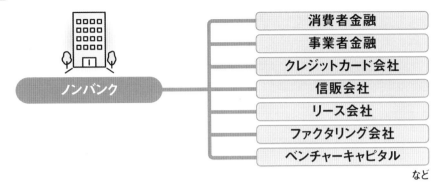

ノンバンク

- 消費者金融
- 事業者金融
- クレジットカード会社
- 信販会社
- リース会社
- ファクタリング会社
- ベンチャーキャピタル

など

▶ ノンバンクの主な役割

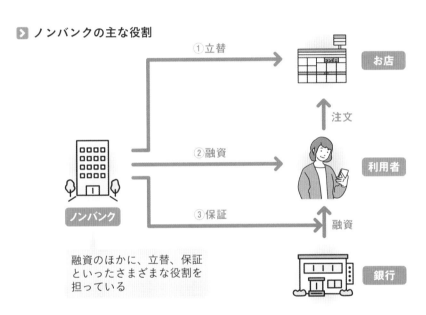

① 立替 → お店

注文

② 融資 → 利用者

③ 保証

融資 → 銀行

ノンバンク

融資のほかに、立替、保証といったさまざまな役割を担っている

ンでお金を借りることができる場合があります。もし返済できない場合には、銀行ではなくノンバンクである消費者金融から返済の催告を受ける形になります。これにより、銀行もお金を貸しやすくなるメリットがあります。

　融資、立替、保証といった業務を行うノンバンク。銀行などの金融機関とは貸し出す層が異なるなど相違点があるため、社会で一定のニーズを得ています。

カードローン
お金を借りるための専用カード。利用限度額の範囲内であれば、必要なときに必要なお金を借りることができる。使いみちは自由であるなど利便性が高いが、返済できるかどうかの確認は重要である。

Chapter8 02

ノンバンクの業務形態と収益構造

ノンバンクにはさまざまな形態の企業があります。消費者金融、事業者金融、クレジットカード会社、信販会社、リース会社、ファクタリング会社、ベンチャーキャピタルなどがあり、お金を貸すだけが仕事ではないのです。

銀行以外がノンバンク

そもそもノンバンクは、nonbank（銀行以外）とあるように、預金を扱う金融機関（銀行）以外すべての金融機関が該当するため、多くの形態の企業が存在します。

主なノンバンクには、消費者金融、事業者金融、クレジットカード会社、信販会社、リース会社、ファクタリング会社、ベンチャーキャピタルがあります。

ノンバンクのさまざまな業務形態

消費者金融や事業者金融は、お金を貸す仕事をメインに行っています。消費者金融は主に個人向け、事業者金融は主に事業者向けの融資を取り扱っています。クレジットカード会社は、買い物を行う際の後払いにより資金の立替を行うほか、カードローンやキャッシングによる資金の貸し出しを行います。信販会社は、ショッピングなどによる立替を行います。

リース会社では、主に企業向けにコピー機や社用車など必要なモノを貸し出す仕事を行っています。高額なモノに関しては企業が一度に購入すると経営に支障が出る恐れがあるため、リース会社に肩代わりしてもらうしくみです。

ファクタリング会社は、企業の売掛債権を買い取り、手数料を差し引いた分の資金を供給することで資金調達を支援する会社です。売掛債権はその後入金されることで資金が回収できます。

ベンチャーキャピタルは、将来有望とみられるベンチャー企業に投資し、その後上場を果たした場合に株式を売却することで収益を得ます。

事業者金融
個人商店や中小企業の経営者を対象に融資を行う金融会社。事業者ローン、商工ローンなどと呼ばれている。一般的に、銀行の融資に比べて審査のハードルは低い。

売掛債権
企業がモノやサービスを販売した際の売上代金のうち、まだ受け取れていない代金（一般的に売掛金）を請求できる権利のこと。この売掛債権をもとに資金調達できるサービスがファクタリングに該当する。

ベンチャー企業
新しい技術や高度な知識をもとに、創造的な事業を立ち上げる中小企業。社会に新しい価値を提示でき、大きな成長を遂げる可能性があるほか、年齢や経験に左右されず重要な仕事ができる魅力がある。

▶ 代表的なノンバンク

消費者金融・事業者金融

担保や保証人がなくても、利用者の信用をもとに貸し付ける業者。銀行と比べると金利が高い。消費者金融は個人向け、事業者金融は個人商店や、中小企業などの事業者が対象

クレジットカード会社

カード利用者の信用をもとに、物品やサービスの支払代金をお店に対して先払い（立替）する。また、カードローンやキャッシングで資金の貸し出しも行う

信販会社

ショッピングクレジットなど高額なモノやサービスの購入を分割払いで提供する。また、オートローンをはじめ、目的別ローン（住宅ローンや教育ローンなど）や信用保証事業も手がける

リース会社

主に企業向けに機械や設備などの賃貸業務を行う。一般には高額なモノを対象に、長期リースを組むものをいう。コピー機や複合機などの OA 機器、パソコンなどの IT 機器、そのほか事務デスクなども対象となる

ファクタリング会社

企業の資金調達を支援するために売掛債権を買い取り、早期現金化する会社。現金化に伴う手数料が得られる

ベンチャーキャピタル

大きな成長が見込めるベンチャー企業に投資し、株価を上げることで収益を得る事業会社

質屋

日本の伝統的な金融。物品を預かる代わりにお金を貸し付ける。返済できない場合には、物品は徴収される

金利を得る、立替手数料をとる、投資で収益を得るなど、ノンバンクの収益形態はさまざまです。

ノンバンクの収益構造

　このように、ノンバンクといっても業務形態はさまざまであり、お金を貸すことで金利を得る形態もあれば、立替により手数料をとる形態もあります。また、企業に入ってくる収入をもとに資金を提供することで手数料をとるビジネスも成り立っています。資金提供という側面では同じですが、ベンチャーキャピタルは投資により収益を得る構図です。こうした資金提供は企業活動などに大きな貢献をもたらしているといえるでしょう。

クレジットカードのしくみ

クレジットカードは、後払いのしくみを利用してモノやサービスの購入ができます。カード会社がお金を立て替え、のちほど消費者に請求することでお金のやりくりが成立します。カード会社は、お店から手数料を徴収します。

クレジットカード会社の歴史

日本初のクレジットカード会社は1960年に設立された日本ダイナースクラブです。日本ダイナースクラブは日本交通公社（現JTB）と富士銀行（現みずほ銀行）が共同で設立しました。

クレジットカード事業はもともとアメリカで発展した事業であり、そこから世界中に普及していきました。その証拠に、VISAやMastercard、American Expressなど、主要なクレジットカードブランドはアメリカの企業が占めています。そしてアメリカを含め、現在もなお、世界のクレジットカード市場は成長を続けています。

クレジットカードの保有枚数とそのしくみ

一般社団法人日本クレジット協会「クレジットカード発行枚数調査結果の公表について」によれば、2022年3月末に、成人人口比で1人当たり2.9枚のクレジットカードを保有しています。

クレジットカードを利用すると、買い物代金を後払いできるため、手元にお金がなくてもモノやサービスを購入できます。これは、カード会社が立替を行ってくれるからです。そして、カード会社は、お店から**加盟店手数料**を得るしくみ（実際には手数料を差し引いた立替代金をお店に支払う）を構築しているため、1回払いや2回払いであれば消費者は手数料を支払う必要はありません。ただし、3回以上の分割払いや**リボルビング払い**などの支払い方法の場合には消費者も手数料を支払うことになります。

消費者とお店、カード会社の間では右ページ図の流れでお金のやり取りが行われます。このほか、インターネット通販を行う場合には、**決済代行会社**を利用する場合もあります。

加盟店手数料
お店がクレジットカード会社に支払う決済手数料。手数料支払いの分、お店は売上が減るものの、カード決済できることで消費者が買ってくれれば販売の機会損失を防げる。

リボルビング払い
毎月一定金額を返済していく支払い手段。毎月1万円ずつなど返済するため、1回の支払い負担を抑えることができるものの、実質年率15％など利率が高く、総支払額が増え、返済が長期化する恐れがある。

決済代行会社
決済代行会社が買い物代金の立替を行い、手数料を決済代行会社に支払う。決済代行会社は、さまざまな支払い手段を提供してくれるため、店側はシステム構築などの手間を省くことができるメリットがある。

▶ クレジットカードのしくみ

カードで決済

商品・サービス

お店

商品代金

手数料

請求

支払い

消費者

支払回数によっては手数料が発生

カード会社

● クレジットカードの収益構造

　クレジットカード会社の主な収益減は4つあります。1つめは年会費です。顧客から集められた年会費は付帯サービスとして、一部が旅行傷害保険などに利用されます。

　2つめはキャッシング利用による利息です。キャッシング枠を利用する人は意外と多く、また、クレジットカードのキャッシング金利は消費者金融と同等と高いことから、カード会社の大きな収益源となっています。

　3つめは分割払いやリボ払いの利息と手数料です。これらはキャッシングによる利息収入に近い形で、金利も実質年率15％などと高めに設定されています。さらに法人カードでも利用できるサービスであることから、大きな収益源といえます。

　4つめは加盟店からの利用手数料です。前述したように、加盟店はカード会社に利用手数料を支払うほか、カード利用者に対するポイント還元やマイル移行によるキャッシュバックサービスの手数料も支払っています。

　このようにカード会社は主に利息や手数料から収益を得ているのです。最近ではキャッシュレス決済の普及により加盟店が増加しています。そのため、カード会社の収益源の大半を加盟店の利用手数料が占めるようになってきています。

旅行傷害保険
クレジットカードに加入すると海外旅行傷害保険や国内旅行傷害保険がついてくることがある。これらの保険は、旅行中の病気やケガを補償する。補償内容はカード会社、カードの種類によって異なる。

信用販売をする信販会社

信販会社の信販には、「信用を販売する」という意味が込められています。これは、社会的信用が十分にある利用者に対して、売買代金の分割支払いサービスを提供することを示し、70年ほど前から行われているビジネスです。

高額なモノやサービスを分割払いで提供

信販会社はクレジットカード会社と似ている部分もあるものの、少し異なる側面ももっています。

信販会社の信販には、「信用を販売する」という意味が込められています。これは、社会的信用が十分にあると認定される利用者に対して、買い物で利用した金額の分割払いサービスを提供することを示しています。つまり、高額な商品やサービスを購入する場合の分割払いを信販会社では提供しているのです。

信販会社ならではのサービスといえるのが、このショッピングクレジットと**オートローン**です。いずれも分割で支払い可能というものであり、クレジット審査を通過することでモノやサービスが提供されます。信販会社は分割払いにより手数料を得ることができます。なお、信販会社は1951年の**日本信販**の前身が設立されたところから始まっています。これは、現在の三菱UFJニコスが該当します。

信販とクレジットカードとの違い

実は信販会社でもクレジットカード業務を取り扱っており、むしろメインの事業となってきています。信販会社のほうがクレジットカード会社よりも業務内容が幅広く、昔からある信販事業はもちろんのこと、信用保証事業や**目的別ローン**など融資事業も手がけています。

クレジットカードの場合は何度でも繰り返し利用ができますが、ショッピングクレジットは購入する商品ごとに個別に申し込み・審査・契約が必要になります。そのため、使い勝手がよいのはクレジットカードといえるものの、特に大きな買い物をする場合には使いすぎを防ぐためにも信販という手もあることは覚えておくとよいでしょう。

オートローン
自動車の購入に対するローンのこと。用途が自動車購入や修理などと明確であり、担保が車になることから金利が低く設定されている。信販会社のローンのほか銀行の自動車ローンを利用する手段がある。

日本信販
1951年に日本信用販売が設立され、日本初の信販会社となった。1966年に社名を日本信販に変更する。2005年にUFJカードと合併しUFJニコスへ。2007年に再度合併を行い、三菱UFJニコスとなった。

目的別ローン
資金の使途が限定された、個人向けのローン。住宅ローンやアパートローン、教育ローン、ブライダルローンなど多岐にわたる。融資の申し込みの際には、資金使途を確認するための書類の提出が必要。

> 信用販売のしくみ

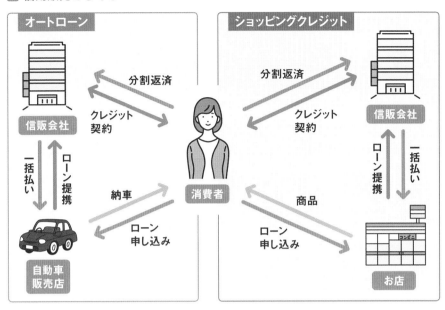

> 信用保証業務のしくみ

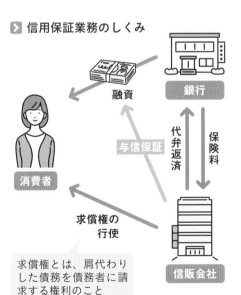

求償権とは、肩代わりした債務を債務者に請求する権利のこと

> 代表的な信販会社

ジャックス

三菱UFJフィナンシャル・グループの信販会社。北海道函館市で創業し、海外事業を含めたショッピングクレジット及びオートローンでは業界トップクラスの取扱高を誇る

オリエントコーポレーション

みずほフィナンシャルグループの信販会社。立替払い（販売信用）やオートローンでは業界トップ。広島で創業した

SMBCファイナンスサービス

SMBC（三井住友フィナンシャルグループ）の信販会社。OMCカード、セントラルファイナンス、クオークの3社が合併してセディナ発足。その後セディナはSMBCファイナンスサービスと合併した

アプラス

SBI新生銀行系の信販会社。1956年に大阪信用販売株式会社として近畿圏を地盤に活動展開し、その後全国展開へ。2004年度に新生銀行グループの一員となり、消費者向けファイナンスの主要子会社となる

Chapter8 05

リース会社もノンバンクの1つ

リース会社と聞くと、機器や設備を貸しているイメージでしょう。しかし、設備購入資金の立替を行っているため、リース会社もノンバンクの1つです。なお、リース対象となる物の所有権はリース会社にあります。

リースできる設備は多岐にわたる

リース会社もノンバンクの1つです。なぜなら、本来企業が購入する必要がある設備をリース会社が購入して貸してくれるというのは、いわば立替をしてくれているのと同じしくみだからです。

リース会社では、コピー機や複合機といったOA機器のほか、パソコンなどのIT機器、机などの事務用品などさまざまな物をリース対象としています。ただし、原則として不動産や建物付属設備などはリース対象にはなりません。

ファイナンスリース契約

リース契約には、ファイナンスリース契約とオペレーティングリース契約があります。ファイナンスリース契約とは、顧客が欲しい物件（例：コピー機など）をリース会社が代わりに購入します。そして、その物件を貸与する取引が該当します。ファイナンスリース契約は、原則として途中で契約を解除することはできません。契約した期間は必ず借りる必要があります。なお、契約期間終了後は物件の所有権が顧客に移るものと、その後もリース料を支払って借りるケースがあります。

ファイナンスリース契約には、物件購入費用以外に手数料（金利）が加わります。企業経営においてできる限り資金負担は軽減したいのも事実。そこで、一括購入しなくて済むファイナンスリース契約が成り立っているのです。なお、物件の保守・修繕義務は顧客である企業にあります。

オペレーティングリース契約

もう1つのオペレーティングリース契約は、お金を払って資産

OA機器

オフィスオートメーション機器の略語で、ファックスやコピー機器などのことを指す。事務作業などの業務を自動化、省力化、効率化を図ることを目的とした装置やシステムが該当する。

不動産

不動産や建物付属物は原則としてリース対象外だが、リース期間経過後にリース物件がリース会社に返還される、または廃棄されることが明らかな場合はリース可能となることもある。リース会社のなかには、不動産オーナーから土地を購入、または借り上げて建築会社に工事を発注、土地と建物をパッケージ化してリースする「開発型リース」を行う会社もある。

▶ リース会社のしくみ

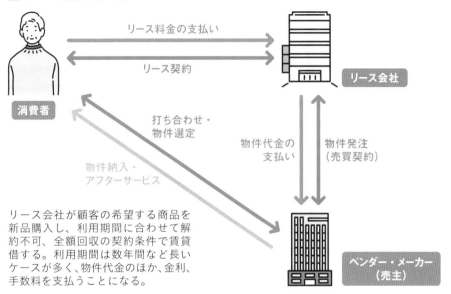

リース会社が顧客の希望する商品を新品購入し、利用期間に合わせて解約不可、全額回収の契約条件で賃貸借する。利用期間は数年間など長いケースが多く、物件代金のほか、金利、手数料を支払うことになる。

▶ ファイナンスリースとオペレーティングリースの違い

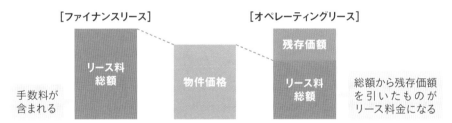

を借り、後で返すしくみを指します。リース期間後も中古の価値として見込める物件をリースするもので、航空機や工作機械が該当します。リース会社は、リース期間満了時の物件の中古価値（残存価額）をあらかじめ見積もります。リース料の総額から残存価額を差し引いて、実際に顧客に貸し出すリース料金を設定するため、リース料が軽減するほか、リース期間を顧客の希望に応じて設定できます。

　オペレーティングリース契約は、物件の保守・修繕義務はリース会社にあり、短期でのリース契約も可能となっています。

残存価額

リース期間満了後に見積もることができる価額。ファイナンスリースでは残存価額を考慮しないため、リース料総額が高くなりがちだが、オペレーティングリースではリース料を低く抑えることが可能。

Chapter8 06

ノンバンクにまつわる法律

ノンバンクに関連する法律として、利息制限法、出資法があります。最も関連性の深い法律は貸金業法です。安心して利用できる貸金市場の構築を目指して定められた貸金業法について解説します。

多重債務
消費者金融やクレジットカード会社など複数のノンバンクから借入れを行っている状況を指し、その借金の返済が困難になっている人を多重債務者と呼ぶ。

利息制限法
お金を借りた人を守るための法律。借金で支払う利率を制限することを主な目的としている。

出資法
出資の受入れ、預り金及び金利などの取締りに関する法律。以前は、出資法に基づき上限金利が29.2%であったが、2010年6月18日から上限金利が20%に改められた。高金利での貸付けを取り締まる法律である。

貸金業務取扱主任者
国家資格である貸金業務取扱主任者資格試験に合格し、主任者登録を完了した者のこと。貸金業法を守るように、職場内でアドバイスや指導を行うことが主な業務であり、3年ごとに更新が必要。

貸金業法は2006年以降改正を行い、今に至る

貸金業法は、消費者金融や事業者金融といった貸付けを行うノンバンクに関する規制を定めた法律です。多重債務問題を解決することを大きな目的とし、安心して利用できる貸金市場の構築を目指して、2006年以降に段階的に改正を行っています。

貸金業法改正の主なポイントは3つあります。総量規制、上限金利の引き下げ、貸金業者に対する規制強化です。それぞれどのような規制か、詳しく確認していきましょう。

総量規制の原則

総量規制とは、過度な借入れから消費者を守るために、年収などを基準に、その3分の1を超える貸付けを原則禁止するものです。例えば、年収300万円の人の場合、貸金業者からの借入れは100万円までとなります。なお、貸金業者に該当しない銀行などが行うローンや、信販会社のショッピングクレジットは総量規制の対象となっていません。

また、年収の3分の1を超えていても返済能力があると認められれば、例外として顧客の利益の保護に支障が生じることのない貸付けなどは、貸金業者から借入れすることができます。借入れを行うと借入金額などの情報が信用情報機関に提供され、現状を貸金業者が把握できるしくみが設けられています。

上限金利の引き下げ

以前は利息制限法での上限金利が15～20%であったのに対し、出資法での上限金利は29.2%と定められていました。この2つの法律の上限金利が異なっていたことで、出資法の上限を超えな

▶ 貸金業法改正の目的

多重債務問題 **の解決**

安心して利用 できる貸金市場 **の構築**

→

2006年以降、段階的 に貸金業法を改正

▶ 貸金業法の規制

(1) 総量規制──借りすぎ・貸しすぎの防止
● 借入残高が年収の3分の1を超える場合、新規の借入れができなくなる
● 借入れの際に、基本的に「年収を証明する書類」が必要となる

(2) 上限金利の引き下げ
● 法律上の上限金利が、29.2%から、
　借入金額に応じて15〜20%に引き下げられる

(3) 貸金業者に対する規制の強化
● 法令遵守の助言・指導を行う国家資格のある者
　（貸金業務取扱主任者）を営業所に置くことが必要となる

出典：金融庁ホームページ

ければ刑事罰にはならないグレーゾーン金利として、貸金業者の
ほとんどがグレーゾーン金利で貸付けを行っていました。

　しかし貸金業法の改正で上限金利が20％に引き下げられ、グ
レーゾーン金利は廃止されました。現在では、10万円未満の借
入れは上限年20％、10万円〜100万円未満の借入れは上限年
18％、100万円以上は上限年15％と決まっています。

📍 規制の強化、法令遵守の徹底

　貸金業者に対する規制の強化では、現在、貸金業者は、営業所
または事務所ごとに、**貸金業務取扱主任者**を従業員50人につき
1人以上おかなければいけないことになっています。これは、従
業員に法令遵守を徹底させることが目的です。

　こうした規制により、以前に比べると自己破産する人の数は確
実に減ってきています。ただし、国民生活センターによれば、依
然として多重債務の相談件数は年間で20,000件前後あり、いま
だ借金で苦しむ人が多数いるのも事実です。

自己破産
裁判所で支払い不
可能であると認めら
れ、免責許可の状態
になると、養育費や
税金などを除いて、
すべての借金をゼロ
にすることができる。
その状態を自己破産
という。自己破産は
ピーク時の3分の1
以下となっている。

国民生活センター
全国の消費生活セン
ターから消費生活相
談などの情報を収集
し、消費者被害の未
然防止につなげる
情報提供を行うほか、
消費生活問題の調査
研究などを行う独立
行政法人。1970年
に特殊法人として設
立した。

Chapter8
07

ノンバンクが抱える課題

ノンバンクでは、高収益構造がすでに崩壊しています。国内の市場は今後縮小が見込まれることから、新しいビジネスの展開を模索するか、海外市場を取り込むことが課題となってきています。

最悪期は脱したものの、将来的な課題は山積み

　　ノンバンク、特に消費者金融や事業者金融では、融資による高収益構造が崩壊した今、将来どう生き残っていくかが大きな課題となっています。将来の課題という側面では、リース会社などほかのノンバンクも同様で、今後の人口減、事業者数減少により、売上縮小を余儀なくされる恐れがあります。

　　例えば前項で述べた貸金業法の改正による貸付上限金利の引き下げは、高い金利の貸付けで収益を出していた消費者金融などの貸金業者にとって痛手となりました。

　　また、年収の3分の1を超える貸付けが禁止されたことで、金利、貸付金額両面から収益に打撃を受けたのです。

　　さらに、2010年までにノンバンクからお金を借りたことがあり、出資法と利息制限法の狭間の金利で借りていた人は過払い金の返還が請求できることになりました。当時は、2つの法律により金利が設定されており、出資法のほうが高かったため、多くの貸金業者は出資法に合わせて貸し出していたのです。その後、利息制限法よりも高い金利はとりすぎと認められ、その部分を借りていた人はその分の金利を取り戻すことができるようになりました。これも貸金業者を追い詰めることになります。

新しいビジネスモデルに挑戦するか、海外に望みを託すか

　　これらの結果、高収益構造は崩壊、倒産する企業も多発します。いくつかの消費者金融はメガバンクに救済され、合併などで生き残りをかけています。現在は最悪期は脱したといわれているものの、将来が明るいかといえばそうでもありません。

貸金業者
お金を貸す業務を営む業者。財務局または都道府県に登録を行う必要がある。消費者金融やクレジットカード会社などが該当する。銀行や信用金庫、信用組合、労働金庫などは貸金業者に該当しない。

▶ ノンバンクが抱える問題

ノンバンクの収益を変えた3つの要因

要因1	要因2	要因3
貸金業法の改正による貸付上限金利の引き下げ	貸付額の総量規制（年収の3分の1を超える貸付禁止）によるキャッシング・ローン市場の縮小	過払い金の返還に備えた引当金の積み増し

これまでノンバンクの高収益を支えてきた収益基盤が崩壊

メガバンクが消費者金融会社を救済

最悪期は脱したものの、今後国内での市場が縮小する恐れもある

ノンバンク市場は今後かなり厳しいとされていますが、一定のニーズがあるのも事実です。そのため既存ニーズにも応えつつ、新たなビジネスモデルの構築を行っていく必要があります。その1つに海外進出があり、次ページで詳しく解説していきます。

▶ 合併した消費者金融の例

 ➡ SMBC グループの完全子会社へ

 ➡ 三菱 UFJ フィナンシャル・グループの連結子会社へ

 ➡ 新生銀行（現、SBI 新生銀行）の完全子会社へ

Chapter8 08

東南アジア市場に活路を見いだすノンバンク

今後人口増加などの理由から経済成長が期待できる東南アジア。まだ所得水準が低い国も多く、モノを購入する際に割賦販売などが伸びる可能性があります。今後ノンバンクのカギを握る市場となるかもしれません。

年率5%前後の成長が見込める国が多数

東南アジア
中国より南、インドより東のアジア地域が該当する。主要国は、シンガポール、マレーシア、タイ、インドネシア、ベトナム、フィリピンなど。

すでに中国やインドを中心に、海外へ進出するノンバンクは多数ありますが、その次の市場として有望と考えられているのが東南アジアです。実際に、ベトナムでは近年、コロナ禍を除けば年率6〜7%の成長が続いています。フィリピンも6%前後、インドネシアは5%前後。まだまだ経済成長が見込める国が多く、人口が多い国も複数あるため、消費の側面から期待ができるといえます。こうした状況を日本のノンバンクも虎視眈々と狙い、アジア進出を図る企業も多くなってきています。

1人当たりのGDP
国全体のGDPを人口で割ることで1人当たりに換算したもの。その年の為替レートをもとに、USドル換算することで比較を行うことが多い。東南アジアではシンガポールが飛び抜けて高くなっている。

東南アジアの各国をみるとわかるように、1人当たりのGDPは5,000ドル以下の国が多く、ようやくこれから皆バイクや車が買えるようになる。まだそうした状況にあるため、オートローンなどの分割払いは市場拡大が見込めます。そのためリース会社の東南アジア進出が進んでいます。もちろん、クレジットカードによる買い物などもこれから増加していくことでしょう。消費額が伸びれば、ノンバンクの収益も拡大すると想定されます。

人口の増加に伴う市場の拡大

東南アジアの人口
東南アジア全体で6億人以上の人口を擁する。特に、インドネシアではおよそ2.7億人と多く、発展余地が大きい。フィリピンやベトナムも1億人前後の人口を擁している。

日本国内では今後人口が減少していきますが、**東南アジアの人口**はまだまだ増加します。ましてや、平均年齢も低く、稼いで使う人口がこれから増えていくのです。ノンバンク各社にとっては、市場シェアを獲得したい地域ともいえるでしょう。

ただし、当然ながら各国のノンバンクも東南アジア市場に参入してきています。シェア争いも激化することでしょう。それでも日本に比べれば売上拡大が見込める地域であることは間違いありません。また、金利も日本よりも高いため、収益力の強化にもつ

▶ 東南アジアの１人当たりのGDP

順位	国名	１人当たりのGDP
1	シンガポール	72,794.91
2	ブルネイ	32,573.33
3	マレーシア	11,407.68
4	タイ	7,232.26
5	インドネシア	4,361.16
6	ベトナム	3,717.80
7	フィリピン	3,576.10
8	ラオス	2,513.24
9	カンボジア	1,161.75
10	ミャンマー	1,216.81

※単位はUSドル
出典：IMF「World Economic Outlook Databases（2022年10月版）」

東南アジアでは、１人当たりのGDPはまだまだ低い国が多いです。今後の発展見込みは大いにあるといってよいでしょう。

▶ 日系企業の東南アジア進出例

三菱 UFJ リース

2020年3月、フランスの自動車リース大手ALDとの合弁で、マレーシアに自動車リース会社を設立すると発表。現地で企業向け自動車リース事業を開始する

東京センチュリー

2019年1月、リース大手の東京センチュリーが東南アジアの配車サービス企業Grabが展開する自動車レンタル事業「Grab Rentals」に出資。現地ドライバー向けのオートリースやカーファイナンスの拡大に注力している

ながります。これまで培ったノウハウをもとに、貸倒率を低くし、10年、20年後に大きなシェアを獲得できていれば、日本のノンバンクも再度大きく注目される日が来るかもしれません。

> **貸倒率**
> 企業が借金返済が困難になり資金を回収できない状況を貸し倒れという。回収できない割合を貸倒率といい、貸倒率をいかに低くするかが融資業務では重要となる。

🔰 ONE POINT

キャッシュレス決済浸透による市場拡大も

PwCが発表したレポート「Global Consumer Insights Survey 2019」によれば、2019年3月におけるキャッシュレス決済比率はタイで67%、ベトナムで61%、インドネシアで47%。これに対して、日本では25%前後です。東南アジアではキャッシュレスがもはや当たり前となっているため、クレジットカードだけでなく、後払いなどの利用ができるノンバンクのような市場も拡大する可能性があるといえます。

経済は私たちの生活と どう関係しているのか？

経世済民が経済の本当の意味

経済と聞いて、皆さんは何を思い浮かべますか？ お金を使うこと、モノをつくること。いずれも正解です。それでは、経済の本当の意味はご存じですか？

経済は、中国の古典に登場する「経世済民」を略した言葉です。世を治め、民を救う。もともとはかなり広大なスケールの話であり、経済だけでなく政治も含まれています。現在はどちらかといえば、お金の動きに即した内容でとらえられがちです。

とはいえ、皆さんが働くことで、所得を得て、そのお金をもとにモノを買い消費すれば、誰かのためになります。もちろん、皆さんが働くこと自体が誰かのためになっています。その活動が積み重なることで、個人や企業、そして地域や国を経済的に豊かにできます。

皆さんが行う行動の1つひとつが、皆さんのためだけではなく、誰かのためになっていると考えれば、経世済民を実践していることになります。これこそが経済の本質であり、忘れてはならないことです。

経済は家計、企業、政府の活動から構成される

経済は、大きく分けると家計、企業、政府の活動から構成されます。私たちは働くことで給料を稼ぎます。給料から税金が支払われるほか、モノやサービスの購入に使われます。企業は従業員に働いてもらうことでモノやサービスの提供ができ、売上を得ることができます。企業が得た利益から税金が支払われ、投資などへお金が使われます。

政府は、家計や企業から得た税金をもとに、道路や橋などを造るほか、社会保障の提供など公共サービスを行います。

こうしてみてわかるとおり、いずれもお金を通して、結びついています。そして、必要なことにお金が使われ、より豊かな生活を行えるようなしくみが構築されています。経済は、1人の力ではなく、全員が誰かに貢献し、貢献し合うことで成り立ちます。この動きが活発になるほど経済成長に結びつき、国全体が富み、生活が楽になるといってよいでしょう。お金、つまり「金融」が経済の要なのです。

第 **9** 章

高度化する金融商品

進化するテクノロジー。時代とともに、金融商品も高度化しています。ここでは「フィンテック」や「ブロックチェーン」など、近年注目されている金融技術と、そのしくみについて解説します。

Chapter9
01

デリバティブの意味とその役割

デリバティブとは、金融派生商品を指し、株式や債券などの金融商品をもとにつくられています。高い収益性を追求したり、リスク回避として利用されたりするなどさまざまな使い方があり、投資家のニーズに応えています。

デリバティブとは金融派生商品のこと

デリバティブは、株式や債券、金利などの金融商品（原資産）がもとになってつくられています。具体的なデリバティブ取引には、主に先物取引、オプション取引、スワップ取引があります。

リスク移転効果やレバレッジ効果が期待できる

デリバティブができた背景には、「リスク管理」と「高い収益性の追求」があります。

例えば、通常の株式投資では、株価が上昇しなければ利益を得ることができません。しかしながら、デリバティブを利用することで株価が下がった場合に利益を得ることも可能です。株価が下がると思う人と株価が上がると思う人の間でリスクを移転する「リスク移転効果」も見込めます。

また、デリバティブ取引では、手元の資金以上の投資が可能です。手元の資金以上での取引が可能となれば、想定どおりの取引ができたときに大きな利益を得ることも可能です。これを「レバレッジ効果」（P.61参照）と呼んでいます。

こうした取引ができるため、プロや大口の個人投資家を中心にデリバティブ取引が行われています。もともとはリスク回避手段として1980年代に米国でさまざまな商品が開発されました。現在では、ヘッジファンドの取引でも多く用いられています。

価格と数量をあらかじめ決める取引

デリバティブの1つで古くから行われている取引が、将来の一定期日に受け取ることを約束して、現時点で価格と数量を決めて売買する先物取引です（P.60参照）。イメージは、6カ月後に1万

リスク管理
収益を左右するリスクをいかに管理していくかが資産運用では重要となる。5大リスクと呼ばれるものに、価格変動リスク、金利変動リスク、信用リスク、為替変動リスク、カントリーリスクがある。

リスク回避
将来への不確実性を回避するために、さまざまな資産に分散させる、時間を分けて投資する、各地域に投資するなどの行動を指す。リスクヘッジ（riskhedge）ともいう。

ヘッジファンド
デリバティブ取引などさまざまな手法を用いて利益を追求するファンド。株価指標の動きとは無関係に、相場が上昇・下落いずれの局面でも利益を狙っていく。富裕層向けの投資方法といえる。

▶ デリバティブ取引とは

デリバティブ（金融派生商品）

金融商品（原資産）

デリバティブ

原資産をもと
にしてつくられ
たのが……

● 株式や債券などの
有価証券を
原資産とする

● 金利や為替などを
参照指標とする

金融資産から派生した金融取引

デリバティブ取引の効果

将来の取引の
成果を現時点
で確定できる

投資する金額に対して数
倍の取引を行った場合と
同じ経済効果を
得ることができる

キャッシュフ
ローを組み
替える

↓　　　　　　　　　↓　　　　　　　　　↓

ヘッジ効果　　　　　**レバレッジ効果**　　　　　**リスク移転効果**

円でA社株式を買うといった約束をする取引です。実際に6カ月
経過後に決めた1万円でA社の株式を買うことになります。こう
して先に値段を決めておけば、買う側も売る側も値段がその後ど
う変動しようが安心して取引できる。こうした効果を「ヘッジ効
果」と呼んでいます。

　もし6カ月後にA社株価が1.5万円となれば、1万円で買うと
約束した人はその瞬間に5千円の利益を得ることもできます。

🖋 ONE POINT

高い収益性を追求することができる

デリバティブ取引を用いると、高い収益性を追求することが可能です。それはレバ
レッジ効果が期待できるためです。想定どおりに株価が上がれば、通常の株式投資
よりも大きな利益を得ることができます。

Chapter9 02

オプションとは何か

オプションとは、株式などの商品を将来の一定期日に、先に決めておいた価格で売買できる権利を取引することです。買う権利をコール・オプション、売る権利をプット・オプションといい、4つの取引方法があります。

「権利」を取引する

オプションは、ある特定の商品（原資産）を、将来の一定期日に、先に決めた価格で売買できる「権利」を取引するものです。あくまで買う権利、売る権利を売買するため、実際に買うか売るかは別の話となります。

買う権利を「コール・オプション」、売る権利を「プット・オプション」といい、それぞれ買う人もいれば売る人もいるので、4通りの取引が存在します（右ページ参照）。コール・オプションを買う人は、値段が上がれば利益を得ることができます（逆に値下がりを想定する人が売ります）。プット・オプションを買う人は、値段が下がれば利益を得ることができます（逆に値上がりを想定する人が売ります）。こうしたオプション取引が存在する理由は、主に4つが考えられます。

損失を限定しながら利益追求も可能

1つめは、損失を限定しながら利益追求ができるためです。オプションを買う人は、最初に支払うプレミアム分に損失を限定でき、利益を追求できるしくみとなっています。仮に相場が予想と逆の方向に動いたとしても、損失が限定できる点はメリットといえます。売る人はプレミアムという利益が得られます。

2つめは、少額から投資が可能であること。手元の資金以上の投資ができるため、レバレッジ効果が働きます。

3つめは、複数のオプションを組み合わせることで相場が停滞していても利益が得られるしくみをつくることも可能であること。相場の上昇時、下落時、停滞時、いずれでも利益を生み出すチャンスがつくれるのです。

原資産
先物取引やオプション取引においてもととなる金融商品のこと。一般的に、株式や債券、通貨、株価指数、天気、気温といったものが該当する。オプション取引では、株式もしくは株価指数が原資産となることが多い。

買う権利、売る権利
買う権利とは、決めた値段で買うことができる権利を指す。売る権利とは、決めた値段で売ることができる権利を指す。

プレミアム
オプション取引の買い手が取引最初に売り手に支払う権利料。買い手は、このプレミアムを売り手に支払うことで買う権利や売る権利を手に入れることができる。プレミアムは、対象原資産の価格などによって変動する。

▶ コール・オプションとプット・オプション

オプションの買い（ロング）	オプションの売り（ショート）

コール・オプション

● コール・オプションの買い

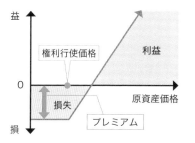

● コール・オプションの売り

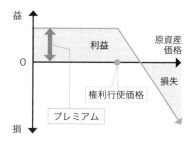

プット・オプション

● プット・オプションの買い

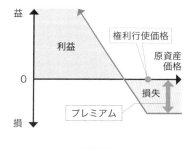

● プット・オプションの売り

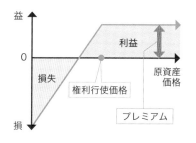

損失の範囲はプレミアムの額に限定される	利益の範囲はプレミアムの額に限定される

出典：https://www.jtg-sec.co.jp/futures_option/op_study.htm
Jトラストグローバル証券株式会社「日経225オプション取引例」をもとに作成

　4つめは、リスク回避としての利用が可能であること。仮に保有する株式の値下がりによるリスクを回避したい場合には、プット・オプションを購入することで損失をカバーできます。

　こうした理由からオプション取引は活用されています。どちらかといえば、リスク回避で利用したり、相場の動向を的確にとらえたりして、そのときの状況に合わせて売買する人が多いといえます。

Chapter9 03 金利スワップと通貨スワップ

スワップ取引はデリバティブ取引の1つです。スワップ取引の主流が金利スワップと通貨スワップです。金利スワップは金利同士の交換、通貨スワップは通貨と金利の交換を主体に行う取引が該当します。

現在価値が等しいキャッシュフローを交換する取引

デリバティブ取引の1つに、スワップ取引があります。スワップ取引とは、現在価値が等しいキャッシュフローを交換する取引であり、当事者間で決めた条件に基づいて取引が行われます。

最も有名なスワップ取引として、金利スワップと通貨スワップを挙げることができます。

金利スワップとは

金利スワップとは、同じ通貨間で異なるタイプの金利を交換する取引です。特に変動金利と固定金利の交換が、典型的な金利スワップに該当します。金利スワップは、ローン返済時の金利方式の変更などに利用されます。例えば、今後金利が下がりそうと予想するAさんが固定金利で借入れを行っていたとします。一方で、今後金利が上昇したら困ると考えていたBくんは変動金利でお金を借りていたとします。もしこの2人がそれぞれの金利を交換できれば、Aさんは金利が下がれば支払いが減るし、Bくんは金利が上がっても固定金利での支払いとなれば心配事が減ります。こうして両者の悩みを解消できる取引が行われます。

通貨スワップとは

では、通貨スワップはどのような取引が該当するのでしょうか。通貨スワップとは、異なる通貨間で元本と金利を交換する取引です。なかには元本の交換はせず、金利部分だけを交換する通貨スワップがあります。これはクーポンスワップと呼ばれています。具体的には、日本円の変動金利と米ドルの固定金利を交換するといった取引が該当します。

キャッシュフロー
現金流入額のこと。企業にお金が入ってくることをキャッシュインといい、企業からお金が出ていくことをキャッシュアウトという。キャッシュインからキャッシュアウトを差し引いた収支がキャッシュフローとなる。

クーポン
利札のこと。債券の保有者に対して支払われる金利を、額面価格に対するパーセントで示したもの。かつては実際の債券の券面に切り取り可能な利札がついていて、利息と交換していた。

オイルショック
1973年と1979年に始まった原油の供給逼迫に伴う原油価格高騰が引き起こした世界経済の混乱。特に1973年からの第一次オイルショックは日本経済に打撃を与え、トイレットペーパーの買い占めにもつながった。

▶ 金利スワップのしくみ（変動金利と固定金利の交換）

今後金利は借入時より下がりそう……（Aさん）

今後金利が上昇したら困るんだけど……（Bくん）

123銀行 ← 固定金利建て借入れ — Aさん｜Bくん — 変動金利建て借入れ → あいう銀行

Bくんが Aさんに固定金利を支払う

Aさんが Bくんに変動金利を支払う

金利スワップにより、それぞれの悩みを解決できます。固定金利と変動金利を交換するものが最も典型的な金利スワップです。

ニクソンショック
1971年に米国のニクソン大統領が突然発表した、米ドルと金交換停止を柱としたドル防衛策とインフレ抑制、景気刺激を目的とした総合的な経済政策が世界中に与えた衝撃のこと。為替相場は混乱に陥った。

世界銀行
貧困削減や開発支援を目的とした、世界中の途上国にとって欠かせない資金源（低利貸付、無利子融資等）を供給する役割を持つ。1945年に設立、1万人以上の職員が世界120カ国以上で業務にあたっている。

　金利スワップにせよ、通貨スワップにせよ、主な目的に金利変動のリスク管理が挙げられます。今後金利が上がるか下がるかを考えて、その想定どおりになった場合に備えて取引を行うのです。
　なお、金利スワップは、1970年代のオイルショックやニクソンショックを機につくられました。通貨スワップは1981年にIBMと世界銀行の間で行われたのが最初の取引といわれています。

Chapter9 04

クレジット・デリバティブとは何か

国や企業などの信用リスクを取引するデリバティブ取引をクレジット・デリバティブと呼びます。クレジット・デフォルト・スワップなどの取引により、契約の対象となる債権がデフォルトした場合の損失が補償されます。

債務不履行に備える手段として利用する

クレジット・デリバティブとは、国や企業などの信用リスクに備える取引です。信用リスクとは、取引先の倒産や、債務不履行に伴い、債権が回収できない状態に陥るリスクを指します。大雑把にいえば、貸したお金や投資したお金が返ってこない場合に備えて、クレジット・デリバティブ取引を行い、万が一返済されない場合や価格が下がった場合には、その損失の補償を取引により受けることができるというしくみです。

クレジット・デリバティブには、いくつかの種類があります。主なものとして、「クレジット・デフォルト・スワップ」と「トータル・リターン・スワップ」が挙げられます。

クレジット・デフォルト・スワップ

クレジット・デフォルト・スワップ（CDS）とは、融資した資金が返済されない場合（デフォルト）に備えて取引するものです。デフォルトが起きたときの補償を得たい買い手のことをプロテクション・バイヤーといいます。

一方、プロテクション・セラーは保証する側（売り手）です。買い手は、プレミアムを売り手側に支払うことで、お金を貸した企業に万が一のことがあった場合には、損失分を売り手から受け取ることでリスク回避につなげることができます。プレミアムは、金融工学などに基づきいくら支払えばよいのか決定されます。

トータル・リターン・スワップ

トータル・リターン・スワップ（TRS）は、保有する債券などにおいて生ずるクーポン及び値上がり益をプロテクション・セラーに

デフォルト
債務不履行ともいう。融資や債券の利子、元本などの支払いが不可能になること。企業では倒産が直接的な影響となる。デフォルトリスクは、格付けで評価され、1つの目安としてとらえることができる。

金融工学
資金運用の際に生じるリスクを、数学や統計学、経済学などの手法で分析し、効率よく利益を上げる方法を研究したり、新しい金融商品の開発につなげる学問が該当する。1970年代から導入されている。

短期金利
一般に、期間1年以内の金融取引に基づく金利が該当する。具体的には銀行間取引の無担保コールレートが代表例である。銀行と一般企業との取引では短期プライムレートが短期貸出金利の基準となる。

▶ クレジット・デフォルト・スワップのしくみ

クレジット・イベント（破産・債務不履行など）が発生したときに、補償が発生するデリバティブ取引

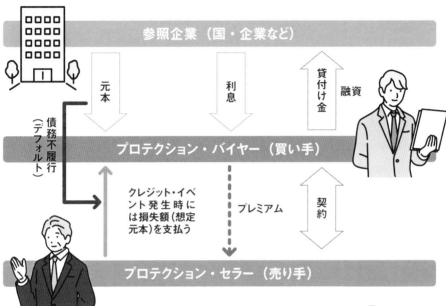

プロテクション・バイヤーがプロテクション・セラーに定期的にプレミアムを支払う代わりに、契約期間中に企業にクレジット・イベントが発生した場合に、損失に相当する金額を売り手から受け取る取引です。ちなみにプレミアムは掛け捨てです。

支払います。その代わりに、値下がりした場合や想定元本に対して計算される短期金利を受け取ります。格付けの引き下げなどにより債券価格が下がった場合にも対応できます。こうして倒産などの保有債券の信用リスクを回避できるしくみが構築されています。

CDSもTRSも、万が一資金が返済されない場合や、損失を被った場合の補償を受けることができる点が、買い手のメリットになります。

参照企業
クレジット・デフォルト・スワップの対象となる組織のこと。対象は企業だけにとどまらず、国や公的な組織などの場合もある。

Chapter9 05

リスク管理の重要性とVaR

デリバティブ取引に限らず、何かあった場合の備えとしてリスク管理は重要です。リスクの1つの考え方として、VaRがあります。変動リスクの把握のため、多くの投資家や金融機関などで利用されるようになってきています。

VaRの考え方

リスク管理は、デリバティブ取引に限らず、資産運用ではとても大切な要素です。

リスク管理の考え方の1つに、「VaR (Value at Risk)」があります。VaRは、予想最大損失額と訳されます。もともとは金融機関が保有する資産のリスクを評価するため、米国の投資銀行JPモルガンが1994年に開発したものです。

VaRでは、現在保有する資産を、今後も一定期間保有した場合に、過去のデータを基準に最大どのぐらい損失を被る可能性があるかを計測します。これにより、最大損失を想定したうえで、どのように対応していくかを検討できます。

VaRの3つの計測方法

VaRの計測方法には、分散共分散法、ヒストリカル・シミュレーション法、モンテカルロ・シミュレーション法があります。

分散共分散法は、統計学による正規分布を用いて標準偏差を計測します。リスクファクターが正規分布に従って変動し、その変動に対する資産の現在価値の変化額が一定であると仮定してVaRを算出するのです。

ヒストリカル・シミュレーション法は、過去の観測期間中のリスクファクターの変動パターンをもとに、将来も同じ確率で変動が起きると仮定して損益分布を求めていく手法です。

モンテカルロ・シミュレーション法は、乱数を利用して、リスクファクターの予想値を繰り返しシミュレーションし、リスクファクターの将来の分布からポートフォリオの損益分布を計算してVaRを求める計算法です。

JPモルガン
米国外を含む投資銀行業務を担当する企業。親会社がJPモルガン・チェースであり、その傘下にJPモルガンとJPモルガン・チェース銀行がある。JPモルガン・チェース銀行は商業銀行業務を行う（P.199参照）。

リスクファクター
株式や債券などの金融商品または資産全体のポートフォリオの価値に影響を与える変数のこと。一般的なリスクファクターは、金利、為替レート、株価、原油価格などのコモディティ価格などが該当する。

▶ 主なVaRの計算手法

保有する
ポートフォリオ
（運用商品の
組み合わせ）

マーケット
シナリオ
（市場展望）

ボラティリティ
（価格変動
リスク）

これらを
もとに…

Value at Risk
（予想最大損失額）
を算出する

分散共分散法

ヒストリカル・シミュレーション法

モンテカルロ・シミュレーション法

◉ VaRの注意点

　いずれの計算方法にせよ、今後の最大損失を想定できる方法として利用されており、現在は金融機関のほか、証券会社、個人投資家でも利用されています。ただし、あくまで過去のデータをもとにしているため、保有する過去データが少なければ精度は下がります。また、確率論のため、必ずその範囲で動くといったものではありません。

ボラティリティ
価格変動の度合いを示す言葉。大小で表される。ボラティリティを標準偏差で数値化し、商品リスクの度合いとして捉えるのが一般的。ボラティリティが大きい商品はリスクが高く、小さければ低くなる。

📖 ONE POINT

標準偏差って何？

　標準偏差とは、一般的には統計学における散布度を計測する手法のことをいいますが、金融業界では金融商品のリスクを数値化する際に使われます。標準偏差を金融商品の値動きに適用したのが価格変動リスク（**ボラティリティ**）となります。仮に平均リターンが7%、標準偏差が10%のファンドであれば、1年後の利益は、プラス27%～マイナス13%に収まる確率がおよそ95%と計算することができます。

Chapter9
06

「フィンテック」が起こした金融革命

テクノロジーの進歩が、金融サービスの技術面での参入障壁を低下させています。これにより、さまざまな企業がフィンテック関連で金融に参入し、今後の金融のあり方を大きく変えていくかもしれません。

フィンテックとは

フィンテックとは、金融を意味するFinanceと技術を意味するTechnologyを組み合わせた造語です。情報通信技術（ICT）を駆使した、革新的な金融商品・サービスといった意味合いで使われることが多くなっています。

金融サービスの移り変わり

新しい金融サービスは、今に始まったものではありません。1970年代にATMが登場、普及し始めます。その後1970年代～80年代にかけて、クレジットカードが普及し、現金なしで買い物ができる時代となりました。こうしたしくみも当時の通信技術の発展に伴う金融のネットワーク化が進んだことが背景にあります。1990年代後半以降には金融のオンライン化が始まります。ネット証券やネットバンキングによって取引がいつでも可能となったのです。そして、2000年代後半からフィンテックが始まります。

スマートフォンの急速な普及やテクノロジーの進歩は、金融サービスの技術面での参入障壁を低下させました。例えば、スマートフォンに専用のカートリッジを取り付けるだけでクレジットカードの決済ができるサービスがあります。

また、家計簿にもフィンテックが取り入れられています。銀行口座と家計簿が連動するようなサービスや領収書や請求書を読み取り、自動的に入力するクラウドサービスなども一例です。そのほか、モバイル決済やカード型デバイス、中小企業向けの経理クラウドサービスや金融商品開発などにもフィンテックは活用されています。

次項目（P.232）から主な事例について解説します。

ICT
Information and Communication Technologyの略。コンピューター関連の技術をIT、ITの活用をICTと区別する場合もある。近年では、ITに代わる言葉としてICTが用いられるようになってきている。国際的にはICTが一般的。

ネットバンキング
銀行との取引をインターネットで行うもの。残高照会をはじめ、入出金明細の照会、振込、定期預金や外貨預金の預け入れ・解約、投資信託の購入・解約などを日夜問わず行うことができる。

クラウドサービス
インターネットを通じ、データやソフトウェアを必要なときに必要なだけ利用できるサービス。インターネットに接続されている機器があればいつでもどこでも作業が可能、効率化を図ることができる。

▶ フィンテックに至るまでの金融サービスの技術的変遷

現金の入出金の
自由が拡大した

現金なしで
買い物が
可能になった

ネット証券や
ネットバンキング
などで自宅で
いつでも取引が
可能になった

利便性の
向上

通信技術の発展による
金融のネットワーク化

インターネットの普及による
金融のオンライン化

フィンテック

イノベーションによる
**金融サービスの
デジタル化**

| 1970年代 | 1980年代 | 1990年代後半 | 2000年代後半～ |

▶ フィンテックの活用事例

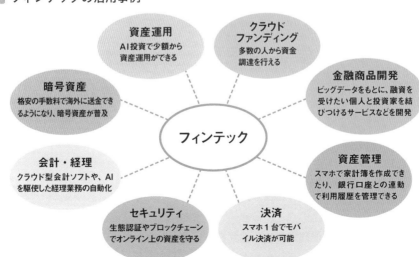

資産運用
AI投資で少額から
資産運用ができる

**クラウド
ファンディング**
多数の人から資金
調達を行える

暗号資産
格安の手数料で海外に送金でき
るようになり、暗号資産が普及

金融商品開発
ビッグデータをもとに、融資を
受けたい個人と投資家を結
びつけるサービスなどを開発

フィンテック

会計・経理
クラウド型会計ソフトや、AI
を駆使した経理業務の自動化

資産管理
スマホで家計簿を作成でき
たり、銀行口座との連動
で利用履歴を管理できる

セキュリティ
生態認証やブロックチェーン
でオンライン上の資産を守る

決済
スマホ1台でモバ
イル決済が可能

Chapter9
07

次々と登場する仮想通貨（暗号資産）

2009年に世界で初めて発行された仮想通貨がビットコインです。日に日に仮想通貨の種類は増加しており、今や9,000種類以上あるともいわれています。今後は暗号資産として名称が統一されていくことになりそうです。

暗号資産という呼び名に統一された

　仮想通貨とは、私たちが普段利用するお金とは異なり、インターネット上でやり取りされる電子データのことを指します。仮想通貨は中央銀行のような公的機関が管理しているものではなく、国の信頼に基づく法定通貨でもありません。しかし、送金にブロックチェーン技術（P.234参照）を使っているなど、信頼性の高い金融商品でもあります。現在では、G20などの国際会議では仮想通貨ではなく、暗号資産という呼び名が主流となっているため、今後は暗号資産と呼ばれることになるでしょう。

　この仮想通貨は、インターネット経由での送金が簡単に行え、手数料が安価な点が魅力で、買い物などへの決済もクレジットカードよりもコストが安く済むといった面から普及が期待されています。ただし、ここ数年の価格変動が激しく、投機対象となっている点は否めません。そのため、なかなか資産形成の手段としては用いにくいのが事実です。

仮想通過はなぜ「複雑」というイメージがあるのか

　仮想通貨は、9,000種類以上（GMOコイン調べ）あるともいわれており、日に日に増加しています。例えば、最も有名な仮想通貨にビットコインがあります。ビットコインは、2009年に発行された世界初の仮想通貨です。2010年には、ビットコインセンターという仮想通貨取引所が世界で初めて設立されました。

　それらがなぜ上がるのか、下がるのかは、世界経済情勢はもちろんのこと、最終的には需要供給により反映されます。

　仮想通貨は、株式と異なり、わかりやすい投資指標があるわけでもなく、金のような実物があるわけでもありません。基本的に

G20
主要国首脳会議G7に参加する7カ国に、EU、中国やロシアなど主要新興国あわせて20カ国・地域で構成される、20カ国財務相・中央銀行総裁会議。世界が直面する幅広い問題を話し合う会議である。

暗号資産
仮想通貨の法令上の呼び方。2019年5月に成立した資金決済法と金融商品取引法の改正に基づき、仮想通貨から暗号資産へと名称が改められた。

ビットコイン
世界で初めて作られた仮想通貨。インターネット上での支払いや送金に利用されている。仮想通貨では最も普及しており、取引の約6割が日本の投資家によるものであると考えられている。

▶ 暗号資産の時価総額

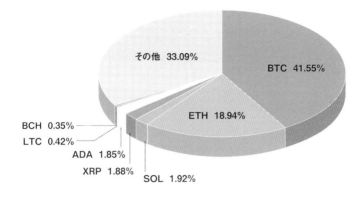

（単位：億円）

暗号資産名	時価総額
BTC（ビットコイン）	105兆2,604
ETH（イーサリアム）	47兆9,858
SOL（ソラナ）	4兆8,537
XRP（エックスアールピー）	4兆7,688
ADA（エイダ）	4兆6,869
LTC（ライトコイン）	1兆531
BCH（ビットコインキャッシュ）	8,888
その他	83兆8,098
合計	253兆3,077

合計額約253兆円のうち、ビットコインが約41%と、前年度からの割合が減少し、イーサリアムなどのアルトコイン（ビットコイン以外の暗号資産）の割合が増加した。

出典：一般社団法人日本暗号資産取引業協会「暗号資産取引についての年間報告2021年度」

テクニカル分析が主軸になります。そのため、中長期ではなく短期売買が主となるため、資産形成には向いていないといえるかもしれません。

　なお、ビットコインのように通貨発行枚数の上限が設定され、デフレを前提として発行された通貨のことをデフレ通貨といいます。インフレ通貨である法定通貨とは異なり、経済状況によって枚数が調整されることがなく、枚数上限に近づくほど価値が上がります。そのためハイパーインフレ時やインフレ時に、通貨の価値が暴落するといった事態が起きにくいというメリットがあります。

海外送金の低コスト化、セキュリティの強化などメリットが多数

金融業界の今後を左右する ブロックチェーン技術

仮想通貨の取引に使用されているブロックチェーン技術は、従来の中央管理的システムに比べ、改ざんが極めて難しいとされ、低コストで金融サービスが提供できると期待されています。

ユーザー同士が管理し合うシステム

ブロックチェーンとは、ビットコインなどの仮想通貨取引における取引を行う際の取引データを取り扱う技術のことです。取引のデータをトランザクションと呼び、そのトランザクションを複数まとめたものをブロックと呼んでいます。このブロックが連なるように保存された状態をブロックチェーンといいます。

ブロックチェーンは、ユーザー同士が管理しています。この方式を「P2P方式」といいます。このためビットコインなど仮想通貨の取引履歴は、誰でも確認ができます。ただし、取引件数や取引された仮想通貨の量などの履歴は確認できますが、ハッシュ値によって暗号化されているため、詳細内容までは確認することができません。

ブロックは、膨大な計算によって生成されたハッシュ値によって、次のブロックへとつながっています。もし一部の取引データを変更すると、ハッシュ値が異なるため、ブロックが連鎖せず、改ざんが明確になります。また、取引のログがネットワーク上に公開されているため、ユーザー全員が互いに監視でき、取引の正当性を検証できます。これにより、取引の履歴データの整合性と信頼性を確保できるしくみが構築されています。

ブロックチェーンのメリット

ブロックチェーンのメリットは、主に4つあります。

まず、ユーザー同士の管理により、中央管理システムが必要ないこと。2つめに、海外送金などの低コスト化の実現です。これは金融機関を介さないために実現できるメリットといえます。3つめに、ブロックチェーンは暗号化されているため、改ざんが

トランザクション

仮想通貨の個別の取引やその記録のこと。ビットコインなどでは、トランザクションは一定時間ごとにまとめられ、1つのブロックに格納される。新しく作られたブロックは、直近のブロックに接続される。

P2P方式

ピアツーピア (Peer to Peer) 方式。ユーザー同士が相互接続することでネットワークを形成し、webサービスやデータベース、アプリケーションなどのサービスを利用する方式。サーバーを介さずデータなどを共有できる。

ハッシュ値

元のデータから一定の計算手順に従って生成される規則性のない値のこと。一定の長さで、同じデータからは同じハッシュ値が得られるが、少しでも異なる場合、全く異なるハッシュ値となる。

▶ ビットコインを管理するブロックチェーンのしくみ

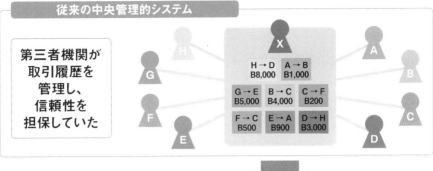

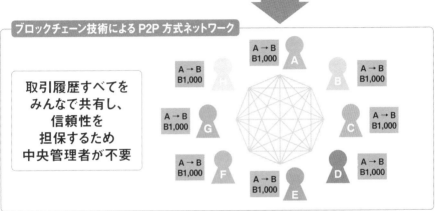

出典：経済産業省「ブロックチェーン技術を利用したサービスに関する国内外動向調査」

不可能なこと。4つめは、記録の証明も行えるため、管理費用などの削減につながることです。

　ブロックチェーン技術は仮想通貨だけでなく、生体認証やアプリ使用による送金・入出金の手続きの簡略化などさまざまなサービスに活用されています。今後もブロックチェーン技術による生活の利便化は進んでいくでしょう。

中央管理システム
中央銀行など1つの場所で管理されるシステム。法定通貨は中央管理（集権）により管理されているが、ビットコインなどの仮想通貨は中央管理者が不要となっている。なお、中央集権的な仮想通貨もある。

Chapter9
09

直接金融の究極の形
「クラウドファンディング」

今や誰でも資金調達を行うことができるようになってきました。その典型例が「クラウドファンディング」です。不特定多数の人に支援してもらう形で集める資金調達。誰もが夢を叶えられる時代になってきています。

共感した人から支援を受けることができる

クラウドファンディングは、群衆（crowd）と資金調達（funding）を組み合わせた言葉です。つまり、多くの人から資金を調達するしくみであり、インターネットを介して行われます。

資金調達はこれまでハードルが高く、誰でもできるものではありませんでした。通常は、銀行からの融資を受けたり、ベンチャーキャピタルや知り合いなどからの出資を募ったりすることが必要で、求められる事業規模も大きくなりがちです。

ところが今では、数十万円や数百万円など少額でも資金調達が気軽にできる時代になりました。それがクラウドファンディングによる資金調達です。プロジェクト立案者のやりたいことが魅力として伝わり、共感してくれる人がいれば支援を受けることができます。

ベンチャーキャピタル
P.204参照。

銀行からの融資が難しくても資金を集められる

クラウドファンディングのよい点は、新しく何かを始めたい人の夢や希望を実現する手助けになること。金融機関の融資などが仮に難しくても、直接支援者を探し、新しいことにチャレンジすることが可能です。

クラウドファンディングのしくみは2000年代の米国で始まりました。日本では、2011年に「READYFOR」や「CAMPFIRE」などがスタートし、市場は拡大しています。現在クラウドファンディングには、支援してくれた人にモノやサービスを提供する「購入型」、寄付を行い支援する「寄付型」、お金を貸す「融資型」、支援してくれた人に株式を発行する「株式型」、出資を募り金銭的なリターンやモノ、サービスなどを提供する「ファンド

READYFOR
日本初のクラウドファンディングサイト。誰もがやりたいことを実現できる世の中をつくるというビジョンをもとにサービス提供を行っている。2011年3月から2万件以上のプロジェクトを掲載する。

クラウドファンディングのしくみ

プロジェクトの投稿　　　投稿を見る

プロジェクトの起案者　　　支援　　支援者

プロジェクト支援の形態

| 購入型 | 寄付型 | 融資型 |
| 株式型 | ファンド型 | ふるさと納税型 |

モノやサービスで支援してくれた人へリターンのお返しをする

型」、支援したい地域に寄付を行い、返礼品を受け取る「ふるさと納税型」の6形態があります。

　こうしたやり方で資金が集まり、起業や新規事業などに利用されることで市場が活性化し、経済の起爆剤になる可能性もあります。直接金融の究極の形がクラウドファンディングなのです。

ファンド型
金銭的なリターンを受けることができる点が購入型とファンド型の違い。出資した企業には契約期間が設けられており、期間内で売上が上がれば分配金としてその一部を受け取れる。

 ONE POINT

ふるさと納税もクラウドファンディングである

ふるさと納税とは、応援したい自治体に寄付を行い、返礼品を受け取ることができるしくみで、利用している人も多くいることでしょう。このしくみを利用して寄付を行うと、寄付金控除による税の控除が受けられるため、実質自己負担額が2,000円で返礼品を受け取れます。

海外で登場している便利な金融サービス

アメリカでは学生向けの低金利ローンが登場

日本でも、テクノロジーを駆使したサービスが広がりつつありますが、海外ではさらにデジタルシフト（AI技術やビッグデータを活用し、一度に大量の情報を扱えるようになること）が進みさまざまなサービスが登場しています。

例えばアメリカで登場した「Earnest」という融資サービス。これは高学歴エリートを対象とした学生ローンサービスです。

一般的なローンは金利が高く設定されていますが、「Earnest」は信用ランクが高く、将来の年収が高いであろうエリートを対象として低金利とすることで、返済不能となる率が低くなることを想定しています。

通常のローンよりも審査が厳しく、申し込み時には大学名の記載や口座の取引履歴、貯蓄残高へのアクセスを許可することが求められます。

そのような個人情報から集められたビッグデータを分析し、審査を行っているのです。

こういった低金利ローン業者が登場することで、アメリカではローンの借り換え市場が活性化しています。

日本ではこれから普及していく

日本でも金融サービスは次々と登場していますが、海外に比べると新サービスの登場や普及は遅いといわれています。

その理由に、ベンチャーキャピタルによる投資額が少ないことが挙げられます。2020年における、アメリカでのベンチャーキャピタルによる投資額は年間16.7兆円に対して、日本では1,500億円と金額に大きな差がみられます。

メガバンクなどの大手銀行がベンチャーキャピタル的な投資を実施できれば、日本でもビッグデータ、フィンテックを活用した新たな金融サービスが次々と登場するでしょう。

おわりに

　読破された皆様、いかがでしたでしょうか。金融という1つの分野といっても業種は多岐にわたり、企業もさまざまにあり、いずれもなくてはならない存在です。金融機関の仕事内容や役割はもちろんのこと、過去の金融の歴史などを紐解いていくことで、社会の発展と金融は切っても切れない関係であることがわかります。

　銀行をはじめ金融業界は、社会において今後も一定の役割を果たしていくことは間違いありません。しかしながら、その仕事のやり方、つまりビジネスモデル自体は変化が求められる時代になってきています。特に日本の地方銀行などにおいては、今後どのようにして生き残りを図っていくかが大きな課題となっています。合併や経営統合による体力の強化、（実体にあわせて）アライアンスの構築、ATMの相互利用、営業時間の変更、できることはすべてインターネットで行うなど、金融機関も時代に合わせて変化していく必要があります。

　また、キャッシュレス決済の比率が徐々に高まり、金融の構造自体が大きく変わろうとしています。将来的に、現金を見る機会がほとんどないといった時代もくるのかもしれません。そうした時代の変化も少しでも感じてもらえるように解説しました。

　今回は、あくまで入門書のため1つひとつの視点において詳細にまで執筆できていない部分があるかと思います。もし本書を読んでいて興味のあった分野や内容があれば、中・上級のテキストなどへ是非ステップアップしていただき、銀行、保険会社などそれぞれの役割を記載した本を手に取り、さらなる知識拡充に努めていただければと思います。

　金融は面白い、就職志望度が高まった。皆さまにとって有意義な読書時間となったことを期待して、そんなお声をいただけると幸いです。

2023年5月

伊藤　亮太

索引

記号・アルファベット

CMA ……………………………… 141
CP ………………………………… 182
DCM ……………………………… 184
ECM ……………………………… 184
ESG投資 …………………………… 38
GPIF ……………………………… 38
ICT ……………………………… 230
IPO ……………………………… 129
IR活動 …………………………… 53
M&A ………………… 78,180,192
NISA ……………………………… 34
PRI ……………………………… 38
PTS取引 ………………………… 146
SEC ……………………………… 198
TOB ……………………………… 199
VaR ……………………………… 228

あ行

相対取引 ………………………… 186
アセットファイナンス …………… 182
アセットマネジメント …………… 190
アナリスト ……………………… 190
アレンジメントフィー …………… 33
暗号資産 ………………………… 232
アンダーライティング …… 136,159
イングランド銀行 ……………… 102
インサイダー取引 ……………… 150
インターネット証券会社 ……… 128
インターネット専用預金 ……… 107

インターネットバンキング ……… 28
インターバンク市場 ………… 58,118
売りオペレーション ……………… 65
売掛債権 ………………………… 204
エコノミスト …………………… 190
オートローン …………………… 208
オフサイト ……………………… 20
オプション ……………………… 222
オプション取引 ………………… 60
オペレーティングリース契約 … 210
オンサイト ……………………… 20

か行

買いオペレーション ……………… 65
外貨預金 ………………………… 106
外国為替市場 …………………… 58
外資系金融機関 ………………… 180
会社法 …………………………… 158
買取引受 ………………………… 136
解約返戻金 ……………………… 97
価格優先の原則 ………………… 146
貸金業法 ………………… 82,212
貸金業務取扱主任者 …………… 212
貸倒率 …………………………… 217
ガバナンス …………………… 20,38
株式 ……………………………… 132
株式市場 ………………………… 52
株式リサーチ …………………… 188
為替 ……………………………… 110
間接金融 ………………………… 48
元本割れ ………………………… 56

機関投資家 ················ 159
規制緩和 ·················· 44
キャッシュフロー ·········· 224
キャッシュフロー表 ········· 32
キャッシュレス ············· 30
給付・反対給付均等の原則 ······ 168
銀行間預金市場 ············ 50
銀行代理店 ················ 84
銀行法 ··················· 124
銀行窓販 ················· 172
金銭消費貸借契約書 ········ 109
金融 ···················· 42
金融緩和政策 ·············· 63
金融工学 ················· 226
金融サービス仲介業 ········· 86
金融サービス提供法 ········ 150
金融市場 ················· 50
金融商品仲介業 ············ 84
金融商品取引法 ··········· 150
金融政策 ················· 64
金融庁 ················ 20,66
金融庁監査 ················ 90
金融派生商品 ········ 60,186,220
金融引き締め政策 ··········· 62
金融ビッグバン ········· 44,178
金利スワップ ·············· 224
クラウドサービス ·········· 230
グラス・スティーガル法 ······· 198
クレジット・デフォルト・スワップ
··························· 226
クレジット・デリバティブ ······· 226

クレジット・リサーチ ········ 188
クロスセルマーケティング ······ 123
景気循環 ················· 62
傾斜生産方式 ·············· 102
決済代行会社 ·············· 206
決済用預金 ··············· 96
現物取引 ················· 130
公開買い付け ·············· 150
公社債 ··················· 51
高度経済成長 ·············· 103
コール市場 ················ 50
国債 ················· 48,57
国際業務 ················· 118
護送船団方式 ·············· 102
コルレス銀行 ·············· 118

さ行

債券 ················ 56,132
債権回収 ················· 124
債券市場 ················· 56
再編 ················· 20,46
再保険 ··················· 164
先物取引 ················· 60
残額引受 ················· 136
残存価額 ················· 211
三利源 ··················· 160
時間優先の原則 ············ 146
資金市場 ················· 54
資金循環 ················· 114
仕組債 ··················· 140
市場業務 ················· 118

241

自動売買 ……………………… 186

シナジー効果 ………………… 192

地場証券 ……………………… 144

資本金 ………………………… 124

社会保険 ……………………… 154

収支相等の原則 ……………… 154

主幹事証券会社 ……………… 137

出資法 ………………………… 212

少額短期保険会社 …………… 175

商業銀行 ……………………… 180

証券化商品 …………………… 76

証券取引所 ………… 52,130,142

上場株式 ……………………… 146

譲渡性預金 …………………… 96

消費者契約法 ………………… 177

シンジケートローン ……… 34,116

信託財産留保額 ……………… 149

信販会社 ……………………… 82

信用創造 ………………… 70,104

ストラクチャリング …… 91,140,186

スワップ取引 ………………… 60

政策金利 ……………………… 64

政府の銀行 …………………… 64

責任準備金 …………………… 96

セリング ……………………… 138

全国銀行資金決済ネットワーク ‥ 110

相互銀行 ……………………… 72

相場操縦 ……………………… 66

ソルベンシー・マージン比率 …‥ 177

損害率 ………………………… 166

た行

第三分野の保険 ……………… 170

大数の法則 …………………… 154

対面証券会社 ………………… 128

多重債務 ……………………… 212

短期金融市場 ………………… 50

地方債 ………………………… 56

中央銀行 ……………………… 64

長期金融市場 ………………… 50

直接金融 ……………………… 48

通貨スワップ ………………… 224

ディーラー …………………… 134

定期性預金 …………………… 106

ディスクロージャー ………… 67

手形市場 ……………………… 50

テクニカル分析 ……………… 134

デフレ ………………………… 63

デューデリジェンス ………… 195

デリバティブ ……… 60,140,220

テレマティクス保険 ………… 24

東京証券取引所 ……………… 130

当座預金 ……………………… 104

投資信託 ……………………… 132

トータル・リターン・スワップ ‥ 226

トランザクション …………… 234

トレード ……………………… 135

な行

内部留保 ……………………… 161

拋金 …………………………… 156

ニクソンショック ……………… 225
日経平均株価 …………………… 140
日本証券業協会 ………………… 144

は行

バックオフィス ………………… 90
発行市場 …………………………… 53
犯罪収益移転防止法 …………… 151
ファイナンスリース契約 ……… 210
ファンダメンタルズ分析 ……… 134
ファンドマネージャー ……… 148,190
フィービジネス …………………… 32
フィンテック ………………… 21,230
普通銀行 …………………………… 72
不良債権 …………………………… 70
プレミアム ……………………… 222
ブローカー ……………………… 132
プロジェクトファイナンス …… 116
ブロックチェーン ……………… 234
分散投資 …………………………… 80
分別保管 …………………………… 84
米国の経済指標 ………………… 58
ヘッジファンド ………………… 220
ベンチャーキャピタル ………… 204
ホールセール …………………… 114
保険業法 ………………………… 176
保険法 …………………………… 176
ボラティリティ ………………… 229

ま行

マイナス金利 ………………… 100,120

マクロ・リサーチ ……………… 188
マネーロンダリング …………… 151
民間保険 ………………………… 154
メガバンク ………………………… 14
持株会社 …………………………… 46

や行

融資 …………………………… 48,108
ゆうちょ銀行 …………………… 88
預金 ……………………………… 106
預金者保護法 …………………… 125
預金準備率 ……………………… 104
預金通貨 …………………………… 70
預金保険制度 …………………… 96
与信業務 ………………………… 202
予定利率 ………………………… 160

ら行

リース …………………………… 82
リーマンショック ……………… 98
利子／利息 ……………………… 48
リスク管理 ………… 164,220,228
リスクファクター ……………… 228
利息制限法 ……………………… 212
リテール ………………………… 114
利得禁止の原則 ………………… 168
流通市場 …………………………… 53
流動性預金 ……………………… 106
利率 ……………………………… 56
レバレッジ ……………………… 61
労働金庫 …………………………… 75

著者紹介

伊藤　亮太（いとう　りょうた）

1982年生まれ。岐阜県大垣市出身。2006年に慶應義塾大学大学院商学研究科経営学・会計学専攻を修了。在学中にCFPを取得する。その後、証券会社にて営業、経営企画、社長秘書、投資銀行業務に携わる。2007年11月に「スキラージャパン株式会社」を設立。2019年には金や株式などさまざまな資産運用を普及させる一般社団法人資産運用総合研究所を設立。現在、個人の資産設計を中心としたマネー・ライフプランの提案・策定・サポート等を行う傍ら、資産運用に関連するセミナー講師や講演を多数行う。著書に『図解 金融入門 基本と常識』（西東社）、監修に『ゼロからはじめる！ お金のしくみ見るだけノート』（宝島社）など。

- ■ 装丁　　　　　　井上新八
- ■ 本文デザイン　　株式会社エディポック
- ■ 本文イラスト　　こつじゆい
- ■ 担当　　　　　　橘浩之
- ■ DTP　　　　　　POOL GRAPHICS
- ■ 執筆協力　　　　金指歩
- ■ 編集　　　　　　ヴュー企画（岡田直子）

図解即戦力（ず かい そく せん りょく）

金融業界のしくみとビジネスが（きん ゆう ぎょう かい）
これ1冊でしっかりわかる教科書（さつ）（きょう か しょ）
［改訂2版］（かい てい はん）

2020年　6月6日　初版　　　第1刷発行
2023年　7月4日　改訂2版　第1刷発行
2023年 10月4日　改訂2版　第2刷発行

著　者　　　伊藤亮太（いとうりょうた）
発行者　　　片岡巌
発行所　　　株式会社技術評論社
　　　　　　東京都新宿区市谷左内町21-13
　　　　　　電話　　03-3513-6150　販売促進部
　　　　　　　　　　03-3513-6185　書籍編集部
印刷／製本　株式会社加藤文明社

©2023　伊藤亮太、有限会社ヴュー企画

ISBN978-4-297-13529-4 C0034　　　　　　　Printed in Japan

◆ お問い合わせについて

- ・ご質問は本書に記載されている内容に関するもののみに限定させていただきます。本書の内容と関係のないご質問には一切お答えできませんので、あらかじめご了承ください。

- ・電話でのご質問は一切受け付けておりませんので、FAXまたは書面にて下記問い合わせ先までお送りください。また、ご質問の際には書名と該当ページ、返信先を明記してくださいますようお願いいたします。

- ・お送りいただいたご質問には、できる限り迅速にお答えできるよう努力いたしておりますが、お答えするまでに時間がかかる場合がございます。また、回答の期日をご指定いただいた場合でも、ご希望にお応えできるとは限りませんので、あらかじめご了承ください。

- ・ご質問の際に記載された個人情報は、ご質問への回答以外の目的には使用しません。また、回答後は速やかに破棄いたします。

◆ お問い合せ先

〒162-0846
東京都新宿区市谷左内町21-13
株式会社技術評論社　書籍編集部
「図解即戦力
金融業界のしくみとビジネスが
これ1冊でしっかりわかる教科書
［改訂2版］」係
FAX：03-3513-6181
技術評論社ホームページ
https://book.gihyo.jp/116